唐房玄齡等撰

晉書

第七册

卷七五至卷八八（傳）

中華書局

晉書卷七十五

列傳第四十五

王湛 子承 承子述 述子坦之 禕之 坦之子愷 愉 國寶 忱 愉子綏 承族子嶠 袁悅之 祖台之

王湛字處沖，司徒渾之弟也。少有識度。身長七尺八寸，龍顙大鼻，少言語。初有隱德，人莫能知，兄弟宗族皆以爲癡，其父昶獨異焉。遭父喪，居於墓次。服闋，闔門守靜，不交當世，沖素簡淡，器量隤然，有公輔之望。

兄子濟輕之，所食方丈盈前，不以及湛。湛命取菜蔬，對而食之。濟嘗詣湛，見牀頭有周易，問曰：「叔父何用此爲？」湛曰：「體中不佳時，脫復看耳。」濟請言之。湛因剖析玄理，微妙有奇趣，皆濟所未聞也。濟才氣抗邁，於湛略無子姪之敬。既聞其言，不覺慄然，心形俱肅。遂留連彌日累夜，自視缺然，乃歎曰：「家有名士，三十年而不知，濟之罪也。」既而辭去，湛送至門。濟有從馬絕難乘，濟問湛曰：「叔頗好騎不？」湛曰：「亦好之。」因騎此馬，姿容既妙，迴策如縈，善騎者無以過之。又濟所乘馬，甚愛之，湛曰：「此馬雖快，然力薄不堪苦行。近見督郵馬當勝，但芻秣不至耳。」濟試養之，而與己馬等。湛又曰：「此馬任重方知之，平路無以別也。」於是當蟻封內試之，濟馬果躓，而督郵馬如常。濟益歎異，還白其父，曰：「濟始得一叔，乃濟以上人也。」武帝亦以湛爲癡，每見濟，輒調之曰：「卿家癡叔死未？」濟常無以答。及是，帝又問如初，濟曰：「臣叔殊不癡。」因稱其美。帝曰：「誰比？」濟曰：「山濤以下，魏舒以上。」時人謂湛上方山濤不足，下比魏舒有餘。湛聞曰：「欲處我於季孟之間乎？」

湛少仕歷秦王文學、太子洗馬、尚書郎、太子中庶子，出爲汝南內史。元康五年卒，年四十七。子承嗣。

承字安期。清虛寡欲，無所修尚。言理辯物，但明其指要而不飾文辭，有識者服其約而能通。弱冠知名。太尉王衍雅貴異之，比南陽樂廣焉。

永寧初，爲驃騎參軍。值天下將亂，乃避難南下。遷司空從事中郎。豫迎大駕，賜爵藍田縣侯。遷尚書郎，不就。東海王越鎮許，以爲記室參軍，雅相知重，敕其子毗曰：「夫學之所益者淺，體之所安者深。閑習禮度，不如式瞻儀形；諷味遺言，不若親承音旨。王參軍人倫之表，汝其師之。」在府數年，見朝政漸替，辭以母老，求出。越不許。久之，遷東海太守，政尚清淨，不爲細察。小吏有盜池中魚者，綱紀推之，承曰：「文王之囿與衆共之，池魚復何足惜耶！」有犯夜者，爲吏所拘，承問其故，答曰：「從師受書，不覺日暮。」承曰：「鞭撻甯越以立威名，非政化之本。」使吏送令歸家。其從容寬恕若此。

尋去官，東渡江。是時道路梗澀，人懷危懼，承每遇艱險，處之夷然，雖家人近習，不見其憂喜之色。既至下邳，登山北望，歎曰：「人言愁，我始欲愁矣。」及至建鄴，爲元帝鎮東府從事中郎，甚見優禮。承少有重譽，而推誠接物，盡弘恕之理，故衆咸親愛焉。渡江名臣王導、衞玠、周顗、庾亮之徒皆出其下，爲中興第一。年四十六卒，朝野痛惜之。自昶至承，世有高名，論者以爲祖不及孫，孫不及父。子述嗣。

述字懷祖。少孤，事母以孝聞。安貧守約，不求聞達。性沈靜，每坐客馳辨，異端競起，而述處之恬如也。少襲父爵。年三十，尚未知名，人或謂之癡。司徒王導以門地辟爲中兵屬。既見，無他言，惟問以江東米價。述但張目不答。導曰：「王掾不癡，人何言癡也？」嘗見導每發言，一坐莫不贊美，述正色曰：「人非堯舜，何得每事盡善！」導改容謝之，謂庾亮曰：「懷祖清貞簡貴，不減祖、父，但曠淡微不及耳。」康帝爲驃騎將軍，召補功曹，出爲宛陵令。太尉、司空頻辟，又除尚書吏部郎，並不行。歷庾冰征虜長史。時庾翼鎮武昌，以累有妖怪，又猛獸入府，欲移鎮避之。述與冰牋曰：

竊聞安西欲移鎮樂鄉，不審此爲算邪，將爲情邪？若謂爲算，則彼去武昌千有餘里，數萬之衆造創移徙，方當興立城壁，公私勞擾。若信要害之地，所宜進據，猶當計移徙之煩，權二者輕重，況此非今日之要邪！方今強胡陸梁，當稸力養銳，而無故遷動，自取非算。又江州當泝流數千，供繼軍府，力役增倍，疲曳道路。且武昌實是江東鎮戍之中，非但扞禦上流而已。急緩赴告，駿奔不難。若移樂鄉，遠在西陲，一朝江渚有虞，不相接救。方嶽取重將，故當居要害之地，爲內外形勢，使闚闇之心不知所向。若是情邪，則天道玄遠，鬼神難言，妖祥吉凶，誰知其故！是以達人君子直道而行，不以情失。昔秦忌「亡胡」之讖，卒爲劉項之資；周惡「檿弧」之謠，而成褒姒之亂。此既然矣。歷觀古今，鑒其遺事，妖異速禍敗者，蓋不少矣。禳避之道，苟非所審，且當擇人事之勝理，思社稷之長計，斯則天下幸甚，令名可保矣。

若安西盛意已耳，不能安於武昌，但得近移夏口，則其次也。樂鄉之舉，咸謂不可。願將軍體國爲家，固審此舉。

時朝議亦不允，翼遂不移鎭。

述出補臨海太守，遷建威將軍、會稽內史。莅政清肅，終日無事。母憂去職。服闋，代殷浩爲揚州刺史，加征虜將軍。初至，主簿請諱。報曰：「亡祖先君，名播海內，遠近所知；內諱不出門；餘無所諱。」尋加中書監，固讓，經年不拜。復加征虜將軍，進都督揚州徐州之琅邪諸軍事、衞將軍、并冀幽平四州大中正，刺史如故。尋遷散騎常侍、尙書令，將軍如故。

述每受職，不爲虛讓，其有所辭，必於不受。至是，子坦之諫，以爲故事應讓。述曰：「汝謂我不堪邪？」坦之曰：「非也。但克讓自美事耳。」述曰：「既云堪，何爲復讓！人言汝勝我，定不及也。」坦之爲桓溫長史。溫欲爲子求婚於坦之。及還家省父，而述愛坦之，雖長大，猶抱置膝上。坦之因言溫意。述大怒，遽排下，曰：「汝竟癡邪！詎可畏溫面而以女妻兵也。」坦之乃辭以他故。溫曰：「此尊君不肯耳。」遂止。簡文帝每言述才既不長，直以眞率便敵人耳。謝安亦歎美之。

初，述家貧，求試宛陵令，頗受贈遺，而修家具，爲州司所檢，有一千三百條。王導使謂之曰：「名父之子不患無祿，屈臨小縣，甚不宜耳。」述答曰：「足自當止。」時人未之達也。比後屢居州郡，清潔絕倫，祿賜皆散之親故，宅宇舊物不革於昔，始爲當時所歎。但性急爲累。嘗食雞子，以筯刺之，不得，便大怒擲地。雞子圓轉不止，便下牀以屐齒踏之，又不得。

瞋甚，掇內口中，齧破而吐之。既躋重位，每以柔克爲用。謝奕性粗，嘗忿述，極言罵之。述無所應，面壁而已。居半日，奕去，始復坐。人以此稱之。

太和二年，以年迫懸車，上疏乞骸骨，曰：「臣曾祖父魏司空昶白牋於文皇帝曰：『昔與南陽宗世林共爲東宮官屬。世林少得好名，州里瞻敬。及其年老，汲汲自勵，恐見廢棄，時人咸共笑之。若天假其壽，致仕之年，不爲此公婆娑之事。』情旨慷慨，深所鄙薄。雖是牋書，乃實訓誡。臣忝端右，而以疾患，禮敬廢替，猶謂可有差理。日復一日，而年衰疾痼，永無復瞻華幄之期。乞奉先誡，歸老丘園。」不許。述竟不起。三年卒，時年六十六。

初，桓溫平洛陽，議欲遷都，朝廷憂懼，將遣侍中止之。述曰：「溫欲以虛聲威朝廷，非事實也。但從之，自無所至。」事果不行。又議欲移洛陽鍾虡，述曰：「永嘉不競，暫都江左。方當蕩平區宇，旋軫舊京。若其不耳，宜改遷園陵，不應先事鍾虡。」溫竟無以奪之。追贈侍中、驃騎將軍、開府，謚曰穆，以避穆帝，改曰簡。子坦之嗣。

坦之字文度。弱冠與郗超俱有重名，時人爲之語曰：「盛德絕倫郗嘉賓，江東獨步王文度。」嘉賓，超小字也。僕射江虨領選，將擬爲尚書郎。坦之聞曰：「自過江來，尚書郎正用第二人，何得以此見擬！」虨遂止。簡文帝爲撫軍將軍，辟爲掾。累遷參軍、從事中郎，仍爲司馬，加散騎常侍。出爲大司馬桓溫長史。尋以父憂去職。服闋，徵拜侍中，襲父爵。時卒士韓悵逃亡歸首，云「失牛故叛」。有司劾悵偷牛，考掠服罪。坦之以爲悵束身自歸，而法外加罪，懈怠失牛，事或可恕，加之木石，理有自誣，宜附罪疑從輕之例，遂以見原。海西公廢，領左衞將軍。

坦之有風格，尤非時俗放蕩，不敦儒教，頗尚刑名學，著廢莊論曰：

荀卿稱莊子「蔽於天而不知人」，揚雄亦曰「莊周放蕩而不法」，何晏云「鬻莊軀，放玄虛，而不周乎時變」。三賢之言，遠有當乎！夫獨構之唱，唱虛而莫和；無感之作，義偏而用寡。動人由於兼忘，應物在乎無心。孔父非不體遠，以體遠故用近；顏子豈不具德，以德備故膺教。胡爲其然哉？不獲已而然也。

夫自足者寡，故理懸於羲農；徇教者衆，故義申於三代。道心惟微，人心惟危，吹萬不同，孰知正是！雖首陽之情，三黜之智，摩頂之甘，落毛之愛，枯槁之生，負石之死，格諸中庸，未入乎道，而況下斯者乎！先王知人情之難肆，懼違行以致訟，悼司徹之貽悔，審褫帶之所緣，故陶鑄羣生，謀之未兆，每攝其契，而爲節焉。使夫敦禮以崇化，日用以成俗，誠存而邪忘，利損而競息，成功遂事，百姓皆曰我自然。蓋善闇者無怪，故所遇而無滯，執道以離俗，孰踰於不達！語道而失其爲者，非其道也；辯德而有其位者，非其德也。言默所未究，況揚之以爲風乎！且卽濠以尋魚，想彼之我同；推顯以求隱，理得而情昧。若夫莊生者，望大庭而撫契，仰彌高於不足，寄積想於三篇，恨我懷之未盡，其言詭譎，其義恢誕。君子內應，從我游方之外，衆人因藉之，以爲弊薄之資。然則天下之善人少，不善人多，莊子之利天下也少，害天下也多。故曰魯酒薄而邯鄲圍，莊生作而風俗穨。禮與浮雲俱征，僞與利蕩並肆，人以克己爲恥，士以無措爲通，時無履德之譽，俗有蹈義之愆。驟語賞罰不可以造次，屢稱無爲不可與適變。雖可用於天下，不足以用天下人。

昔漢陰丈人修渾沌之術，孔子以爲識其一不識其二，莊生之道，無乃類乎！與夫如愚之契，何殊間哉！若夫利而不害，天之道也；爲而不爭，聖之德也。羣方所資而莫知誰氏，在儒而非儒，非道而有道，彌貫九流，玄同彼我，萬物用之而不旣，亹亹日新而不朽，昔吾孔老固已言之矣。

又領本州大中正。簡文帝臨崩，詔大司馬溫依周公居攝故事。坦之自持詔入，於帝前毁之。帝曰：「天下，儻來之運，卿何所嫌！」坦之曰：「天下，宣元之天下，陛下何得專之！」帝乃使坦之改詔焉。

溫薨，坦之與謝安共輔幼主，遷中書令，領丹楊尹。俄授都督徐兗青三州諸軍事、北中郎將、徐兗二州刺史，鎮廣陵。將之鎮，上表曰：

臣聞人君之道以孝敬爲本，臨御四海以委任爲貴。恭順無爲，則盛德日新；親杖賢能，則政道邕睦。昔周成、漢昭，並以幼年纂承大統。當時天下未爲無難，終能顯揚祖考，保安社稷，蓋尊尊親親，信納大臣之所致也。

伏維陛下誕奇秀之姿，稟生知之量，春秋尚富，涉道未廣，方須訓導以成天德。皇太后仁淑之體，過於三母，先帝奉事積年，每稱聖明。臣願奉事之心，便當自同孝宗；太后慈愛之隆，亦不必異所生。〔一〕琅邪王、餘姚主及諸皇女，宜朝夕定省，承受教誨，導習儀刑，以成景仰恭敬之美，不可以屬非至親，自爲疏疑。昔肅祖崩殂，成康幼沖，事無大小，必諮丞相導，所以克就聖德，實此之由。今僕射臣安、中軍臣沖，人望具瞻，社稷之臣。且受遇先帝，綢繆繾綣，並志竭忠貞，盡心盡力，歸誠陛下，以報先帝。愚謂周旋舉動，皆應諮此二臣。二臣之於陛下，則周之旦奭，漢之霍光，顯宗之於王導。沖雖在外，路不云遠，事容信宿，必宜參詳，然後情聽獲盡，庶事可畢。

又天聽雖聰，不啓不廣；羣情雖忠，不引不盡。宜數引侍臣，詢求讜言。平易之世，有道之主猶尙誠懼，日昃不倦；況今艱難理盡，慮經安危，祖宗之基繫之陛下，不可不精心務道，以申先帝堯舜之風。可不敬修至德，以保宣元天地之祚？

表奏，帝納之。

初，謝安愛好聲律，朞功之慘，不廢妓樂，頗以成俗。坦之非而苦諫之。安遺坦之書曰：「知君思相愛惜之至。僕所求者聲，謂稱情義，無所不可爲，聊復以自娛耳。若絜軌跡，崇世教，非所擬議，亦非所屑。常謂君粗得鄙趣者，猶未悟之濠上邪！故知莫逆，未易爲人。」坦之答曰：「具君雅旨，此是誠心而行，獨往之美，然恐非大雅中庸之謂。意者以爲人之體韻猶器之方圓，方圓不可錯用，體韻豈可易處！各順其方，以弘其業，則歲寒之功必有成矣。吾子少立德行，體議淹允，加以令地，優游自居，僉曰之談，咸以淸遠相許。至於此事，實有疑焉。公私二三，莫見其可。以此爲濠上，悟之者得無鮮乎！且天下之寶，故爲天下所惜，天下之所非，何爲不可以天下爲心乎？想君幸復三思。」書往反數四，安竟不從。

坦之又嘗與殷康子書論公謙之義曰：

夫天道以無私成名，二儀以至公立德。立德存乎至公，故無親而非理；成名在乎無私，故在當而忘我。此天地所以成功，聖人所以濟化。由斯論之，公道體於自然，故理泰而愈降；謙義生於不足，故時弊而義著。故大禹、咎繇稱功言惠而成名於彼，孟反、范燮殿軍後入而全身於此。從此觀之，則謙公之義固以殊矣。

夫物之所美，己不可收；人之所貴，我不可取。誠患人惡其上，衆不可蓋，故君子居之，而每加損焉。隆名在於矯伐，而不在於期當；匿跡在於違顯，而不在於求是。於是謙光之義與矜競而俱生，卑挹之義與夸伐而並進。由親譽生於不足，未若不知之有餘；良藥效於瘳疾，未若無病之爲貴也。

夫乾道確然，示人易矣；坤道隤然，示人簡矣。二象顯於萬物，兩德彰於羣生，豈矯枉過直而失其所哉！由此觀之，則大通之道公坦於天地，謙伐之義險巇於人事。今存公而廢謙，則自伐者託至公以生嫌，自美者因存黨以致惑。此王生所謂同貌而實異，不可不察者也。然理必有源，教亦有主。苟探其根，則玄指自顯；若尋其末，弊無不至。豈可以嫌似而疑至公，弊貪而忘於諒哉！

又孔嚴著通葛論，坦之與康子及袁宏並有疑難，坦之標章摘句，一一申而釋之，莫不厭服。其忠公慷慨，標明賢勝，皆此類也。

初，坦之與沙門竺法師甚厚，每共論幽明報應，便要先死者當報其事。後經年，師忽來云：「貧道已死，罪福皆不虛。惟當勤修道德，以升濟神明耳。」言訖不見。坦之尋亦卒，時年四十六。臨終，與謝安、桓沖書，言不及私，惟憂國家之事，朝野甚痛惜之。追贈安北將軍，謚曰獻。

禕之字文邵。少知名，尙尋陽公主，歷中書侍郎。年未三十而卒，贈散騎常侍。

坦之四子：愷、愉、國寶、忱。

愷字茂仁，愉字茂和，並少踐淸階。愷襲父爵，愉稍遷驃騎司馬，加輔國將軍。愷太元末爲侍中，領右衞將軍，多所獻替。兄弟貴盛，當時莫比。

及王恭等討國寶，愷、愉並請解職。以與國寶異生，又素不協，故得免禍。國寶旣死，出愷爲吳郡內史，愉爲江州刺史、都督豫州四郡、輔國將軍、假節。未幾，徵愷爲丹楊尹。及桓玄等至江寧，愷領兵守石頭。〔三〕俄而玄等走，復爲吳郡。病卒，追贈太常。

愉至鎭，未幾，殷仲堪、桓玄、楊佺期舉兵應王恭，乘流奄至。愉旣無備，惶遽奔臨川，爲玄所得。玄盟于尋陽，以愉置壇所，愉甚恥之。及事解，除會稽內史。玄篡位，以爲尙書僕射。劉裕義旗建，加前將軍。愉旣桓氏壻，父子寵貴，又嘗輕侮劉裕，心不自安，潛結司州刺史溫詳，謀作亂，事泄，被誅，子孫十餘人皆伏法。

國寶少無士操，不修廉隅。婦父謝安惡其傾側，每抑而不用。除尙書郞。國寶以中興膏腴之族，惟作吏部，不爲餘曹郞，甚怨望，固辭不拜。從妹爲會稽王道子妃，由是與道子游處，遂間毁安焉。

及道子輔政，以爲祕書丞。俄遷琅邪內史，領堂邑太守，加輔國將軍。入補侍中，遷中書令、中領軍，與道子持威權，扇動內外。中書郎范甯，國寶舅也，儒雅方直，疾其阿諛，勸孝武帝黜之。國寶乃使陳郡袁悅之因尼支妙音致書與太子母陳淑媛，說國寶忠謹，宜見親信。帝知之，託以他罪殺悅之。國寶大懼，遂因道子譖毁甯，甯由是出爲豫章太守。及弟忱卒，國寶自表求解職迎母，并奔忱喪。詔特賜假，而盤桓不時進發，爲御史中丞褚粲所奏。國寶懼罪，衣女子衣，託爲王家婢，詣道子告其事。道子言之於帝，故得原。後驃騎參軍王徽請國寶同讌，國寶素驕貴使酒，怒尙書左丞祖台之，攘袂大呼，以盤醆樂器擲台之，台之不敢言，復爲粲所彈。詔以國寶縱肆情性，甚不可長，台之懦弱，非監司體，並坐免官。頃之，復職，愈驕蹇不遵法度。起齋侔淸暑殿，帝惡其僭侈。國寶懼，遂諂媚於帝，而頗疏道子。道子大怒，嘗於內省面責國寶，以劍擲之，舊好盡矣。

是時王雅亦有寵，薦王珣於帝。帝夜與國寶及雅宴，帝微有酒，令召珣，將至，國寶自知才出珣下，恐至，傾其寵，因曰：「王珣當今名流，不可以酒色見。」帝遂止，而以國寶爲忠。將納國寶女爲琅邪王妃，未婚，而帝崩。

安帝卽位，國寶復事道子，進從祖弟緒爲琅邪內史，亦以佞邪見知。道子復惑之，倚爲心腹，並爲時之所疾。國寶遂參管朝權，威震內外。遷尚書左僕射，領選，加後將軍、丹楊尹，道子悉以東宮兵配之。

時王恭與殷仲堪並以才器，各居名藩。恭惡道子、國寶亂政，屢有憂國之言。道子等亦深忌憚之，將謀去其兵。未及行，而恭檄至，以討國寶爲名，國寶惶遽不知所爲。緒說國寶，令矯道子命，召王珣、車胤殺之，以除羣望，因挾主相以討諸侯。國寶許之。珣、胤既至，而不敢害，反問計於珣。珣勸國寶放兵權以迎恭，國寶信之。語在珣傳。又問計於胤，胤曰：「南北同舉，而荆州未至，若朝廷遣軍，恭必城守。昔桓公圍壽陽，彌時乃克。若京城未拔，而上流奄至，君將何以待之？」國寶尤懼，遂上疏解職，詣闕待罪。既而悔之，詐稱詔復其本官，欲收其兵距王恭。

道子既不能距諸侯，欲委罪國寶，乃遣譙王尙之收國寶，付廷尉，賜死，幷斬緒於市，以謝王恭。國寶貪縱聚斂，不知紀極，後房伎妾以百數，天下珍玩充滿其室。及王恭伏法，詔追復國寶本官。元興初，桓玄得志，表徙其家屬於交州。

忱字元達。弱冠知名，與王恭、王珣俱流譽一時。歷位驃騎長史。嘗造其舅范甯，與張玄相遇，甯使與玄語。玄正坐斂衽，待其有發，忱竟不與言，玄失望便去。甯讓忱曰：「張玄，吳中之秀，何不與語？」忱笑曰：「張祖希欲相識，自可見詣。」甯謂曰：「卿風流雋望，眞後來之秀。」忱曰：「不有此舅，焉有此甥！」既而甯使報玄，玄束帶造之，始爲賓主。

太元中，出爲荆州刺史、都督荆益寧三州軍事、建武將軍、假節。忱自恃才氣，放酒誕節，慕王澄之爲人，又年少居方伯之任，談者憂之。及鎭荆州，威風肅然，殊得物和。桓玄時在江陵，既其本國，且奕葉故義，常以才雄駕物。忱每裁抑之。玄嘗詣忱，通人未出，乘轝直進。忱對玄鞭門幹，玄怒，去之，忱亦不留。嘗朔日見客，仗衞甚盛，玄言欲獵，借數百人，忱悉給之，玄憚而服焉。

性任達不拘，末年尤嗜酒，一飲連月不醒，或裸體而游，每歎三日不飲，便覺形神不相親。婦父嘗有慘，忱乘醉弔之，婦父慟哭，忱與賓客十許人，連臂被髮裸身而入，繞之三帀而出。其所行多此類。數年卒官，追贈右將軍，謚曰穆。

綏字彥猷。少有美稱，厚自矜邁，實鄙而無行。愉爲殷、桓所捕，綏未測存亡，在都有憂色，居處飲食，每事貶降，時人每謂爲「試守孝子」。

桓玄之爲太尉，綏以桓氏甥甚見寵待，爲太尉右長史。及玄簒，遷中書令。劉裕建義，以爲冠軍將軍。其家夜中梁上無故有人頭墮於牀，而流血滂沲。俄拜荆州刺史、假節。坐父愉之謀，與弟納並被誅。

初，綏與王謐、桓胤齊名，爲後進之秀。謐位官旣極，保身而終。胤以從坐誅，聲稱猶全。綏身死，名論殆盡，亦以薄行矜峭而尙人故也。自昶父漢雁門太守澤已有名稱，忱又秀出，綏亦著稱，八葉繼軌，軒冕莫與爲比焉。

嶠字開山。祖默，魏尙書。父佑，以才智稱，爲楊駿腹心。駿之排汝南王亮，退衞瓘，皆佑之謀也。位至北軍中候。嶠少有風尙，幷、司二州交辟，不就。永嘉末，攜其二弟避亂渡江。時元帝鎭建鄴，敎曰：「王佑三息始至，名德之冑，並有操行，宜蒙飾敍。且可給錢三十萬，帛三百匹，米五十斛，親兵二十人。」尋以嶠參世子東中郎軍事，不就。愍帝徵拜著作郞，右丞相南陽王保辟，皆以道險不行。元帝作相，以爲水曹屬，除長山令，遷太子中舍人，以疾不拜。王敦請爲參軍，爵九原縣公。

敦在石頭，欲禁私伐蔡洲荻，〔三〕以問羣下。時王師新敗，士庶震懼，莫敢異議。嶠獨曰：「中原有菽，庶人採之。百姓不足，君孰與足！若禁人樵伐，未知其可。」敦不悅。敦將殺周顗、戴若思，嶠於坐諫曰：「濟濟多士，文王以寧。安可戮諸名士，以自全生！」敦大怒，欲斬嶠，賴謝鯤以免。敦猶銜之，出爲領軍長史。敦平後，除中書侍郞，兼大著作，固辭。

轉越騎校尉，頻遷吏部郞、御史中丞、祕書監，領本州大中正。

咸和初，朝議欲以嶠爲丹楊尹。嶠以京尹望重，不宜以疾居之，求補廬陵郡，乃拜嶠廬陵太守。以嶠家貧，無以上道，賜布百匹，錢十萬。尋卒官，謚曰穆。子淡嗣，歷位右衞將軍、侍中、中護軍、尙書、廣州刺史。淡子度世，驍騎將軍。

袁悅之字元禮，〔四〕陳郡陽夏人也。父朗，給事中。悅之能長短說，甚有精理。始爲謝玄參軍，爲玄所遇，丁憂去職。服闋還都，止齎戰國策，言天下要惟此書。後甚爲會稽王道子所親愛，每勸道子專覽朝權，〔五〕道子頗納其說。俄而見誅。

祖台之字元辰，范陽人也。官至侍中、光祿大夫。撰志怪，書行於世。

荀崧 子蕤 羨

荀崧字景猷，潁川臨潁人，〔六〕魏太尉彧之玄孫也。父頵，羽林右監、安陵鄉侯，與王濟、何劭爲拜親之友。崧志操清純，雅好文學。齠齔時，族曾祖顗見而奇之，以爲必興頵門。弱冠，太原王濟甚相器重，以方其外祖陳郡袁侃，謂侃弟奧曰：「近見荀監子，清虛名理，〔七〕當不及父，德性純粹，是賢兄輩人也。」其爲名流所賞如此。

泰始中，詔以崧代兄襲父爵，補濮陽王允文學。與王敦、顧榮、陸機等友善。趙王倫引爲相國參軍。倫篡，轉護軍司馬、給事中，稍遷尚書吏部郎、太弟中庶子，累遷侍中、中護軍。

王彌入洛，崧與百官奔于密，未至而母亡。賊追將及，同旅散走，崧被髮從車，守喪號泣。賊至，棄其母尸於地，奪車而去。崧被四創，氣絕，至夜方蘇。葬母於密山。服闋，族父藩承制，以崧監江北軍事、南中郎將、後將軍、假節、襄城太守。〔八〕時山陵發掘，崧遣主簿石覽將兵入洛，修復山陵。以勳進爵舞陽縣公，遷都督荆州江北諸軍事、平南將軍，鎮宛，改封曲陵公。爲賊杜曾所圍。石覽時爲襄城太守，崧力弱食盡，使其小女灌求救於覽及南中郎將周訪。訪卽遣子撫率兵三千人會石覽，俱救崧。賊聞兵至，散走。崧既得免，乃遣南陽中部尉王國、劉願等潛軍襲穰縣，獲曾從兄爲新野太守保，斬之。

元帝踐阼，徵拜尚書僕射，使崧與刁協共定中興禮儀。從弟馗早亡，二息序、廞，年各數歲，崧迎與共居，恩同其子。太尉、臨淮公荀顗國胤廢絕，朝廷以崧屬近，欲以崧子襲封。崧哀序孤微，乃讓封與序，論者稱焉。轉太常。時方修學校，簡省博士，置周易王氏、尚書鄭氏、古文尚書孔氏、毛詩鄭氏、周官禮記鄭氏、春秋左傳杜氏服氏、論語孝經鄭氏博士各一人，凡九人，其儀禮、公羊、穀梁及鄭易皆省不置。崧以爲不可，乃上疏曰：

自喪亂以來，儒學尤寡，今處學則闕朝廷之秀，仕朝則廢儒學之俊。昔咸寧、太康、永嘉之中，侍中、常侍、黄門通洽古今、行爲世表者，領國子博士。一則應對殿堂，奉酬顧問；二則參訓國子，以弘儒訓；三則祠、儀二曹及太常之職，以得質疑。今皇朝中興，美隆往初，宜憲章令軌，祖述前典。世祖武皇帝應運登禪，崇儒興學。經始明堂，營建辟雍，告朔班政，鄉飲大射。西閣東序，河圖祕書禁籍。臺省有宗廟太府金墉故事，太學有石經古文先儒典訓。賈、馬、鄭、杜、服、孔、王、何、顔、尹之徒，章句傳注衆家之學，置博士十九人。九州之中，師徒相傳，學士如林，猶選張華、劉寔居太常之官，以重儒教。

傳稱「孔子沒而微言絶，七十二子終而大義乖」。自頃中夏殄瘁，講誦遏密，斯文之道，將墮於地。陛下聖哲龍飛，恢崇道教，樂正雅頌，於是乎在。江、揚二州，先漸聲教，學士遺文，於今爲盛。然方疇昔，猶千之一。臣學不章句，才不弘通，方之華寔，〔九〕儒風殊邈。思竭駑駘，庶增萬分。願斯道隆於百世之上，搢紳詠於千載之下。

伏聞節省之制，皆三分置二。博士舊置十九人，今五經合九人，準古計今，猶未能半，宜及節省之制，以時施行。今九人以外，猶宜增四。願陛下萬機餘暇，時垂省覽。

宜爲鄭易置博士一人，鄭儀禮博士一人，春秋公羊博士一人，穀梁博士一人。

昔周之衰，下陵上替，上無天子，下無方伯，善者誰賞，惡者誰罰，孔子懼而作春秋。諸侯諱妬，懼犯時禁，是以微辭妙旨，義不顯明，故曰「知我者其惟春秋，罪我者其惟春秋」。時左丘明、子夏造膝親受，無不精究。孔子既沒，微言將絕，於是丘明退撰所聞，而爲之傳。其書善禮，多膏腴美辭，張本繼末，以發明經意，信多奇偉，學者好之。稱公羊高親受子夏，立於漢朝，辭義淸儁，斷決明審，董仲舒之所善也。穀梁赤師徒相傳，暫立於漢世。向歆，漢之碩儒，猶父子各執一家，莫肯相從。其書文淸義約，諸所發明，或是左氏、公羊所不載，亦足有所訂正。是以三傳並行於先代，通才未能孤廢。今去聖久遠，其文將墮，與其過廢，寧與過立。臣以爲三傳雖同曰春秋，而發端異趣，案如三家異同之說，此乃義則戰爭之場，辭亦劍戟之鋒，於理不可得共。博士宜各置一人，以博其學。〔一〇〕

元帝詔曰：「崧表如此，皆經國之務，爲政所由。息馬投戈，猶可講藝，今雖日不暇給，豈忘本而遺存邪！可共博議者詳之。」議者多請從崧所奏。詔曰：「穀梁膚淺，不足置博士，餘如奏。」會王敦之難，不行。

敦表以崧爲尚書左僕射。及帝崩，羣臣議廟號，王敦遣使謂曰：「豺狼當路，梓宮未反，祖宗之號，宜別思詳。」崧議以爲「禮，祖有功，宗有德。元皇帝天縱聖哲，光啓中興，德澤侔於太戊，功惠邁於漢宣，臣敢依前典，上號曰中宗」。旣而與敦書曰：「承以長蛇未翦，別詳祖宗。先帝應天受命，以隆中興；中興之主，寧可隨世數而遷毁！敢率丹直，詢之朝野，上號中宗。卜日有期，不及重請，專輒之愆，所不敢辭。」初，敦待崧甚厚，欲以爲司空，於此銜之而止。

太寧初，加散騎常侍，後領太子太傅。以平王敦功，更封平樂伯。坐使威儀爲猛獸所食，免職。後拜金紫光祿大夫、錄尙書事，散騎常侍如故。遷右光祿大夫、開府儀同三司，錄尙書如故。又領祕書監，給親兵百二十人。年雖衰老，而孜孜典籍，世以此嘉之。

蘇峻之役，崧與王導、陸曄共登御牀擁衞帝，及帝被逼幸石頭，崧亦侍從不離帝側。賊平，帝幸溫嶠舟，崧時年老病篤，猶力步而從。咸和三年薨，〔二〕時年六十七。贈侍中，謚曰敬。

其後著作郎虞預與丞相王導牋曰：「伏見前祕書、光祿大夫荀公，生於積德之族，少有儒雅之稱，歷位內外，在貴能降。蘇峻肆虐，乘輿失幸，公處嫌忌之地，有累卵之危，朝士爲之寒心，論者謂之不免。而公將之以智，險而不懾，扶侍至尊，繾綣不離。雖無扶迎之勳，宜蒙守節之報。且其宣慈之美，早彰遠近，朝野之望，許以台司，雖未正位，已加儀同。至守終純固，名定闔棺，而薨卒之日，直加侍中。生有三槐之望，沒無鼎足之名，寵不增於前秩，榮不副於本望，此一時愚智所慷慨也。今承大弊之後，淳風穨散，苟有一介之善，宜在旌表之例，而況國之元老，志節若斯者乎！」不從。升平四年，崧改葬，詔賜錢百萬，布五千匹。有二子：蕤、羨。蕤嗣。

蕤字令遠。起家祕書郎，稍遷尚書左丞。蕤有儀操風望，雅爲簡文帝所重。時桓溫平蜀，朝廷欲以豫章郡封溫。蕤言於帝曰：「若溫復假王威，北平河洛，修復園陵，將何以加此！」於是乃止。轉散騎常侍、少府，不拜，出補東陽太守。除建威將軍、吳國內史。卒官。子籍嗣位，至散騎常侍、大長秋。

羨字令則。清和有準。纔年七歲，遇蘇峻難，隨父在石頭，峻甚愛之，恒置膝上。羨陰白其母，曰：「得一利刀子，足以殺賊。」母掩其口，曰：「無妄言！」年十五，將尚尋陽公主，羨不欲連婚帝室，仍遠遁去。監司追，不獲已，乃出尚公主，拜駙馬都尉。弱冠，與琅邪王洽齊名，沛國劉惔、太原王濛、陳郡殷浩並與交好。驃騎將軍何充出鎮京口，請爲參軍。穆帝又以爲撫軍參軍，徵補太常博士，皆不就。

後拜祕書丞、義興太守。征北將軍褚裒以爲長史。既到，裒謂佐吏曰：「荀生資逸羣之氣，將有沖天之舉，諸君宜善事之。」尋遷建威將軍、吳國內史。除北中郎將、徐州刺史、監徐兗二州揚州之晉陵諸軍事、假節。殷浩以羨在事有能名，故居以重任。時年二十八，中興方伯，未有如羨之少者。羨至鎮，發二州兵，使參軍鄭襲戍淮陰。羨尋北鎮淮陰，屯田於東陽之石鼈。尋加監青州諸軍事，又領兗州刺史，鎮下邳。羨自鎮來朝，時蔡謨固讓司徒，不起，中軍將軍殷浩欲加大辟，以問於羨。羨曰：「蔡公今日事危，明日必有桓文之舉。」浩乃止。

及慕容儁攻段蘭於青州，〔一二〕詔使羨救之。儁將王騰、趙盤寇琅邪、鄄城，北境騷動。羨討之，擒騰，盤迸走。軍次琅邪，而蘭已沒，羨退還下邳，留將軍諸葛攸、高平太守劉莊等三千人守琅邪，參軍戴遂、蕭鑄二千人守泰山。是時，慕容蘭以數萬衆屯汴城，〔一三〕甚爲邊害。羨自光水引汶通渠，〔一四〕至于東阿以征之，臨陣，斬蘭。帝將封之，羨固辭不受。先是，石季龍死，胡中大亂，羨撫納降附，甚得衆心。以疾篤解職。後除右軍將軍，加散騎常侍，讓不拜。升平二年卒，〔一五〕時年三十八。帝聞之，歎曰：「荀令則、王敬和相繼凋落，股肱腹心將復誰寄乎！」追贈驃騎將軍。

范汪 子甯 汪叔堅

范汪字玄平，雍州刺史晷之孫也。父稚，蚤卒。汪少孤貧，六歲過江，依外家新野庾氏。荆州刺史王澄見而奇之，曰：「興范族者，必是子也。」年十三，喪母，居喪盡禮，親鄰哀之。及長，好學。外氏家貧，無以資給，汪乃廬於園中，布衣蔬食，然薪寫書，寫畢，誦讀亦遍，遂博學多通，善談名理。

弱冠，至京師，屬蘇峻作難，王師敗績，汪乃遁逃西歸。庾亮、溫嶠屯兵尋陽，時行李斷絕，莫知峻之虛實，咸恐賊强，未敢輕進。及汪至，嶠等訪之，汪曰：「賊政令不一，貪暴縱橫，滅亡已兆，雖强易弱。朝廷有倒懸之急，宜時進討。」嶠深納之。是日，護軍、平南二府禮命交至，始解褐，參護軍事。賊平，賜爵都鄉侯。復爲庾亮平西參軍，從討郭默，進爵亭侯。辟司空郗鑒掾，除宛陵令。復參亮征西軍事，轉州別駕。汪爲亮佐吏十有餘年，甚相欽待。轉鷹揚將軍、安遠護軍、武陵內史，徵拜中書侍郎。

時庾翼將悉郢漢之衆以事中原，軍次安陸，尋轉屯襄陽。汪上疏曰：

臣伏思安西將軍翼今至襄陽，倉卒攻討，凡百草創，安陸之調，不復爲襄陽之用。而玄冬之月，沔漢乾涸，皆當魚貫而行，排推而進。設一處有急，勢不相救。臣所至慮一也。又既至之後，桓宣當出。宣往實翦豺狼之林，招攜貳之衆，待之以至寬，御之以無法。田疇墾闢，生產始立，而當移之，必有噭然，悔吝難測。臣所至慮二也。襄陽頓益數萬口，奉師之費，皆當出於江南。運漕之難，船人之力，不可不熟計。臣之所至慮三也。且申伯之尊，而與邊將並驅。又東軍不進，殊爲孤懸。兵書云：「知彼知此，百戰不殆。知彼不知此，一勝一負。」賊誠衰弊，然得臣猶在；我雖方隆，今實未暇。而連兵不解，患難將起。臣所至慮四也。

翼豈不知兵家所患常在於此，顧以門戶事任，憂責莫大，晏然終年，非心情所安，是以抗表輒行，畢命原野。以翼宏規經略，文武用命，忽遇釁會，大事便濟。然國家之慮，常以萬全，非至安至審，王者不舉。臣謂宜嚴詔諭翼，還鎮養銳，以爲後圖。若少合聖聽，乞密出臣表，與車騎臣冰等詳共集議。

尋而驃騎將軍何充輔政，請爲長史。桓溫代翼爲荊州，復以汪爲安西長史。溫西征蜀，委以留府。蜀平，進爵武興縣侯。而溫頻請爲長史、江州刺史，皆不就。自請還京，求爲東陽太守。溫甚恨焉。在郡大興學校，甚有惠政。頃之，召入，頻遷中領軍、本州大中正。時簡文帝作相，甚相親昵，除都督徐兗青冀四州揚州之晉陵諸軍事、安北將軍、徐兗二州刺史、假節。

既而桓溫北伐，令汪率文武出梁國，以失期，免爲庶人。朝廷憚溫不敢執，談者爲之歎恨。汪屏居吳郡，從容講肆，不言枉直。後至姑孰，見溫。溫時方起屈滯以傾朝廷，謂汪遠來詣己，傾身引望，謂袁宏曰：「范公來，可作太常邪？」汪既至，纔坐，溫謝其遠來意。汪實來造溫，恐以趣時致損，乃曰：「亡兒瘞此，故來視之。」溫殊失望而止。時年六十五，卒於家。贈散騎常侍，謚曰穆。長子康嗣，早卒。康弟甯，最知名。

甯字武子。少篤學，多所通覽。簡文帝爲相，將辟之，爲桓溫所諷，遂寢不行。故終溫之世，兄弟無在列位者。

時以浮虛相扇，儒雅日替，甯以爲其源始於王弼、何晏，二人之罪深於桀紂，乃著論曰：或曰：「黄唐緬邈，至道淪翳，濠濮輟詠，風流靡託，爭奪兆於仁義，是非成於儒墨。平叔神懷超絕，輔嗣妙思通微，振千載之穨綱，落周孔之塵網。斯蓋軒冕之龍門，濠梁之宗匠。嘗聞夫子之論，以爲罪過桀紂，何哉？」

答曰：「子信有聖人之言乎？夫聖人者，德侔二儀，道冠三才，雖帝皇殊號，質文異制，而統天成務，曠代齊趣。王何蔑棄典文，不遵禮度，游辭浮說，波蕩後生，飾華言以翳實，騁繁文以惑世。搢紳之徒，翻然改轍，洙泗之風，緬焉將墜。遂令仁義幽淪，儒雅蒙塵，禮壞樂崩，中原傾覆。古之所謂言僞而辯、行僻而堅者，其斯人之徒歟！昔夫子斬少正於魯，太公戮華士於齊，豈非曠世而同誅乎！桀紂暴虐，正足以滅身覆國，爲後世鑒戒耳，豈能迴百姓之視聽哉！王何叨海內之浮譽，資膏粱之傲誕，畫螭魅以爲巧，扇無檢以爲俗。鄭聲之亂樂，利口之覆邦，信矣哉！吾固以爲一世之禍輕，歷代之罪重，自喪之釁小，迷衆之愆大也。」

甯崇儒抑俗，率皆如此。

溫薨之後，始解褐爲餘杭令，在縣興學校，養生徒，潔己修禮，志行之士莫不宗之。朞年之後，風化大行。自中興已來，崇學敦教，未有如甯者也。在職六年，遷臨淮太守，封陽遂鄉侯。頃之，徵拜中書侍郎。在職多所獻替，有益政道。時更營新廟，博求辟雍、明堂之制，甯據經傳奏上，皆有典證。孝武帝雅好文學，甚被親愛，朝廷疑議，輒諮訪之。甯指斥朝士，直言無諱。

王國寶，甯之甥也，以諂媚事會稽王道子，懼爲甯所不容，乃相驅扇，因被疏隔。求補豫章太守，帝曰：「豫章不宜太守，何急以身試死邪？」甯不信卜占，固請行。臨發，上疏曰：「臣聞道尙虛簡，政貴平靜，坦公亮於幽顯，流子愛於百姓，然後可以經夷險而不憂，乘休否而常夷。先王所以致太平，如此而已。今四境晏如，烽燧不舉，而倉庾虛耗，帑藏空匱。古者使人，歲不過三日，今之勞擾，殆無三日休停，至有殘刑翦髮，要求復除，生兒不復舉養，鰥寡不敢妻娶。豈不怨結人鬼，感傷和氣。臣恐社稷之憂，積薪不足以爲喻。臣久欲粗啓所懷，日復一日。今當永離左右，不欲令心有餘恨。請出臣啓事，付外詳擇。」帝詔公卿牧守普議得失，甯又陳時政曰：

古者分土割境，以益百姓之心；聖王作制，籍無黃白之別。昔中原喪亂，流寓江左，庶有旋反之期，故許其挾注本郡。自爾漸久，人安其業，丘壟墳柏，皆已成行，雖無本邦之名，而有安土之實。今宜正其封疆，以土斷人戶，明考課之科，修閭伍之法。難者必曰：「人各有桑梓，俗自有南北。一朝屬戶，長爲人隸，君子則有土風之慨，小人則懷下役之慮。」斯誠并兼者之所執，而非通理者之篤論也。古者失地之君，猶臣所寓之主，列國之臣，亦有違適之禮。隨會仕秦，致稱春秋；樂毅宦燕，見褒良史。且今普天之人，原其氏出，皆隨世遷移，何至於今而獨不可？

凡荒郡之人，星居東西，遠者千餘，近者數百，而舉召役調，皆相資須，期會差違，輒致嚴坐，人不堪命，叛爲盜賊。是以山湖日積，刑獄愈滋。今荒小郡縣，皆宜并合，不滿五千戶，不得爲郡，不滿千戶，不得爲縣。守宰之任，宜得清平之人。頃者選舉，惟以卹貧爲先，雖制有六年，而富足便退。又郡守長吏，牽置無常，或兼臺職，或帶府官。夫府以統州，州以監郡，郡以莅縣，如令互相領帖，則是下官反爲上司，賦調役使無復節限。且牽曳百姓，營起廨舍，東西流遷，人人易處，文書簿籍，少有存者。先之室宇，皆爲私家，後來新官，復應修立。其爲弊也，胡可勝言！

又方鎮去官，皆割精兵器仗以爲送故，米布之屬不可稱計。監司相容，初無彈糾。其中或有清白，亦復不見甄異。送兵多者至有千餘家，少者數十戶。既力入私門，復資官廩布。兵役既竭，枉服良人，牽引無端，以相充補。若是功勳之臣，則已享裂土之祚，豈應封外復置吏兵乎！謂送故之格宜爲節制，以三年爲斷。夫人性無涯，奢儉由勢。今并兼之士亦多不贍，非力不足以厚身，非祿不足以富家，是得之有由，而用之無節。蒱酒永日，馳騖卒年，一宴之饌，費過十金，麗服之美，不可貲算，盛狗馬之飾，營鄭衞之音，南畝廢而不墾，講誦闕而無聞，凡庸競馳，傲誕成俗。謂宜驗其鄉黨，考其業尚，試其能否，然後升進。如此，匪惟家給人足，賢人豈不繼踵而至哉！

官制謫兵，不相襲代。頃者小事，便以補役，一愆之違，辱及累世，親戚傍支，罹其禍毒，戶口減耗，亦由於此。皆宜料遣，以全國信。禮，十九爲長殤，以其未成人也。十五爲中殤，以爲尚童幼也。今以十六爲全丁，則備成人之役矣。以十三爲半丁，所任非復童幼之事矣。豈可傷天理，違經典，困苦萬姓，乃至此乎！今宜修禮文，以二十爲全丁，十六至十九爲半丁，則人無夭折，生長滋繁矣。

帝善之。

初，甯之出，非帝本意，故所啟多合旨。甯在郡又大設庠序，遣人往交州採磬石，以供學用，改革舊制，不拘常憲。遠近至者千餘人，資給衆費，一出私祿。〔二六〕并取郡四姓子弟，皆充學生，課讀五經。又起學臺，功用彌廣。江州刺史王凝之上言曰：「豫章郡居此州之半。太守臣甯入參機省，出宰名郡，而肆其奢濁，所爲狼籍。郡城先有六門，甯悉改作重樓，復更開二門，合前爲八。私立下舍七所。臣伏尋宗廟之設，各有品秩，而甯自置家廟。又下十五縣，皆使左宗廟，右社稷，準之太廟，皆資人力，又奪人居宅，工夫萬計。甯若以古制宜崇，自當列上，而敢專輒，惟在任心。州既聞知，卽符從事，制不復聽。而甯嚴威屬縣，惟令速立。願出臣表下太常，議之禮典。」詔曰：「漢宣云：『可與共治天下者，良二千石也。』若范甯果如凝之所表者，豈可復宰郡乎！」以此抵罪。子泰時爲天門太守，棄官稱訴。帝以甯所務惟學，事久不判。會赦，免。

初，甯嘗患目痛，就中書侍郎張湛求方，湛因嘲之曰：「古方，宋陽里子少得其術，以授魯東門伯，魯東門伯以授左丘明，遂世世相傳。及漢杜子夏鄭康成、魏高堂隆、晉左太沖，凡此諸賢，並有目疾，得此方云：用損讀書一，減思慮二，專內視三，簡外觀四，旦晚起五，夜早眠六。凡六物熬以神火，下以氣簁，蘊於胸中七日，然後納諸方寸。修之一時，近能數其目睫，遠視尺捶之餘。長服不已，洞見牆壁之外。非但明目，乃亦延年。」既免官，家於丹楊，猶勤經學，終年不輟。年六十三，卒于家。

初，甯以春秋穀梁氏未有善釋，遂沈思積年，爲之集解。其義精審，爲世所重。既而徐邈復爲之注，世亦稱之。

子泰，元熙中，爲護軍將軍。

堅字子常。博學善屬文。永嘉中，避亂江東，拜佐著作郎、撫軍參軍。討蘇峻，賜爵都亭侯。累遷尚書右丞。

時廷尉奏殿中帳吏邵廣盜官幔三張，合布三十四，有司正刑棄市。廣二子，宗年十三，雲年十一，黃幡撾登聞鼓乞恩，〔一七〕辭求自沒爲奚官奴，以贖父命。尚書郎朱暎議以爲天下之人父，無子者少，一事遂行，便成永制，懼死罪之刑，於此而弛。堅亦同暎議。時議者以廣爲鉗徒，二兒沒入，既足以懲，又使百姓知父子之道，聖朝有垂恩之仁。可特聽減廣死罪爲五歲刑，宗等付奚官爲奴，而不爲永制。堅駁之曰：「自淳朴澆散，刑辟仍作，刑之所以止刑，殺之所以止殺。雖時有赦過宥罪，議獄緩死，未有行小不忍而輕易典刑者也。且既許宗等，宥廣以死，若復有宗比而不求贖父者，豈得不擯絕人倫，同之禽獸邪！案主者今奏云，惟特聽宗等而不爲永制。臣以爲王者之作，動關盛衰，嚬笑之間，尚愼所加，況於國典，可以徒虧！今之所以宥廣，正以宗等耳。人之愛父，誰不如宗？今旣居然許宗之請，將來訴者，何獨匪民！特聽之意，未見其益；不以爲例，交與怨讟。此爲施一恩於今，而開萬怨於後也。」成帝從之，正廣死刑。後遷護軍長史，卒官。

子啟，字榮期，雖經學不及堅，而以才義顯於當世。於時淸談之士庾龢、韓伯、袁宏等，並相知友。爲祕書郞，累居顯職，終於黃門侍郞。父子並有文筆傳於世。

劉惔

劉惔字眞長，沛國相人也。祖宏，字終嘏，光祿勳。宏兄粹，字純嘏，侍中。宏弟潢，字沖嘏，吏部尚書。並有名中朝。時人語曰：「洛中雅雅有三嘏。」父耽，晉陵太守，亦知名。

惔少淸遠，有標奇，與母任氏寓居京口，家貧，織芒屩以爲養，雖蓽門陋巷，晏如也。人未之識，惟王導深器之。後稍知名，論者比之袁羊。惔喜，還告其母。其母，聰明婦人也，謂之曰：「此非汝比，勿受之。」又有方之范汪者。惔復喜，母又不聽。及惔年德轉升，論者遂比之荀粲。尚明帝女廬陵公主。以惔雅善言理，簡文帝初作相，與王濛並爲談客，俱蒙上賓禮。時孫盛作易象妙於見形論，帝使殷浩難之，不能屈。帝曰：「使眞長來，故應有以制之。」乃命迎惔。盛素敬服惔，及至，便與抗答，辭甚簡至，盛理遂屈。一坐撫掌大笑，咸稱美之。

累遷丹楊尹。爲政清整，門無雜賓。時百姓頗有訟官長者，諸郡往往有相舉正，惔歎曰：「夫居下訕上，此弊道也。古之善政，司契而已，豈不以其敦本正源，鎭靜流末乎！君雖不君，下安可以失禮。若此風不革，百姓將往而不反。」遂寢而不問。

性簡貴，與王羲之雅相友善。郗愔有傖奴善知文章，羲之愛之，每稱奴於惔。惔曰：「何如方回邪？」羲之曰：「小人耳，何比郗公！」惔曰：「若不如方回，故常奴耳。」桓溫嘗問惔：「會稽王談更進邪？」惔曰：「極進，然故第二流耳。」〔八〕溫曰：「第一復誰？」惔曰：「故在我輩。」其高自標置如此。

惔每奇溫才，而知其有不臣之迹。及溫爲荊州，惔言於帝曰：「溫不可使居形勝地，其位號常宜抑之。」勸帝自鎭上流，而己爲軍司，帝不納。又請自行，復不聽。及溫伐蜀，時咸謂未易可制，惟惔以爲必克。或問其故。云：「以蒱博驗之，其不必得，則不爲也。恐溫終專制朝廷。」及後竟如其言。嘗薦吳郡張憑，憑卒爲美士，衆以此服其知人。

尤好老莊，任自然趣。疾篤，百姓欲爲之祈禱，家人又請祭神，惔曰：「丘之禱久矣。」年三十六，卒官。孫綽爲之誄云：「居官無官官之事，處事無事事之心。」時人以爲名言。後綽嘗詣褚裒，言及惔，流涕曰：「可謂人之云亡，邦國殄瘁。」裒大怒曰：「眞長生平何嘗相比數，而卿今日作此面向人邪！」其爲名流所敬重如此。

張憑

張憑字長宗。祖鎭，蒼梧太守。憑年數歲，鎭謂其父曰：「我不如汝有佳兒。」憑曰：「阿翁豈宜以子戲父邪！」及長，有志氣，爲鄉閭所稱。舉孝廉，負其才，自謂必參時彥。初，欲詣惔，鄉里及同舉者共笑之。既至，惔處之下坐，神意不接，憑欲自發而無端。會王濛就惔清言，有所不通，憑於末坐判之，言旨深遠，足暢彼我之懷，一坐皆驚。惔延之上坐，清言彌日，留宿至旦遣之。憑既還船，須臾，惔遣傳教覓張孝廉船，便召與同載，遂言之於簡文帝。帝召與語，歎曰：「張憑勃窣爲理窟。」官至吏部郎、御史中丞。

韓伯

韓伯字康伯，潁川長社人也。母殷氏，高明有行。家貧窶，伯年數歲，至大寒，母方爲作襦，令伯捉熨斗，而謂之曰：「且著襦，尋當作複褌。」伯曰：「不復須。」母問其故。對曰：

「火在斗中，而柄尚熱，今既著襦，下亦當煖。」母甚異之。及長，淸和有思理，留心文藝。舅殷浩稱之曰：「康伯能自標置，居然是出羣之器。」潁川庾龢名重一時，少所推服，常稱伯及王坦之曰：「思理倫和，我敬韓康伯；志力强正，吾愧王文度。自此以還，吾皆百之矣。」

舉秀才，徵佐著作郞，並不就。簡文帝居藩，引爲談客，自司徒左西屬轉撫軍掾、中書郞、散騎常侍、豫章太守，入爲侍中。陳郡周勰爲謝安主簿，居喪廢禮，崇尚莊老，脫落名敎。伯領中正，不通勰，議曰：「拜下之敬，猶違衆從禮。情理之極，不宜以多比爲通。」時人憚焉。識者謂伯可謂澄世所不能澄，而裁世所不能裁者矣，與夫容己順衆者，豈得同時而共稱哉！

王坦之又嘗著公謙論，袁宏作論以難之。伯覽而美其辭旨，以爲是非旣辯，誰與正之，遂作辯謙以折中曰：

夫尋理辯疑，必先定其名分所存。所存旣明，則彼我之趣可得而詳也。夫謙之爲義，存乎降己者也。以高從卑，以賢同鄙，故謙名生焉。孤寡不穀，人之所惡，而侯王以自稱，降其貴者也。執御執射，衆之所賤，而君子以自目，降其賢者也。與夫山在地中之象，其致豈殊哉！捨此二者，而更求其義，雖南轅求冥，終莫近也。

夫有所貴，故有降焉；夫有所美，故有謙焉。譬影響之與形聲，相與而立。道足者，忘貴賤而一賢愚；體公者，乘理當而均彼我。降挹之義，於何而生！則謙之爲美，固不可以語至足之道，涉乎大方之家矣。然君子之行己，必尚於至當，而必造乎匿善。至理在乎無私，而動之於降己者何？誠由未能一觀於能鄙，則貴賤之情立；非忘懷於彼我，則私己之累存。當其所貴在我則矜，值其所賢能之則伐。處貴非矜，而矜己者常有其貴；言善非伐，而伐善者驟稱其能。是以知矜貴之傷德者，故宅心於卑素；悟驟稱之虧理者，故情存於不言。情存於不言，則善斯匿矣；宅心於卑素，則貴斯降矣。夫所況君子之流，苟理有未盡，情有未夷，存我之理未冥於內，豈不同心於降挹洗之所滯哉！〔一九〕體有而擬無者，聖人之德；有累而存理者，君子之情。雖所滯不同，其於遣情之累緣有弊而用，〔二〇〕降己之道由私我而存，一也。故懲忿窒欲，著於損象；卑以自牧，實繫謙爻。皆所以存其所不足，拂其所有餘者也。

王生之談，以至理無謙，近得之矣。云人有爭心，善不可收，假後物之迹，以逃動者之患，以語聖賢則可，施之於下斯者，豈惟逃患於外，亦所以洗心於內也。

轉丹楊尹、吏部尚書、領軍將軍。既疾病，占候者云：「不宜此官。」朝廷改授太常，未拜，卒，時年四十九。卽贈太常。子璯，官至衡陽太守。

史臣曰：王湛門資台鉉，地處膏腴，識表鄰機，才惟王佐。叶宣尼之遠契，翫道韋編；遵伯陽之幽旨，含虛牝谷。所謂天質不雕，合於大朴者也。安期英姿挺秀，籍甚一時。朝野挹其風流，人倫推其表燭。雖崇勳懋績有闕於旂常，素德清規足傳於汗簡矣。懷祖鑒局夷遠，沖衿玉粹。坦之牆宇凝曠，逸操金貞。騰諷庾之良箋，情嗤語怪；演廢莊之宏論，道煥崇儒。或寄重文昌，允釐於袞職；或任華綸閣，密勿於王言。咸能克著徽音，〔三〕保其榮秩，美矣！國寶檢行無聞，坐升彼相，混暗識於心鏡，開險路於情田。於時疆埸多虞，憲章罕備，天子居綴旒之運，人臣微覆餗之憂。於是竊勢擁權，黷明王之彝典；窮奢縱侈，假凶豎之餘威。繡桷雕楹，陵跨於宸極；驪珍冶質，充牣於帷房。亦猶犬彘腴肥，不知禍之將及。告盡私室，固其宜哉！荀景猷履孝居忠，無慚往烈。范玄平陳謀獻策，有會時機。崧則思業該通，緝遺經於已紊。汪則風飈直亮，抗高節於將顛。揚搉而言，俱爲雅士。劉韓儁爽，標置軼羣，勝氣籠霄，飛談卷霧，並蘭芬菊耀，無絕於終古矣。

贊曰：處沖純懿，是稱奇器。養素虛庭，同塵下位。雅道雖屈，高風不墜。猗歟後胤，世傳清德。帝室馳芬，士林揚則。國寶庸暗，託意驕奢。既豐其屋，終蔀其家。荀范令望，金聲遠暢。劉韓秀士，珠談間起。異術同華，葳蕤青史。

校勘記

〔一〕亦不必異所生 周校：「必不」誤倒。

〔二〕領兵守石頭 「石頭」，各本作「石城」，今從宋本。通志一二七亦作「石頭」。

〔三〕蔡洲 「洲」，各本誤作「州」，今據通志一二七改正。

〔四〕袁悅之 王恭傳、世說讒險及注引袁世譜並無「之」字。

〔五〕專覽朝權 通志一二七「覽」作「攬」。

〔六〕臨潁人 勞校：魏志荀彧傳云潁陰人。按：本書荀勗傳亦曰潁陰人。

〔七〕清虛名理 「名」，局本、殿本作「明」，今從宋本。通志一二七亦作「名」。

〔八〕襄城太守 「襄城」，各本作「襄陽」，今從宋本。通鑑八七、通志一二七皆作「襄城」。

〔九〕華寔 「寔」，各本作「實」，今從宋本。華、寔指張華、劉寔，俱曾爲太常，此時荀崧亦正爲太常，故云。

〔一〇〕以博其學 宋書禮志一、通典五三引「博」並作「傳」，疑是。

〔一一〕咸和三年薨 上文云「帝幸溫嶠舟，崧猶力步而從」，此事在咸和四年二月，則崧死固當在其後。「三年」之「三」字疑誤。

〔一二〕段蘭 校文：當從穆紀及載記作「段龕」，下同。按：通鑑一〇〇亦作「龕」。蘭已死于永和六年。

〔一三〕汴城 酈注：通鑑胡注曰：「汴」當作「卞」。惜抱軒筆記曰：魯郡有卞縣，與汶水東阿近，故右軍有一帖云，荀侯定居下邳，復遣兵取卞城，正指此事。

〔一四〕光水 水經汶水、泗水及洙水注、讀史方輿紀要並作「洸水」，汶水支流也。

〔一五〕升平二年卒 「二」當爲「三」字之誤。勞、周、吳並有校。

〔一六〕一出私祿 「祿」，各本誤作「錄」，今從宋本。御覽一七七引亦作「祿」。

〔一七〕黃幡撾登聞鼓乞恩 御覽六四六引「黃幡」上有「操」字。

〔一八〕然故第二流耳 「二」，各本作「三」，今從吳本。世說品藻、册府九一七皆作「二」。

〔一九〕豈不同心於降挹洗之所滯哉 周校：句末有脫誤。

〔二〇〕其於遺情之累 各本無「情」字「累」字，殿本有，今從之。

〔二一〕咸能克著徽音 「咸」，各本誤作「或」，今從宋本。

晉書卷七十六

列傳第四十六

王舒 子允之

王舒字處明，丞相導之從弟也。父會，侍御史。舒少爲從兄敦所知，以天下多故，不營當時名，恒處私門，潛心學植。年四十餘，州禮命，太傅辟，皆不就。及敦爲青州，舒往依焉。時敦被徵爲祕書監，以寇難路險，輕騎歸洛陽，委棄公主。時輜重金寶甚多，親賓無不競取，惟舒一無所眄，益爲敦所賞。

及元帝鎭建康，因與諸父兄弟俱渡江委質焉。參鎭東軍事，出補溧陽令。明帝之爲東中郎將，妙選上佐，以舒爲司馬。轉後將軍、宣城公褚裒諮議參軍，〔一〕遷軍司，固辭不受。裒鎭廣陵，復以舒爲車騎司馬。頻領望府，咸稱明練。裒薨，遂代裒鎭，除北中郎將、監青徐二州軍事。頃之，徵國子博士，加散騎常侍，未拜，轉少府。太寧初，徙廷尉。敦表舒爲鷹揚將軍、荆州刺史、領護南蠻校尉、監荆州沔南諸軍事。及敦敗，王含父子俱奔舒，舒遣軍逆之，並沈於江。進都督荆州、平西將軍、假節。尋以陶侃代舒，遷舒爲安南將軍、廣州刺史。舒疾病，不樂越嶺，朝議亦以其有功，不應遠出，乃徙爲湘州刺史，將軍、都督、持節如故。徵代鄧攸爲尚書僕射。

時將徵蘇峻，司徒王導欲出舒爲外援，乃授撫軍將軍、會稽內史，秩中二千石。舒上疏辭以父名，朝議以字同音異，於禮無嫌。舒復陳音雖異而字同，求換他郡。於是改「會」字爲「鄶」。舒不得已而行。在郡二年而蘇峻作逆，乃假舒節都督，行揚州刺史事。時吳國內史庾冰棄郡奔舒，舒移告屬郡，〔三〕以吳王師虞駿爲軍司，御史中丞謝藻行龍驤將軍、監前鋒征討軍事，率衆一萬，與庾冰俱渡浙江。前義興太守顧衆、護軍參軍顧颺等，皆起義軍以應舒。舒假衆揚威將軍、督護吳中軍事，颺監晉陵軍事，於御亭築壘。峻聞舒等兵起，乃赦庾亮諸弟，以悅東軍。舒率衆次郡之西江，爲冰、藻後繼。冰、颺等遣前鋒進據無錫，遇賊將張健等數千人，交戰，大敗，奔還御亭，復自相驚擾，冰、颺等並退于錢唐，藻守嘉興。賊遂入吳，燒府舍，掠諸縣，所在塗地。舒以輕進奔敗，斬二軍主者，免冰、颺督護，以白衣行事。更以顧衆督護吳晉陵軍，屯兵章埭。吳興太守虞潭率所領討健，屯烏苞亭，並不敢進。時暴雨大水，賊管商乘船旁出，襲潭及衆。潭等奔敗。潭還保吳興，衆退守錢唐。舒更遣將軍陳孺率精銳千人增戍海浦，所在築壘。或勸舒宜還都，〔三〕使謝藻守西陵，扶海立柵。舒不聽，留藻守錢唐，使衆、颺守紫壁。〔四〕於是賊轉攻吳興，潭諸軍復退。賊復掠東遷、餘杭、武康諸縣。舒遣子允之行揚烈將軍，與將軍徐遜、陳孺及揚烈司馬朱燾，以精銳三千，輕邀賊於武康，出其不意，遂破之，斬首數百級，賊悉委舟步走。允之收其器械，進兵助潭。時賊韓晃既破宣城，轉入故鄣、長城。允之遣朱燾、何準等擊之，戰於于湖。潭以强弩射之，晃等退走，斬首千餘級，納降二千人。潭由是得保郡。是時臨海、新安諸山縣並反應賊，舒分兵悉討平之。會陶侃等至京都，舒、潭等並以屢戰失利，移書盟府，自貶去節。侃遣使敦喻，不聽。及侃立行臺，上舒監浙江東五郡軍事，允之督護吳郡、義興、晉陵三郡征討軍事。既而晃等南走，允之追躡於長塘湖，復大破之。賊平，以功封彭澤縣侯，尋卒官，贈車騎大將軍、儀同三司，謚曰穆。

長子晏之，蘇峻時爲護軍參軍，被害。晏之子崐之嗣。卒，子陋之嗣。宋受禪，國除。晏之弟允之最知名。

允之字深猷。〔五〕總角，從伯敦謂爲似己，恒以自隨，出則同輿，入則共寢。敦嘗夜飲，允之辭醉先臥。敦與錢鳳謀爲逆，允之已醒，悉聞其言，慮敦或疑己，便於臥處大吐，衣面並汚。鳳既出，敦果照視，見允之臥吐中，以爲大醉，不復疑之。時父舒始拜廷尉，允之求還定省，敦許之。至都，以敦、鳳謀議事白舒，舒卽與導俱啓明帝。

舒爲荊州，允之隨在西府。及敦平，帝欲令允之仕，舒請曰：「臣子尙少，不樂早官。」帝許隨舒之會稽。及蘇峻反，允之討賊有功，封番禺縣侯，邑千六百戶，除建武將軍、錢唐令，領司鹽都尉。舒卒，去職。既葬，除義興太守，以憂哀不拜。從伯導與其書曰：「太保、安豐侯以孝聞天下，不得辭司隸；和長輿海內名士，不免作中書令。吾羣從死亡略盡，子弟零落，遇汝如親，如其不爾，吾復何言！」允之固不肯就。咸和末，除宣城內史、監揚州江西四郡事、〔六〕建武將軍，鎭于湖。咸康中，進號西中郎將、假節。尋遷南中郎將、江州刺史。莅政甚有威惠。時王恬服闋，除豫章郡。允之聞之驚愕，以爲恬丞相子，應被優遇，不可出爲遠郡，乃求自解州，欲與庾冰言之。冰聞甚愧，卽以恬爲吳郡，而以允之爲衞將軍、會稽內史。未到，卒，年四十。謚曰忠。

子晞之嗣。卒，子肇之嗣。

王廙 弟彬 彬子彪之 彬從兄棱

王廙字世將，丞相導從弟，而元帝姨弟也。父正，尙書郎。廙少能屬文，多所通涉，工書畫，善音樂、射御、博弈、雜伎。辟太傅掾，轉參軍。豫迎大駕，封武陵縣侯，拜尚書郎，出爲濮陽太守。元帝作鎭江左，廙棄郡過江。帝見之大悅，以爲司馬。頻守廬江、鄱陽二郡。豫討周馥、杜弢，以功累增封邑，除冠軍將軍，鎭石頭，領丞相軍諮祭酒。王敦啓爲寧遠將軍、荆州刺史。

及帝卽位，廙奏中興賦，上疏曰：

臣託備肺腑，幼蒙洪潤，爰自齠齔，至於弱冠，陛下之所撫育，恩侔於兄弟，義同於交友，思欲攀龍鱗附鳳翼者，有年矣。是以昔忝濮陽，棄官遠跡，扶持老母，攜將細弱，越長江歸陛下者，誠以道之所存，願託餘蔭故也。天誘其願，遇陛下中興。當大明之盛，而守局遐外，不得奉瞻大禮，聞問之日，悲喜交集。昔司馬相如不得覩封禪之事，慷慨發憤，況臣情則骨肉，服膺聖化哉！

又臣昔嘗侍坐於先后，說陛下誕育之日，光明映室，白毫生於額之左，相者謂當王有四海。又臣以壬申歲見用爲鄱陽內史，七月，四星聚于牽牛。又臣郡有枯樟更生。及臣後還京都，陛下見臣白兔，命臣作賦。時琅邪郡又獻甘露，陛下命臣嘗之。又驃騎將軍導向臣說晉陵有金鐸之瑞，郭璞云必致中興。璞之爻筮，雖京房、管輅不過也。明天之曆數在陛下矣。

臣少好文學，志在史籍，而飄放遐外，嘗與桀寇爲對。臣犬馬之年四十三矣，未能上報天施，而償負屢彰。恐先朝露，塡溝壑，令微情不得上達，謹竭其頑，獻中興賦一篇。雖未足以宣揚盛美，亦是詩人嗟歎詠歌之義也。

文多不載。

初，王敦左遷陶侃，使廙代爲荆州。將吏馬儁、〔七〕鄭攀等上書請留侃，敦不許。廙爲儁等所襲，奔於江安。賊杜曾與儁、攀北迎第五猗以距廙。廙督諸軍討曾，又爲曾所敗。敦命湘州刺史甘卓、豫章太守周廣等助廙擊曾，曾衆潰，廙得到州。廙性儁率，嘗從南下，旦自尋陽，迅風飛帆，暮至都，倚舫樓長嘯，神氣甚逸。王導謂庾亮曰：「世將爲傷時識事。」亮曰：「正足舒其逸氣耳。」廙在州大誅戮侃時將佐，及徵士皇甫方回。於是大失荆土之望，人情乖阻。帝乃徵廙爲輔國將軍，加散騎常侍。以母喪去職。服闋，拜征虜將軍，進左衞將軍。

及王敦構禍，帝遣廙喻敦，旣不能諫其悖逆，乃爲敦所留，受任助亂。敦得志，以廙爲平南將軍、領護南蠻校尉、荆州刺史。尋病卒。帝猶以親故，深痛愍之。喪還京都，皇太子親臨拜柩，如家人之禮。贈侍中、驃騎將軍，謚曰康。明帝與大將軍溫嶠書曰：「痛謝鯤未絕於口，世將復至於此。並盛年雋才，不遂其志，痛切於心。廙明古多通，鯤遠有識致。其言雖未足令人改聽，然味之不倦，近未易有也。坐相視盡，如何！」

子頤之嗣，仕至東海內史。頤之弟胡之，字修齡，弱冠有聲譽，歷郡守、侍中、丹楊尹。素有風眩疾，發動甚數，而神明不損。石季龍死，朝廷欲綏輯河洛，以胡之爲西中郎將、司州刺史、假節，以疾固辭，未行而卒。子茂之亦有美譽，官至晉陵太守。子敬弘，義熙末爲尚書。

彬字世儒。少稱雅正，弱冠，不就州郡之命。光祿大夫傅祗辟爲掾。後與兄廙俱渡江，爲揚州刺史劉機建武長史。元帝引爲鎮東賊曹參軍，轉典兵參軍。豫討華軼功，封都亭侯。愍帝召爲尚書郎，以道險不就。遷建安太守，徙義興內史，未之職，轉軍諮祭酒。

中興建，稍遷侍中。從兄敦舉兵入石頭，帝使彬勞之。會周顗遇害，彬素與顗善，先往哭顗，甚慟。既而見敦，敦怪其有慘容，而問其所以。彬曰：「向哭伯仁，情未能已。」敦怒曰：「伯仁自致刑戮，且凡人遇汝，復何爲者哉！」彬曰：「伯仁長者，君之親友，在朝雖無謇諤，亦非阿黨，而赦後加以極刑，所以傷惋也。」因勃然數敦曰：「兄抗旌犯順，殺戮忠良，謀圖不軌，禍及門戶。」音辭慷慨，聲淚俱下。敦大怒，厲聲曰：「爾狂悖乃可至此，爲吾不能殺汝邪！」時王導在坐，爲之懼，勸彬起謝。彬曰：「有腳疾已來，見天子尚欲不拜，何跪之有！

此復何所謝！」敦曰：「腳痛孰若頸痛？」彬意氣自若，殊無懼容。後敦議舉兵向京師，彬諫甚苦。敦變色目左右，將收彬，彬正色曰：「君昔歲害兄，今又殺弟邪？」先是，彬從兄豫章太守棱爲敦所害，〔八〕敦以彬親故容忍之。俄而以彬爲豫章太守。彬爲人樸素方直，乏風味之好，雖居顯貴，常布衣蔬食。遷前將軍、江州刺史。

及敦死，王含欲投王舒，王應勸含投彬。含曰：「大將軍平素與江州云何，汝欲歸之？」應曰：「此乃所以宜往也。江州當人強盛時，能立同異，此非常人所及。覩衰厄，必興愍惻。荆州守文，豈能意外行事！」含不從，遂共投舒，舒果沈含父子於江。彬聞應來，密具船以待之。既不至，深以爲恨。

敦平，有司奏彬及兄子安成太守籍之，並是敦親，皆除名。詔曰：「司徒導以大義滅親，其後昆雖或有違，猶將百世宥之，況彬等公之近親。」乃原之。徵拜光祿勳，轉度支尚書。蘇峻平後，改築新宮，彬爲大匠。以營創勳勞，賜爵關內侯，遷尚書右僕射。卒官，年五十九。贈特進、衞將軍，加散騎常侍，謚曰肅。長子彭之嗣，位至黃門郎。次彪之，最知名。

彪之字叔武。〔九〕年二十，鬚鬢皓白，時人謂之王白鬚。初除佐著作郎、東海王文學。

從伯導謂曰：「選官欲以汝爲尙書郎，汝幸可作諸王佐邪！」彪之曰：「位之多少既不足計，自當任之於時。至於超遷，是所不願。」遂爲郎。鎭軍將軍、武陵王晞以爲司馬，累遷尙書左丞、司徒左長史、御史中丞、侍中、廷尉。

時永嘉太守謝毅，赦後殺郡人周矯，矯從兄球詣州訴冤。揚州刺史殷浩遣從事收毅，付廷尉。彪之以球爲獄主，身無王爵，非廷尉所料，不肯受，與州相反覆。穆帝發詔令受之。彪之又上疏執據，時人比之張釋之。時當南郊，簡文帝爲撫軍，執政，訪彪之應有赦不。答曰：「中興以來，郊祀往往有赦，愚意嘗謂非宜。何者？黎庶不達其意，將謂郊祀必赦，至此時，凶愚之輩復生心於僥倖矣。」遂從之。

轉吏部尙書。簡文有命用秣陵令曲安遠補句容令，殿中侍御史奚朗補湘東郡。彪之執不從，曰：「秣陵令三品縣耳，殿下昔用安遠，談者紛然。句容近畿，三品佳邑，豈可處卜術之人無才用者邪！湘東雖復遠小，所用未有朗比，談者謂頗兼卜術得進。殿下若超用寒悴，當令人才可拔。朗等凡器，實未足充此選。」

太尉桓溫欲北伐，屢詔不許。溫輒下武昌，人情震懼。或勸殷浩引身告退，彪之言於簡文曰：「此非保社稷爲殿下計，皆自爲計耳。若殷浩去職，人情崩駭，天子獨坐。既爾，當有任其責者，非殿下而誰！」又謂浩曰：「彼抗表問罪，卿爲其首。事任如此，猜釁已構，欲作匹夫，豈有全地邪？且當靜以待之。令相王與手書，示以款誠，陳以成敗，當必旋旆。若不順命，卽遣中詔。如復不奉，乃當以正義相裁。無故恩恩，先自猖蹶。」浩曰：「決大事正自難，頃日來欲使人悶，聞卿此謀，意始得了。」溫亦奉帝旨，果不進。

時衆官漸多，而遷徙每速，彪之上議曰：

爲政之道，以得賢爲急，非謂雍容廊廟，標的而已，固將莅任贊時，職思其憂也。得賢之道，在於莅任；莅任之道，在於能久；久於其道，天下化成。是以三載考績，三考黜陟，不收一切之功，不採速成之譽。故勳格辰極，道融四海，風流遐邈，聲冠百代。凡庸之族衆，賢能之才寡，才寡於世而官多於朝，焉得不賢鄙共貫，淸濁同官！官衆則闕多，闕多則遷速，前後去來，更相代補，非爲故然，理固然耳。所以職事未修，朝風未澄者也。職事之修，在於省官；朝風之澄，在於幷職。官省則選淸而得久，職幷則吏簡而俗靜；選淸則勝人久於其事，事久則中才猶足有成。

今內外百官，較而計之，固應有幷省者矣。六卿之任，太常望雅而職重，然其所司，義高務約。宗正所統蕃郡，可以幷太常。宿衞之重，二衞任之，其次驍騎、左軍各有所領，無兵軍校皆應罷廢。四軍皆罷，則左軍之名不宜獨立，宜改游擊以對驍騎。內官自侍中以下，舊員皆四，中興之初，二人而已。二人對直，或有不周，愚謂三人，於事則無闕也。凡餘諸官，無綜事實者，可令大官隨才位所帖而領之。若未能頓廢，自可因缺而省之。委之以職分，責之以有成，能否因考績而著，淸濁隨黜陟而彰。雖緝熙之隆、康哉之歌未可，使庶官之選差淸，莅職之日差久，無奉祿之虛費，簡吏寺之煩役矣。

永和末，多疾疫。舊制，朝臣家有時疾，染易三人以上者，身雖無病，百日不得入宮。至是，百官多列家疾，不入。彪之又言：「疾疫之年，家無不染。若以之不復入宮，則直侍頓闕，王者宮省空矣。」朝廷從之。

旣而長安人雷弱兒、梁安等詐云殺苻健、苻眉，請兵應接。時殷浩鎭壽陽，便進據洛，營復山陵。屬彪之疾歸，上簡文帝牋，陳弱兒等容有詐僞，浩未應輕進。尋而弱兒果詐，姚襄反叛，浩大敗，退守譙城。簡文笑謂彪之曰：「果如君言。自頃以來，君謀無遺策，張、陳復何以過之！」

轉領軍將軍，遷尙書僕射，以疾病，不拜。徙太常，領崇德衞尉。時或謂簡文曰：「武陵第中大修器杖，將謀非常也。」簡文以問彪之。彪之曰：「武陵王志意盡於馳騁田獵耳。願深靜之，以懷異同者。」或復以此爲言，簡文甚悅。

復轉尙書僕射。時豫州刺史謝奕卒，簡文遽使彪之舉可以代奕者。對曰：「當今時賢，備簡高監。」簡文曰：「人有舉桓雲者，君謂如何？」彪之曰：「雲不必非才，然溫居上流，割天下之半，其弟復處西藩，兵權盡出一門，亦非深根固蔕之宜也。人才非可豫量，但當令不與殿下作異者耳。」簡文頷曰：「君言是也。」

後以彪之爲鎭軍將軍、會稽內史，加散騎常侍。居郡八年，豪右斂跡，亡戶歸者三萬餘口。桓溫下鎭姑孰，威勢震主，四方修敬，皆遣上佐綱紀。彪之獨曰：「大司馬誠爲富貴，朝廷既有宰相，動靜之宜自當諮稟。修敬若遣綱紀，致貢天子復何以過之！」竟不遣。溫以山陰縣折布米不時畢，郡不彈糾，上免彪之。彪之去郡，郡見罪讁未上州臺者，皆原散之。溫復以爲罪，乃檻收下吏。會赦，免，左降爲尙書。

頃之，復爲僕射。是時溫將廢海西公，百僚震慄，溫亦色動，莫知所爲。彪之既知溫不臣迹已著，理不可奪，乃謂溫曰：「公阿衡皇家，便當倚傍先代耳。」命取霍光傳。禮度儀制，定於須臾，曾無懼容。溫歎曰：「作元凱不當如是邪！」時廢立之儀既絕於曠代，朝臣莫有識其故典者。彪之神彩毅然，朝服當階，文武儀準莫不取定，朝廷以此服之。溫又廢武陵王遵，〔一〇〕以事示彪之。彪之曰：「武陵親尊，未有顯罪，不可以猜嫌之間，便相廢徙。公建立聖明，遐邇歸心，當崇奬王室，伊周同美。此大事，宜更深詳。」溫曰：「此已成事，卿勿復言。」

及簡文崩，羣臣疑惑，未敢立嗣。或云，宜當須大司馬處分。彪之正色曰：「君崩，太子代立，大司馬何容得異！若先面諮，必反爲所責矣。」於是朝議乃定。及孝武帝卽位，太皇太后令以帝沖幼，加在諒闇，令溫依周公居攝故事。事已施行，彪之曰：「此異常大事，大司馬必當固讓，使萬機停滯，稽廢山陵，未敢奉令。謹具封還內，請停。」事遂不行。

溫遇疾，諷朝廷求九錫。袁宏爲文，以示彪之。彪之視訖，歎其文辭之美，謂宏曰：「卿固大才，安可以此示人！」時謝安見其文，又頻使宏改之，宏遂逡巡其事。旣屢引日，乃謀於彪之。彪之曰：「聞彼病日增，亦當不復支久，自可更小遲迴。」宏從之。溫亦尋薨。

時桓沖及安夾輔朝政，安以新喪元輔，主上未能親覽萬機，太皇太后宜臨朝。彪之曰：「先代前朝，主在襁抱，母子一體，故可臨朝。太后亦不能決政事，終是顧問僕與君諸人耳。今上年出十歲，垂婚冠，反令從嫂臨朝，示人君幼弱，豈是翼戴讚揚立德之謂乎！二君必行此事，豈僕所制，所惜者大體耳。」時安不欲委任桓沖，故使太后臨朝決政，獻替專在乎己。彪之不達安旨，故以爲言。安竟不從。

尋遷尚書令，與安共掌朝政。安每曰：「朝之大事，衆不能決者，諮王公無不得判。」以年老，上疏乞骸骨，詔不許。轉拜護軍將軍，加散騎常侍。安欲更營宮室，彪之曰：「中興初，卽位東府，殊爲儉陋，元明二帝亦不改制。蘇峻之亂，成帝止蘭臺都坐，殆不蔽寒暑，是以更營修築。方之漢魏，誠爲儉狹，復不至陋，殆合豐約之中，今自可隨宜增益修補而已。强寇未殄，正是休兵養士之時，何可大興功力，勞擾百姓邪！」安曰：「宮室不壯，後世謂人無能。」彪之曰：「任天下事，當保國寧家，朝政惟允，豈以修屋宇爲能邪！」安無以奪之。故終彪之之世，不改營焉。

加光祿大夫、儀同三司，未拜。疾篤，帝遣黃門侍郎問所苦，賜錢三十萬以營醫藥。太元二年卒，年七十三。卽以光祿爲贈，謚曰簡。二子：越之，撫軍參軍；臨之，東陽太守。

棱字文子，彬季父國子祭酒琛之子也。少歷淸官。渡江，爲元帝丞相從事中郎。從兄導以棱有政事，宜守大郡，乃出爲豫章太守，加廣武將軍。棱知從兄敦驕傲自負，有罔上心，日夕諫諍，以爲宜自抑損，推崇盟主，且羣從一門，並相與服事，應務相崇高，以隆勳業。每言苦切。敦不能容，潛使人害之。

弟侃，亦知名，少歷顯職，位至吳國內史。

虞潭 孫嘯父 兄子駿

虞潭字思奧，會稽餘姚人，吳騎都尉翻之孫也。父忠，仕至宜都太守。吳之亡也，堅壁不降，遂死之。潭清貞有檢操，州辟從事、主簿，舉秀才，大司馬、齊王冏請爲祭酒，除祁鄉令，〔二〕徙醴陵令。值張昌作亂，郡縣多從之，潭獨起兵斬昌別率鄧穆等。襄陽太守華恢上潭領建平太守，以疾固辭。遂周旋征討，以軍功賜爵都亭侯。

陳敏反，潭東下討敏弟贊於江州。廣州刺史王矩上潭領廬陵太守。綏撫荒餘，咸得其所。又與諸軍共平陳恢，仍轉南康太守，進爵東鄉侯。

尋被元帝檄，使討江州刺史華軼。潭至廬陵，會軼已平，而湘川賊杜弢猶盛。江州刺史衞展上潭并領安成太守。時甘卓屯宜陽，爲弢所逼。潭進軍救卓，卓上潭領長沙太守，固辭不就。王敦版潭爲湘東太守，復以疾辭。弢平後，元帝召補丞相軍諮祭酒，轉琅邪國中尉。

帝爲晉王，除屯騎校尉，徙右衞將軍，遷宗正卿，以疾告歸。會王含、沈充等攻逼京都，潭遂於本縣招合宗人，及郡中大姓，共起義軍，衆以萬數，自假明威將軍。乃進赴國難，至上虞。明帝手詔潭爲冠軍將軍，領會稽內史。潭即受命，義衆雲集。時有野鷹飛集屋梁，衆咸懼。潭曰：「起大義，而剛鷙之鳥來集，破賊必矣。」遣長史孔坦領前鋒過浙江，追躡充。潭次於西陵，爲坦後繼。會充已擒，罷兵。徵拜尚書，尋補右衞將軍，加散騎常侍。

成帝即位，出爲吳興太守，秩中二千石，加輔國將軍。以討充功，進爵零陵縣侯。蘇峻反，加潭督三吳、晉陵、宣城、義興五郡軍事。會王師敗績，大駕逼遷，潭勢弱，不能獨振，乃固守以俟四方之舉。會陶侃等下，潭與郗鑒、王舒協同義舉。侃等假潭節、監揚州浙江西軍事。潭率衆與諸軍并勢，東西掎角。遣督護沈伊距管商於吳縣，爲商所敗，潭自貶還節。

尋而峻平，潭以母老，輒去官還餘姚。詔轉鎮軍將軍、吳國內史。復徙會稽內史，未發，還復吳郡。以前後功，進爵武昌縣侯，邑一千六百戶。是時軍荒之後，百姓饑饉，死亡塗地，潭乃表出倉米振救之，又修滬瀆壘，以防海抄，百姓賴之。

咸康中，進衞將軍。潭貌雖和弱，而內堅明，有膽決，雖屢統軍旅，而尟有傾敗。以母憂去職。服闋，以侍中、衞將軍徵。既至，更拜右光祿大夫、開府儀同三司，給親兵三百人，侍中如故。年七十九，卒於位。追贈左光祿大夫，開府、侍中如故，諡曰孝烈。子佗嗣，官至右將軍司馬。佗卒，子嘯父嗣。

嘯父少歷顯位，後至侍中，爲孝武帝所親愛。嘗侍飲宴，帝從容問曰：「卿在門下，初不聞有所獻替邪？」嘯父家近海，謂帝有所求，對曰：「天時尚溫，鯯魚蝦鮓未可致，尋當有所上獻。」帝大笑。因飲大醉，出，拜不能起，帝顧曰：「扶虞侍中。」嘯父曰：「臣位未及扶，醉不及亂，非分之賜，所不敢當。」帝甚悅。

隆安初，爲吳國內史。徵補尚書，未發，而王廞舉兵，版嘯父行吳興太守。嘯父即入吳興應廞。廞敗，有司奏嘯父與廞同謀，罪應斬。詔以祖潭舊勳，聽以疾贖爲庶人。四年，復拜尚書。桓玄用事，以爲太尉左司馬。尋遷護軍將軍，出爲會稽內史。義熙初，去職，卒於家。

騤字思行，潭之兄子也。雖機幹不及於潭，然而素行過之。與譙國桓彝俱爲吏部郎，情好甚篤。彝遣溫拜騤，騤使子谷拜彝。歷吳興太守、金紫光祿大夫。王導嘗謂騤曰：「孔愉有公才而無公望，丁潭有公望而無公才，兼之者，其在卿乎！」官未達而喪，時人惜之。子谷，位至吳國內史。

顧衆

顧衆字長始，吳郡吳人，驃騎將軍榮之族弟也。父祕，交州刺史，有文武才幹。衆出後伯父，早終，事伯母以孝聞。光祿朱誕器之。州辟主簿，舉秀才，除餘杭、秣陵令，並不行。元帝爲鎭東將軍，命爲參軍。以討華軼功，封東鄉侯，辟丞相掾。

祕卒，州人立眾兄壽爲刺史，壽爲州人所害。眾往交州迎喪，值杜弢之亂，崎嶇六年乃還。祕會莅吳興，吳興義故以眾經離寇難，共遺錢二百萬，一無所受。及帝踐阼，徵拜駙馬都尉、奉朝請，轉尚書郎。大將軍王敦請爲從事中郎，上補南康太守。會詔除鄱陽太守，加廣武將軍。眾徑之鄱陽，不過敦，敦甚怪焉。及敦構逆，令眾出軍，眾遲迴不發。敦大怒，以軍期召眾還，詰之，聲色甚厲。眾不爲動容，敦意漸釋。時敦又怒宣城內史陸喈，眾又辨明之。敦長史陸玩在坐，代眾危懼，出謂眾曰：「卿眞所謂剛亦不吐，柔亦不茹，雖仲山甫何以加之！」〔三〕敦事捷，欲以眾爲吳興內史。眾固辭，舉吏部郎桓彝，彝亦讓眾，事並不行。敦鎭姑孰，復以眾爲從事中郎。敦平，除太子中庶子，爲義興太守，加揚威將軍。

蘇峻反，王師敗績，眾還吳，潛圖義舉。時吳國內史庾冰奔於會稽，峻以蔡謨代之。前陵江將軍張悊爲峻收兵於吳，眾遣人喻悊，悊從之。眾乃遣郎中徐機告謨曰：「眾已潛合家兵，待時而奮，又與張悊剋期效節。」謨乃檄眾爲本國督護，揚威將軍仍舊，眾從弟護軍將軍颺爲威遠將軍、〔三〕前鋒督護。吳中人士同時響應。

峻遣將弘徽領甲卒五百，鼓行而前。眾與颺、悊要擊徽，戰於高莋，大破之，收其軍實。謨以冰當還任，故便去郡。眾遣颺率諸軍屯無錫。冰至，鎭御亭，恐賊從海虞道入，眾自往備之。而賊率張健、馬流攻無錫，颺等大敗，庾冰亦失守，健等遂據吳城。衆自海虞由婁縣東倉與賊別率交戰，破之，義軍又集進屯烏苞。會稽内史王舒、吳興内史虞潭並檄衆爲五郡大督護，統諸義軍討健。潭遣將姚休爲衆前鋒，與賊戰沒。衆還守紫壁。

時賊黨方銳，義軍沮退，人咸勸衆過浙江。衆曰：「不然。今保固紫壁，可得全錢唐以南五縣。若越他境，便爲寓軍，控引無所，非長計也。」臨平人范明亦謂衆曰：「此地險要，可以制寇，不可委也。」衆乃版明爲參軍。明率宗黨五百人，合諸軍，凡四千人，復進討健。健退于曲阿，留錢弘爲吳令。軍次路丘，卽斬弘首。衆進住吳城，遣督護朱祈等九軍，與蘭陵太守李閎共守麦亭。健遣馬流、陶陽等往攻之。閎與祈等逆擊，大破之，斬首二千餘級。

峻平，論功，衆以承檄奮義，推功於謨，謨以衆唱謀，非己之力，俱表相讓，論者美之。封鄱陽縣伯，除平南軍司，不就。更拜丹楊尹、本國大中正，入爲侍中，轉尚書。咸康末，遷領軍將軍、揚州大中正，固讓不拜。以母憂去職。

穆帝卽位，何充執政，復徵衆爲領軍，不起。服闋，乃就。是時充與武陵王不平，衆會通其間，遂得和釋。充崇信佛教，衆議其糜費，每以爲言。嘗與充同載，經佛寺，充要衆入門，衆不下車。充以衆州里宿望，每優遇之。

以年老，上疏乞骸骨，詔書不許。遷尚書僕射。永和二年卒，時年七十三。追贈特進、光祿大夫，謚曰靖。長子昌嗣，爲建康令。第三子會，中軍諮議參軍。時稱美士。

張闓

張闓字敬緒，丹楊人，吳輔吳將軍昭之曾孫也。少孤，有志操。太常薛兼進之於元帝，言闓才幹貞固，當今之良器。即引爲安東參軍，甚加禮遇。轉丞相從事中郎，以母憂去職。既葬，帝强起之，闓固辭疾篤。優命敦逼，遂起視事。及帝爲晉王，拜給事黃門侍郎，領本郡大中正。以佐翼勳，賜爵丹楊縣侯，遷侍中。

帝踐阼，出補晉陵內史，在郡甚有威惠。帝下詔曰：「夫二千石之任，當勉勵其德，綏齊所莅，使寬而不縱，嚴而不苛，其於勳功督察，便國利人，抑强扶弱，使無雜濫，眞太守之任也。若聲過其實，古人所不取，攻乎異端，爲政之甚害，蓋所貴者本也。」闓遵而行之。時所部四縣並以旱失田，闓乃立曲阿新豐塘，溉田八百餘頃，每歲豐稔。葛洪爲其頌。計用二十一萬一千四百二十功，以擅興造免官。後公卿並爲之言曰：「張闓興陂溉田，可謂益國，而反被黜，使臣下難復爲善。」帝感悟，乃下詔曰：「丹楊侯闓昔以勞役部人免官，雖從吏議，猶未掩其忠節之志也。倉廩國之大本，宜得其才。今以闓爲大司農。」闓陳黜免始爾，不宜便居九列。疏奏，不許，然後就職。帝晏駕，以闓爲大匠卿，營建平陵，事畢，遷尚書。

蘇峻之役，闓與王導俱入宮侍衞。峻使闓持節權督東軍。王導潛與闓謀，密宣太后詔於三吳，令速起義軍。陶侃等至，假闓節，行征虜將軍，與振威將軍陶回共督丹楊義軍。闓到晉陵，使內史劉耽盡以一部穀，并遣吳郡度支運四部穀，以給車騎將軍郗鑒。又與吳郡內史蔡謨、前吳興內史虞潭、會稽內史王舒等招集義兵，以討峻。峻平，以尙書加散騎常侍，賜爵宜陽伯。遷廷尉，以疾解職，拜金紫光祿大夫。尋卒，時年六十四。子混嗣。闓陵表文議傳於世。

史臣曰：季孫行父稱見有禮於其君者，如孝子之養父母；無禮於其君者，如鷹鸇之逐鳥雀。是以石碏戮厚，叔向誅鮒，前史以爲美譚。王敦之惡，不足矜其類。然而朱家容布，爲大俠之首；酈寄載呂，興賣友之譏。亦所以激揚風俗，弘長名敎。王彬艤船而厚其所薄，王舒沈江而薄其所厚，較之優劣，斷乎可知。思行、彪之厲風規於多僻之日，虞潭、顧衆徇貞心於危蹙之辰。龍筦爲出納之端，〔一三〕鬻魚非獻替之術，嘯父之對，何其鄙歟！

贊曰：處明夙令，聲積暮年。允之騂角，無棄山川。廙稱多藝，綢繆哲后。二三其德，亦孔之醜。世儒憤發，慟頭陵敦。彪之不撓，寧浩旋湓。顧實南金，虞惟東箭。銑質無改，筠心不變。公望公才，駿爲其選。

校勘記

〔一〕宣城公褚裒　錢大昕諸史拾遺：宣城公裒，元帝子也。此「褚」字蓋校書者妄增。按：錢說是。以各本皆如是，姑仍之。

〔二〕舒移告屬郡　「郡」，局本、殿本等作「縣」，今從宋本。通志一二八、册府三五〇亦作「郡」。

〔三〕或勸舒宜還都　册府三五〇「都」作「郡」，疑是。

〔四〕紫壁　斠注：漢地理志曰柴辟，故就李鄉。讀史方輿紀要云，闞駰曰，由拳故城今謂之柴辟，即古檇李也。或作「紫壁」，誤。顧衆傳亦誤作「紫壁」。

〔五〕允之字深猷　斠注：御覽三九六、四三二引晉中興書作「淵猷」。唐人避諱改「深」。

〔六〕監揚州江西四郡事　舉正：「四郡」下少「諸軍」二字。

〔七〕馬儁　陶侃傳、杜曾傳作「馬儁」，通鑑八九、九一作「馬雋」。

〔八〕稜　宋本、毛本、殿本及通鑑八九、世說人名譜皆作「稜」，今從局本。本傳同，不具校。

〔九〕字叔武　斠注：御覽二一五引晉中興書、淳化閣帖七均作「叔虎」。按：御覽五一三及通志一二八、世說人名譜亦作「叔虎」，「武」蓋唐人避諱改。

〔一〇〕溫又廢武陵王遵　張森楷云：簡文紀，溫廢武陵王晞，非遵。

〔一一〕祁鄉令　勞校：劉弘傳作「浉鄉令」。斠注：地理志荊州有浉鄉，無祁鄉，此「祁」字當爲「浉」之誤。

〔一二〕衆從弟護軍將軍颸　勞校：「護軍將軍」當依王舒傳作「護軍參軍」。是時庾亮爲護軍將軍，颸蓋亮之參軍也。按：勞說是。册府三五〇正作「護軍參軍」。

〔一三〕龍箎爲出納之端　「箎」，各本誤作「莞」，今從殿本。考證云，漢書谷永傳「昔龍箎納言而帝命惟允」，此以喻虞嘯父爲門下侍郎事。

晉書卷七十七

列傳第四十七

陸曄 弟玩 玩子納

陸曄字士光，吳郡吳人也。伯父喜，吳吏部尚書。父英，高平相，員外散騎常侍。曄少有雅望，從兄機每稱之曰：「我家世不乏公矣。」居喪，以孝聞。同郡顧榮與鄉人書曰：「士光氣息裁屬，慮其性命，言之傷心矣。」

後察孝廉，除永世、烏江二縣令，皆不就。元帝初鎮江左，辟爲祭酒，尋補振威將軍、義興太守，以疾不拜。預討華軼功，封平望亭侯，累遷散騎常侍、本郡大中正。太興元年，遷太子詹事。時帝以侍中皆北士，宜兼用南人，曄以清貞著稱，遂拜侍中，徙尚書，領州大中正。

明帝即位，轉光祿勳，遷太常，代紀瞻爲尚書左僕射，領太子少傅，尋加金紫光祿大夫，代卞壼爲領軍將軍。以平錢鳳功，進爵江陵伯。帝不豫，曄與王導、卞壼、庾亮、溫嶠、郗鑒並受顧命，輔皇太子，更入殿將兵直宿。遺詔曰：「曄清操忠貞，歷職顯允，且其兄弟事君如父，憂國如家，歲寒不凋，體自門風。既委以六軍，可錄尚書事，加散騎常侍。」

成帝踐阼，拜左光祿大夫、開府儀同三司，給親兵百人，常侍如故。蘇峻之難，曄隨帝在石頭，舉動方正，不以凶威變節。峻以曄吳士之望，不敢加害，使守留臺。匡術以苑城歸順，時共推曄督宮城軍事。峻平，加衞將軍，給千兵百騎，以勳進爵爲公，封次子蝦新康子。

咸和中，求歸鄉里拜墳墓。有司奏，舊制假六十日。侍中顏含、黃門侍郎馮懷駁曰：「曄內蘊至德，清一其心，受託付之重，居台司之位，既蒙詔許歸省墳塋，大臣之義本在忘己，豈容有期而反，無期必違。愚謂宜還自還，不須制日。」帝從之，曄因歸。以疾卒，時年七十四。追贈侍中、車騎大將軍，謚曰穆。子諶，散騎常侍。

玩字士瑤。器量淹雅，弱冠有美名，賀循每稱其清允平當。郡檄綱紀，東海王越辟爲掾，皆不就。元帝引爲丞相參軍。時王導初至江左，思結人情，請婚於玩。玩對曰：「培塿無松柏，薰蕕不同器。玩雖不才，義不能爲亂倫之始。」導乃止。玩嘗詣導食酪，因而得疾。與導牋曰：「僕雖吳人，幾爲傖鬼。」其輕易權貴如此。

累加奮武將軍，徵拜侍中，以疾辭。王敦請爲長史，逼以軍期，不得已，乃從命。敦平，尚書令郗鑒議敦佐吏不能匡正姦惡，宜皆免官禁錮。會溫嶠上表申理，得不坐。復拜侍中，遷吏部尚書，領會稽王師，讓不拜。轉尚書左僕射，領本州大中正。及蘇峻反，遣玩與兄曄俱守宮城。玩潛說匡術歸順，以功封興平伯。轉尙書令。又詔曰：「玩體道淸純，雅量弘遠，歷位內外，風績顯著。宜居台司，以允衆望。授左光祿大夫、開府儀同三司，加散騎常侍，餘如故。」玩頻自表，優詔褒揚。重復自陳曰：「臣實凡短，風操不立，階緣嘉會，便蕃榮顯，遂總括憲臺，豫聞政道。竟不能敷融玄風，淸一朝序，咎責之來，於臣已重。誠以身許國，義忘曲讓。而慺慺所守，終於陳訴者，特以端右機要，事務殷多，臣已盈六十之年，智力有限，疾患深重，體氣日弊，朝夕自勵，非復所堪。若偃息苟免，職事並廢，則莫大之悔，天下將謂臣何！乞陛下披豁聖懷，霈然垂允。」詔不許。玩重表曰：「臣比披誠款，不足上暢天聽，聖恩徘徊，厲以體國。臣聞至公之道，上下玄同，用才不負其長，量力不受其短。雖加官重祿無世不有，皆庸勳親賢，時所須賴，兼統以濟世務，非優崇以榮一人。臣受遇三世，恩隆寵厚，豈敢辭職事之勞，求沖讓之譽。徒以端右要重，興替所存，久以無任，妨賢曠職。臣猶自知不可，況天下之人乎！今復外參論道，內統百揆，不堪之名，有如皎日。願陛下少垂哀矜，使四海知官不可以私於人，人不可以私取官，則天工弘坦，誰不謂允！」猶不許。尋而王導、郗鑒、庾亮相繼而薨，朝野咸以爲三良既沒，國家殄瘁。以玩有德望，乃遷侍中、司空，給羽林四十人。玩既拜，有人詣之，索盃酒，瀉置柱梁之間，呪曰：「當今乏材，以爾爲柱石，莫傾人梁棟邪！」玩笑曰：「戢卿良箴。」〔一〕既而歎息，謂賓客曰：「以我爲三公，是天下爲無人。」談者以爲知言。

玩雖登公輔，謙讓不辟掾屬。成帝聞而勸之。玩不得已而從命，所辟皆寒素有行之士。玩翼亮累世，常以弘重爲人主所貴，加性通雅，不以名位格物，誘納後進，謙若布衣，由是搢紳之徒莫不廕其德宇。後疾甚，上表曰：「臣嬰遘疾疢，沈頓歷月，不蒙痊損，而日夕漸篤，自省微綿，無復生望。荷恩不報，孤負已及，仰瞻天覆，伏枕霣涕。臣年向中壽，窮極寵榮，終身歸全，將復何恨！惟願陛下崇明聖德，弘敷洪化，會構祖宗之基，道濟羣生之命。臣不勝臨命遺戀之情，貪及視息，上表以聞。」薨年六十四。謚曰康，給兵千人，守冢七十家。太元中，功臣普被減削，司空何充等止得六家，以玩有佐命之勳，先陪陵而葬，由是特置興平伯官屬以衞墓。子始嗣，歷侍中、尚書。

納字祖言。少有清操，貞厲絕俗。初辟鎮軍大將軍、武陵王掾，州舉秀才。太原王述雅敬重之，引爲建威長史。累遷黃門侍郎、本州別駕、尚書吏部郎，出爲吳興太守。將之郡，先至姑孰辭桓溫，因問溫曰：「公致醉可飲幾酒？食肉多少？」溫曰：「年大來飲三升便醉，白肉不過十臠。卿復云何？」納曰：「素不能飲，止可二升，肉亦不足言。」後伺溫閑，謂之曰：「外有微禮，方守遠郡，欲與公一醉，以展下情。」溫欣然納之。時王坦之、刁彝在坐，及受禮，唯酒一斗，鹿肉一柈，坐客愕然。納徐曰：「明公近云飲酒三升，納止可二升，今有一斗，以備杯杓餘瀝。」溫及賓客並歎其率素，更敕中廚設精饌，酣飲極歡而罷。納至郡，不受俸祿。頃之，徵拜左民尚書，領州大中正。將應召，外白宜裝幾船？納曰：「私奴裝糧食來，無所復須也。」臨發，止有被襆而已，其餘並封以還官。遷太常，徙吏部尚書，加奉車都尉、衞將軍。謝安嘗欲詣納，而納殊無供辦。其兄子俶不敢問之，乃密爲之具。安旣至，納所設唯茶果而已。俶遂陳盛饌，珍羞畢具。客罷，納大怒曰：「汝不能光益父叔，乃復穢我素業邪！」於是杖之四十。其舉措多此類。

後以愛子長生有疾，求解官營視，兄子禽又犯法應刑，乞免官謝罪。詔特許輕降。頃長生小佳，喻還攝職。尋遷尚書僕射，轉左僕射，加散騎常侍。俄拜尚書令，常侍如故。恪勤貞固，始終不渝。時會稽王道子以少年專政，委任羣小，納望闕而歎曰：「好家居，纖兒欲撞壞之邪！」朝士咸服其忠亮。尋除左光祿大夫、開府儀同三司，未拜而卒，卽以爲贈。長生先卒，無子，以弟子道隆嗣，元熙中，爲廷尉。

何充

何充字次道，廬江灊人，魏光祿大夫禎之曾孫也。〔三〕祖惲，豫州刺史。父叡，安豐太守。充風韻淹雅，文義見稱。初辟大將軍王敦掾，轉主簿。敦兄含時爲廬江郡，貪汙狼藉，敦嘗於座中稱曰：「家兄在郡定佳，廬江人士咸稱之。」充正色曰：「充卽廬江人，所聞異於此。」敦默然。傍人皆爲之不安，充晏然自若。由是忤敦，左遷東海王文學。尋屬敦敗，累遷中書侍郎。充卽王導妻之姊子，充妻，明穆皇后之妹也，故少與導善，早歷顯官。嘗詣導，導以麈尾指牀呼充共坐，曰：「此是君坐也。」導繕揚州解舍，顧而言曰：「正爲次道耳。」明帝亦友昵之。

成帝卽位，遷給事黃門侍郎。蘇峻作亂，京都傾覆，導從駕在石頭，充東奔義軍。其後導奔白石，充亦得還。賊平，封都鄉侯，拜散騎常侍，出爲東陽太守，仍除建威將軍、會稽內史。在郡甚有德政，薦徵士虞喜，拔郡人謝奉、魏顗等以爲佐吏。後以墓被發去郡。詔徵侍中，不拜。改葬畢，除建威將軍、丹楊尹。王導、庾亮並言於帝曰：「何充器局方概，有萬夫之望，必能總錄朝端，爲老臣之副。臣死之日，願引充內侍，則外譽唯緝，社稷無虞矣。」

由是加吏部尚書，進號冠軍將軍，又領會稽王師。及導薨，轉護軍將軍，與中書監庾冰參錄尚書事。詔充、冰各以甲杖五十人至止車門。尋遷尚書令，加左將軍。充以內外統任，宜相糾正，若使事綜一人，於課對爲嫌，乃上疏固讓。許之。徙中書令，加散騎常侍，領軍如故。又領州大中正，以州有先達宿德，固讓不拜。

庾冰兄弟以舅氏輔王室，權侔人主，慮易世之後，戚屬轉疏，將爲外物所攻，謀立康帝，即帝母弟也。每說帝以國有強敵，宜須長君，帝從之。充建議曰：「父子相傳，先王舊典，忽妄改易，懼非長計。故武王不授聖弟，即其義也。昔漢景亦欲傳祚梁王，朝臣咸以爲虧亂典制，據而弗聽。今琅邪踐阼，如孺子何！社稷宗廟，將其危乎！」冰等不從。既而康帝立，帝臨軒，冰、充侍坐。帝曰：「朕嗣鴻業，二君之力也。」充對曰：「陛下龍飛，臣冰之力也。若如臣議，不覩升平之世。」帝有慚色。

建元初，出爲驃騎將軍、都督徐州揚州之晉陵諸軍事、假節，領徐州刺史，鎭京口，以避諸庾。頃之，庾翼將北伐，庾冰出鎭江州，充入朝，言於帝曰：「臣冰舅氏之重，宜居宰相，不應遠出。」朝議不從。於是徵充入爲都督揚豫徐州之琅邪諸軍事、假節，領揚州刺史，將軍如故。先是，翼悉發江、荆二州編戶奴以充兵役，士庶嗷然。充復欲發揚州奴以均其謗。後以中興時已發三吳，今不宜復發而止。

俄而帝疾篤，冰、翼意在簡文帝，而充建議立皇太子，奏可。及帝崩，充奉遺旨，便立太子，是爲穆帝，冰、翼甚恨之。獻后臨朝，詔曰：「驃騎任重，可以甲杖百人入殿。」又加中書監、錄尚書事。充自陳既錄尚書，不宜復監中書，許之。復加侍中，羽林騎十人。

冰、翼等尋卒，充專輔幼主。翼臨終，表以後任委息爰之。于時論者並以諸庾世在西藩，人情所歸，宜依翼所請，以安物情。充曰：「不然。荆楚國之西門，戶口百萬，北帶强胡，西鄰勁蜀，經略險阻，周旋萬里。得賢則中原可定，勢弱則社稷同憂，所謂陸抗存則吳存，抗亡則吳亡者，豈可以白面年少猥當此任哉！桓溫英略過人，有文武識度，西夏之任，無出溫者。」議者又曰：「庾爰之肯避溫乎？如令阻兵，恥懼不淺。」充曰：「溫足能制之，諸君勿憂。」乃使溫西。爰之果不敢爭。充以衞將軍褚裒皇太后父，宜綜朝政，上疏薦裒參錄尚書。裒以地逼，固求外出。充每曰：「桓溫、褚裒爲方伯，殷浩居門下，我可無勞矣。」

充居宰相，雖無澄正改革之能，而强力有器局，臨朝正色，以社稷爲己任，凡所選用，皆以功臣爲先，不以私恩樹親戚，談者以此重之。然所昵庸雜，信任不得其人，而性好釋典，崇修佛寺，供給沙門以百數，糜費巨億而不吝也。親友至於貧乏，無所施遺，以此獲譏於世。阮裕嘗戲之曰：「卿志大宇宙，勇邁終古。」充問其故。裕曰：「我圖數千戶郡尚未能得，卿圖作佛，不亦大乎！」于時郗愔及弟曇奉天師道，而充與弟準崇信釋氏，謝萬譏之云：「二郗諂於道，二何佞於佛。」充能飲酒，雅爲劉惔所貴。惔每云：「見次道飲，令人欲傾家釀。」言其能溫克也。

永和二年卒，時年五十五。贈司空，謚曰文穆。無子，弟子放嗣。卒，又無子，又以兄孫松嗣，位至驃騎諮議參軍。充弟準，見外戚傳。

褚翜

褚翜字謀遠，太傅裒之從父兄也。父頠，少知名，早卒。翜以才藝楨幹稱。襲爵關內侯，補冠軍參軍。于時長沙王乂擅權，成都、河間阻兵于外，翜知內難方作，乃棄官避地幽州。後河北有寇難，復還鄉里。河南尹舉翜行本縣事。

及天下鼎沸，翜招合同志，將圖過江，先移住陽城界。潁川庾敳，卽翜之舅也，亦憂世亂，以家付翜。翜道斷，不得前。東海王越以爲參軍，辭疾不就。

尋洛陽覆沒，與滎陽太守郭秀共保萬氏臺。秀不能綏衆，與將陳撫、郭重等構怨，遂相攻擊。翜懼禍及，謂撫等曰：「以諸君所以在此，謀逃難也。今宜共勠力以備賊，幸無外難，而內自相擊，是避坑落井也。郭秀誠爲失理，應且容之。若遂所忿，城內自潰，胡賊聞之，指來掩襲，諸君雖得殺秀，無解胡虜矣。累弱非一，宜深思之。」撫等悔悟，與秀交和。時數萬口賴翜獲全。

明年，率數千家將謀東下，遇道險，不得進，因留密縣。司隸校尉荀組以爲參軍、廣威將軍，復領本縣，率邑人三千，督新城、梁、陽城三郡諸營事。〔三〕頃之，遷司隸司馬，仍督營事。率衆進至汝水柴肥口，復阻賊。翜乃單馬至許昌，見司空荀藩，以爲振威將軍，行梁國內史。

建興初，復爲豫州司馬，督司州軍事。太傅參軍王玄代翜爲郡。時梁國部曲將耿奴甚得人情，而專勢，翜常優遇之。玄爲政既急，翜知其不能容奴，因戒之曰：「卿威殺已多，而人情難一，宜深慎之。」玄納翜言，外羈縻奴，而內懷憤。會遷爲陳留，將發，乃收奴斬之。奴餘黨聚衆殺玄。梁郡既有內難，而徐州賊張平等欲掩襲之。郡人遑惑，將以郡歸平。荀組遣翜往撫之，衆心乃定。頃之，組舉翜爲吏部郎，不應召，遂東過江。

元帝爲晉王，以翜爲散騎郎，轉太子中庶子，出爲奮威將軍、淮南內史。永昌初，王敦構逆，征西將軍戴若思令翜出軍赴難，翜遣將領五百人從之。明帝卽位，徵拜屯騎校尉，遷太子左衞率。

成帝初，爲左衞將軍。蘇峻之役，朝廷戒嚴，以翜爲侍中，典征討軍事。既而王師敗績，司徒王導謂翜曰：「至尊當御正殿，君可啓令速出。」翜卽入上閤，躬自抱帝登太極前殿。〔四〕

導升御牀抱帝，冏及鍾雅、劉超侍立左右。時百官奔散，殿省蕭然。峻兵旣入，叱冏令下。冏正立不動，呵之曰：「蘇冠軍來覲至尊，軍人豈得侵逼！」由是兵士不敢上殿。及峻執政，猶以爲侍中，從乘輿幸石頭。明年，與光祿大夫陸曄等出據苑城。蘇逸、任讓圍之，冏等固守。賊平，以功封長平縣伯，遷丹楊尹。時京邑焚蕩，人物凋殘，冏收集散亡，甚有惠政。代庾亮爲中護軍，鎭石頭。尋爲領軍，徙五兵尚書，加奉車都尉，監新宮事。遷尚書右僕射，轉左僕射，加散騎常侍。久之，代何充爲護軍將軍，常侍如故。咸康七年卒，時年六十七。贈衞將軍，謚曰穆。子希嗣，官至豫章太守。

蔡謨

蔡謨字道明，陳留考城人也。世爲著姓。曾祖睦，魏尚書。祖德，樂平太守。父克，少好學，博涉書記，爲邦族所敬。性公亮守正，行不合己，雖富貴不交也。高平劉整恃才縱誕，服飾詭異，無所拘忌。嘗行造人，遇克在坐，整終席慚不自安。克時爲處士，而見憚如此。後爲成都王穎大將軍記室督。穎爲丞相，擢爲東曹掾。克素有格量，及居選官，苟進之徒望風畏憚。初，克未仕時，河內山簡嘗與琅邪王衍書曰：「蔡子尼今之正人。」衍以書示衆曰：「山子以一字拔人，然未易可稱。」後衍聞克在選官，曰：「山子正人之言，驗於今矣。」陳留時爲大郡，號稱多士，琅邪王澄行經其界，太守呂豫遣吏迎之。澄入境，問吏曰：「此郡人士爲誰？」吏曰：「有蔡子尼、江應元。」是時郡人多居大位者，澄以其姓名問曰：「甲乙等，非君郡人邪？」吏曰：「是也。」曰：「然則何以但稱此二人？」吏曰：「向謂君侯問人，不謂問位。」澄笑而止。到郡，以吏言謂豫曰：「舊名此郡有風俗，果然小吏亦知如此。」

克以朝政日弊，遂絕不仕。東嬴公騰爲車騎將軍，鎮河北，以克爲從事中郎，知必不就，以軍期致之。克不得已，至數十日，騰爲汲桑所攻，城陷，克見害。

謨弱冠察孝廉，州辟從事，舉秀才，東海王越召爲掾，皆不就。避亂渡江。時明帝爲東中郎將，引爲參軍。元帝拜丞相，復辟爲掾，轉參軍，後爲中書侍郎，歷義興太守、大將軍王敦從事中郎、司徒左長史，遷侍中。

蘇峻構逆，吳國內史庾冰出奔會稽，乃以謨爲吳國內史。謨既至，與張闓、顧衆、顧颺等共起義兵，迎冰還郡。峻平，復爲侍中，遷五兵尚書，領琅邪王師。謨上疏讓曰：「八坐之任，非賢莫居，前後所用，資名有常。孔愉、諸葛恢並以清節令才，少著名望。昔愉爲御史中丞，臣尙爲司徒長史；恢爲會稽太守，臣爲尙書郎；恢尹丹楊，臣守小郡。名輩不同，階級殊懸。今猥以輕鄙，超倫踰等，上亂聖朝貫魚之序，下違羣士準平之論。豈惟微臣其亡之誠，實招聖政惟塵之累。且左長史一超而侍帷幄，再登而廁納言，中興已來，上德之舉所未嘗有。臣何人斯，而猥當之！是以叩心自忖，三省愚身，與其苟進以穢清塗，寧受違命狷固之罪。」疏奏，不許。轉掌吏部。以平蘇峻勳，賜爵濟陽男，又讓，不許。

冬蒸，謨領祠部，主者忘設明帝位，與太常張泉俱免，白衣領職。頃之，遷太常，領祕書監，以疾不堪親職，上疏自解，不聽。成帝臨軒，遣使拜太傅、太尉、司空。會將作樂，宿縣於殿庭，門下奏，非祭祀燕饗則無設樂之制。事下太常。謨議臨軒遣使宜有金石之樂，遂從之。臨軒作樂，自此始也。彭城王紘上言，樂賢堂有先帝手畫佛象，經歷寇難，而此堂猶存，宜敕作頌。帝下其議。謨曰：「佛者，夷狄之俗，非經典之制。先帝量同天地，多才多藝，聊因臨時而畫此象，至於雅好佛道，所未承聞也。盜賊奔突，王都隳敗，而此堂塊然獨存，斯誠神靈保祚之徵，然未是大晉盛德之形容，歌頌之所先也。人臣覩物興義，私作賦頌可也。今欲發王命，敕史官，上稱先帝好佛之志，下爲夷狄作一象之頌，於義有疑焉。」於是遂寢。

時征西將軍庾亮以石勒新死，欲移鎭石城，爲滅賊之漸。事下公卿。謨議曰：

時有否泰，道有屈伸。暴逆之寇雖終滅亡，然當其强盛，皆屈而避之。是以高祖受黜於巴漢，忍辱於平城也。若爭强於鴻門，則亡不終日。故蕭何曰「百戰百敗，不死何待」也。原始要終，歸於大濟而已。豈與當亡之寇爭遲速之間哉！夫惟鴻門之不爭，故垓下莫能與之爭。文王身圮於羑里，〔四〕故道泰於牧野；句踐見屈於會稽，故威申於强吳。今日之事，亦出此矣。賊假息之命垂盡，而豺狼之力尙强，宜抗威以待時。

或曰：「抗威待時，時已可矣。」愚以爲時之可否在賊之强弱，賊之强弱在季龍之能否。季龍之能否，可得而言矣。自勒初起，則季龍爲爪牙，百戰百勝，遂定中國，境土所據，同於魏世。及勒死之日，將相內外欲誅季龍。季龍獨起於衆異之中，殺嗣主，誅寵臣。內難既定，千里遠出，一攻而拔金墉，再戰而斬石生，禽彭彪，殺石聰，滅郭權，還據根本，內外並定，四方鎭守，不失尺土。詳察此事，豈能乎，將不能也？假令不能者爲之，其將濟乎，將不濟也？賊前攻襄陽而不能拔，誠有之矣。不信百戰之效，而執一攻之驗，棄多從少，於理安乎？譬若射者，百發而一不中，可謂之拙乎？且不拔襄陽者，非季龍身也。桓平北，守邊之將耳。賊前攻之，爭疆埸耳，得之爲善，不得則止，非其所急也。今征西之往，則異於是。何者？重鎭也，名賢也，中國之人所聞而歸心也。今而西度，實有席卷河南之勢，賊所大懼，豈與桓宣同哉！季龍必率其精兵，身來距爭。若欲與戰，戰何如石生？若欲城守，守何如金墉？若欲阻沔，沔何如大江？蘇峻何如季龍？凡此數者，宜詳校之。

愚謂石生猛將，關中精兵，征西之戰不能勝也。金墉險固，劉曜十萬所不能拔，今征西之守不能勝也。又是時兗州、洛陽、關中皆舉兵擊季龍。今此三處反爲其用，方之於前，倍半之覺也。若石生不能敵其半，而征西欲當其倍，愚所疑也。蘇峻之强，不及季龍，沔水之險，不及大江。大江不能禦蘇峻，而以沔水禦季龍，又所疑也。昔祖士稚在譙，佃於城北，慮賊來攻，因以爲資，故豫安軍屯，以禦其外。穀將熟，賊果至。丁夫戰於外，老弱穫於內，多持炬火，急則燒穀而走。如此數年，竟不得其利。是時賊唯據沔北，方之於今，四分之一耳。士稚不能捍其一，而征西欲禦其四，又所疑也。或云：「賊若多來，則必無糧。」然致糧之難，莫過崤函。而季龍昔涉此險，深入敵國，平關中而後還。今至襄陽，路既無險，又行其國內，自相供給，方之於前，難易百倍。前已經至難，而謂今不能濟其易，又所疑也。

然此所論，但說征西既至之後耳，尚未論道路之慮也。自沔以西，水急岸高，魚貫泝流，首尾百里。若賊無宋襄之義，及我未陣而擊之，將如之何？今王士與賊，水陸異勢，便習不同。寇若送死，雖開江延敵，以一當千，猶呑之有餘，宜誘而致之，以保萬全。棄江遠進，以我所短擊彼所長，懼非廟勝之算。

朝議同之，故亮不果移鎮。

初，皇后每年拜陵，勞費甚多，謨建議曰：「古者皇后廟見而已，不拜陵也。」由是遂止。

及太尉郗鑒疾篤，出謨爲太尉軍司，加侍中。鑒卒，卽拜謨爲征北將軍、都督徐兗青三州揚州之晉陵豫州之沛郡諸軍事、領徐州刺史、假節。時左衞將軍陳光上疏請伐胡，詔令攻壽陽，謨上疏曰：

今壽陽城小而固。自壽陽至琅邪，城壁相望，其間遠者裁百餘里，一城見攻，衆城必救。且王師在路五十餘日，劉仕一軍早已入淮，又遣數部北取堅壁，大軍未至，聲息久聞。而賊之郵驛，一日千里，河北之騎足以來赴，非惟鄰城相救而已。夫以白起、韓信、項籍之勇，猶發梁焚舟，背水而陣。今欲停船水渚，引兵造城，前對堅敵，顧臨歸路，此兵法之所誡也。若進攻未拔，胡騎卒至，懼桓子不知所爲，而舟中之指可掬。今征軍五千，皆王都精銳之衆，又光爲左衞，遠近聞之，名爲殿中之軍，宜令所向有征無戰。而頓之堅城之下，勝之不武，不勝爲笑。今以國之上駟擊寇之下邑，得之則利薄而不足損敵，失之則害重而足以益寇，懼非策之長者。臣愚以爲聞寇而致討，賊退而振旅，於事無失。不勝管見，謹冒陳聞。

季龍於青州造船數百，掠緣海諸縣，所在殺戮，朝廷以爲憂。謨遣龍驤將軍徐玄等守中洲，并設募，若得賊大白船者，賞布千匹，小船百匹。是時謨所統七千餘人，所戍東至土山，西至江乘，鎭守八所，城壘凡十一處，烽火樓望三十餘處，隨宜防備，甚有算略。先是，郗鑒上部下有勳勞者凡一百八十人，帝並酬其功，未卒而鑒薨，斷不復與。謨上疏以爲先已許鑒，今不宜斷。且鑒所上者皆積年勳效，百戰之餘，亦不可不報。詔聽之。

康帝卽位，徵拜左光祿大夫、開府儀同三司，領司徒。代殷浩爲揚州刺史。又錄尙書事，領司徒如故。〔五〕初，謨沖讓不辟僚佐，詔屢敦逼之，始取掾屬。

石季龍死，中國大亂。時朝野咸謂當太平復舊，謨獨謂不然，語所親曰：「胡滅，誠大慶也，然將貽王室之憂。」或曰：「何哉？」謨曰：「夫能順天而奉時，濟六合於草昧，若非上哲，必由英豪。度德量力，非時賢所及。必將經營分表，疲人以逞志。才不副意，略不稱心，財單力竭，智勇俱屈，此韓盧、東郭所以雙斃也。」

遷侍中、司徒。上疏讓曰：「伏自惟省，昔階謬恩，蒙忝非據，尸素累積而光寵更崇，謗讟彌興而榮進復加，上虧聖朝棟隆之舉，下增微臣覆餗之釁，惶懼戰灼，寄顏無所。乞垂天鑒，回恩改謬，以允羣望。」皇太后詔報不許。謨猶固讓，謂所親曰：「我若爲司徒，將爲後代所哂，義不敢拜也。」皇太后遣使喻意，自四年冬至五年末，詔書屢下，謨固守所執。六年，復上疏，以疾病乞骸骨，上左光祿大夫、領司徒印綬。章表十餘上。穆帝臨軒，遣侍中紀璩、〔六〕黃門郎丁纂徵謨。謨陳疾篤，使主簿謝攸對曰：「臣謨不幸有公族穆子之疾，天威不違顏咫尺，不敢奉詔，寢伏待罪。」自旦至申，使者十餘反，而謨不至。時帝年八歲，甚倦，問左右曰：「所召人何以至今不來？臨軒何時當竟？」君臣俱疲弊。皇太后詔：「必不來者，宜罷朝。」中軍將軍殷浩奏免吏部尚書江虨官。簡文時爲會稽王，命曹曰：「蔡公傲違上命，無人臣之禮。若人主卑屈於上，大義不行於下，亦不知復所以爲政矣。」於是公卿奏曰：「司徒謨頃以常疾，久逋王命，皇帝臨軒，百僚齊立，俯僂之恭，有望於謨。若志存止退，自宜致辭闕庭，安有人君卑勞終日而人臣曾無一酬之禮！悖慢傲上，罪同不臣。臣等參議，宜明國憲，請送廷尉以正刑書。」謨懼，率子弟素服詣闕稽顙，躬到廷尉待罪。皇太后詔曰：「謨先帝師傅，服事累世。且歸罪有司，內訟思愆。若遂致之于理，情所未忍。可依舊制免爲庶人。」

謨既被廢，杜門不出，終日講誦，教授子弟。數年，皇太后詔曰：「前司徒謨以道素著稱，軌行成名，故歷事先朝，致位台輔。以往年之失，用致黜責。自爾已來，闔門思愆，誠合大臣罪己之義。以謨爲光祿大夫、開府儀同三司。」於是遣謁者僕射孟洪就加册命。謨上疏陳謝曰：「臣以頑薄，昔忝殊寵，尸素累紀，加違慢詔命，當肆市朝。幸蒙寬宥，不悟天施復加光飾，非臣隕越所能上報。臣寢疾未損，不任詣闕。不勝仰感聖恩，謹遣拜章。」遂以疾篤，不復朝見。詔賜几杖，門施行馬。十二年，卒，時年七十六。賵贈之禮，一依太尉陸玩故事。詔贈侍中、司空，謚曰文穆。

謨博學，於禮儀宗廟制度多所議定。文筆論議，有集行於世。總應劭以來注班固漢書者，爲之集解。謨初渡江，見彭蜞，大喜曰：「蟹有八足，加以二螯。」令烹之。既食，吐下委頓，方知非蟹。後詣謝尙而說之。尙曰：「卿讀爾雅不熟，幾爲勸學死。」〔七〕謨性方雅。丞相王導作女伎，施設牀席。謨先在坐，不悅而去，導亦不止之。性尤篤慎，每事必爲過防。故時人云：「蔡公過浮航，脫帶腰舟。」長子邵，永嘉太守。少子系，有才學文義，位至撫軍長史。

諸葛恢

諸葛恢字道明，琅邪陽都人也。祖誕，魏司空，爲文帝所誅。父靚，奔吳，爲大司馬。吳平，逃竄不出。武帝與靚有舊，靚姊又爲琅邪王妃，帝知靚在姊間，因就見焉。靚逃於廁，帝又逼見之，謂曰：「不謂今日復得相見。」靚流涕曰：「不能漆身皮面，復覩聖顏！」詔以爲侍中，固辭不拜，歸於鄉里，終身不向朝廷而坐。

恢弱冠知名，試守卽丘長，轉臨沂令，爲政和平。值天下大亂，避地江左，名亞王導、庾亮。導嘗謂曰：「明府當爲黑頭公。」及導拜司空，恢在坐，導指冠謂曰：「君當復著此。」導嘗與恢戲爭族姓，曰：「人言王葛，不言葛王也。」恢曰：「不言馬驢，而言驢馬，豈驢勝馬邪！」其見親狎如此。于時潁川荀闓字道明、陳留蔡謨字道明，與恢俱有名譽，號曰「中興三明」，人爲之語曰：「京都三明各有名，蔡氏儒雅荀葛清。」

元帝爲安東將軍，以恢爲主簿，再遷江寧令。討周馥有功，封博陵亭侯，復爲鎮東參軍。與卞壼並以時譽遷從事中郎，兼統記室。時四方多務，牋疏殷積，恢斟酌酬答，咸稱折中。于時王氏爲將軍，而恢兄弟及顏含並居顯要，劉超以忠謹掌書命，時人以帝善任一國之才。愍帝即位，徵用四方賢儁，召恢爲尚書郎，元帝以經緯須才，上疏留之，承制調爲會稽太守。臨行，帝爲置酒，謂曰：「今之會稽，昔之關中，足食足兵，在於良守。以君有莅任之方，是以相屈。四方分崩，當匡振圮運。政之所先，君爲言之。」恢陳謝，因對曰：「今天下喪亂，風俗陵遲，宜尊五美，屏四惡，進忠實，退浮華。」帝深納焉。太興初，以政績第一，詔曰：「自頃多難，官長數易，益有諸弊，雖聖人猶久於其道，然後化成，況其餘乎！漢宣帝稱『與我共安天下者，其惟良二千石』，斯言信矣。是以黃霸等或十年，或二十年而不徙，所以能濟其中興之勳也。賞罰黜陟，所以明政道也。會稽內史諸葛恢莅官三年，政清人和，爲諸郡首，宜進其位班，以勸風教。今增恢秩中二千石。」

頃之，以母憂去官。服闋，拜中書令。王敦上恢爲丹楊尹，以久疾免。明帝征敦，以恢爲侍中，加奉車都尉。討王含有功，進封建安伯，以先爵賜次子虨爲關內侯。又拜恢後將軍、會稽內史。徵爲侍中，遷左民尚書、武陵王師、吏部尚書。累遷尚書右僕射，加散騎常侍、銀青光祿大夫、領選本州大中正、尚書令，常侍、吏部如故。成帝踐阼，加侍中、金紫光祿大夫。〔八〕卒，年六十二。贈左光祿大夫、儀同三司。賵贈之禮，一依太尉興平伯故事。謚曰敬，祠以太牢。子虨嗣，位至散騎常侍。

恢兄頤，字道回，亦爲元帝所器重，終於太常。

殷浩 顧悅之 蔡裔

殷浩字深源，〔九〕陳郡長平人也。父羨，字洪喬，爲豫章太守，都下人士因其致書者百餘函，行次石頭，皆投之水中，曰：「沈者自沈，浮者自浮，殷洪喬不爲致書郵。」其資性介立如此。終於光祿勳。

浩識度清遠，弱冠有美名，尤善玄言，與叔父融俱好老易。融與浩口談則辭屈，著篇則融勝，浩由是爲風流談論者所宗。或問浩曰：「將莅官而夢棺，將得財而夢糞，何也？」浩曰：「官本臭腐，故將得官而夢尸。錢本糞土，故將得錢而夢穢。」時人以爲名言。

三府辟，皆不就。征西將軍庾亮引爲記室參軍，累遷司徒左長史。安西庾翼復請爲司馬。除侍中、安西軍司，並稱疾不起。遂屏居墓所，幾將十年，于時擬之管、葛。王濛、謝尙猶伺其出處，以卜江左興亡，因相與省之，知浩有確然之志。旣反，相謂曰：「深源不起，當如蒼生何！」庾翼貽浩書曰：「當今江東社稷安危，內委何、褚諸君，外託庾、桓數族，恐不得百年無憂，亦朝夕而弊。足下少標令名，十餘年間，位經內外，而欲潛居利貞，斯理難全。且夫濟一時之務，須一時之勝，何必德均古人，韵齊先達邪！王夷甫，先朝風流士也，然吾薄其立名非眞，而始終莫取。若以道非虞夏，自當超然獨往，而不能謀始，大合聲譽，極致名位，正當抑揚名教，以靜亂源。而乃高談莊老，說空終日，雖云談道，實長華競。及其末年，人望猶存，思安懼亂，寄命推務。而甫自申述，徇小好名，旣身囚胡虜，棄言非所。凡明德君子，遇會處際，寧可然乎？而世皆然之。益知名實之未定，弊風之未革也。」浩固辭不起。

建元初，庾冰兄弟及何充等相繼卒。簡文帝時在藩，始綜萬機，衞將軍褚裒薦浩，徵爲建武將軍、揚州刺史。浩上疏陳讓，并致牋於簡文，具自申敍。簡文答之曰：「屬當厄運，危弊理盡，誠賴時有其才，不復遠求版築。足下沈識淹長，思綜通練，起而明之，足以經濟。若復深存挹退，苟遂本懷，吾恐天下之事於此去矣。今紘領不振，晉綱不綱，顚蹈東海，復可得邪！由此言之，足下去就卽是時之廢興，時之廢興則家國不異。足下弘思之，靜算之，亦將有以深鑒可否。望必廢本懷，率羣情也。」浩頻陳讓，自三月至七月，乃受拜焉。

時桓溫既滅蜀，威勢轉振，朝廷憚之。簡文以浩有盛名，朝野推伏，故引爲心膂，以抗於溫，於是與溫頗相疑貳。會遭父憂，去職，時以蔡謨攝揚州，以俟浩。服闋，徵爲尚書僕射，不拜。復爲建武將軍、揚州刺史，遂參綜朝權。潁川荀羨少有令聞，浩擢爲義興、吳郡，以爲羽翼。王羲之密說浩、羨，令與桓溫和同，不宜內構嫌隙，浩不從。

及石季龍死，胡中大亂，朝廷欲遂蕩平關河，於是以浩爲中軍將軍、假節、都督揚豫徐兗青五州軍事。浩既受命，以中原爲己任，上疏北征許洛。將發，墜馬，時咸惡之。既而以淮南太守陳逵、兗州刺史蔡裔爲前鋒，安西將軍謝尚、北中郎將荀羨爲督統，開江西疁田千餘頃，以爲軍儲。

師次壽陽，潛誘苻健大臣梁安、雷弱兒等，使殺健，許以關右之任。初，降人魏脫卒，〔一〇〕其弟憬代領部曲。姚襄殺憬，以并其衆。浩大惡之，使龍驤將軍劉啓守譙，遷襄於梁。既而魏氏子弟往來壽陽，襄益猜懼。俄而襄部曲有欲歸浩者，襄殺之，浩於是謀誅襄。會苻健殺其大臣，健兄子眉自洛陽西奔，浩以爲梁安事捷，意苻健已死，請進屯洛陽，修復園陵，使襄爲前驅，冠軍將軍劉洽鎮鹿臺，建武將軍劉遯據倉垣，又求解揚州，專鎮洛陽，詔不許。浩既至許昌，會張遇反，謝尚又敗績，浩還壽陽。後復進軍，次山桑，而襄反，浩懼，棄輜重，退保譙城，器械軍儲皆爲襄所掠，士卒多亡叛。浩遣劉啓、王彬之擊襄於山桑，並爲襄所殺。

桓溫素忌浩，及聞其敗，上疏罪浩曰：

案中軍將軍浩過蒙朝恩，叨竊非據，寵靈超卓，再司京輦，不能恭慎所任，恪居職次，而侵官離局，高下在心。前司徒臣謨執義履素，位居台輔，師傅先帝，朝之元老，年登七十，以禮請退，雖臨軒固辭，不順恩旨，適足以明遜讓之風，弘優賢之禮。而浩虛生狡說，疑誤朝聽，獄之有司，將致大辟。自羯胡夭亡，羣凶殄滅，而百姓塗炭，企遲拯接。浩受專征之重，無雪恥之志，坐自封植，妄生風塵，遂使寇讎稽誅，姦逆並起，華夏鼎沸，黎元殄悴。浩懼罪將及，不容於朝，外聲進討，內求苟免。出次壽陽，頓甲彌年，傾天府之資，竭五州之力，收合無賴，以自强衞，爵命無章，猜害罔顧。故范豐之屬反叛於芍陂，奇德、龍會作變於肘腋。羌帥姚襄率衆歸化，遣其母弟入質京邑，浩不能撫而用之，陰圖殺害，再遣刺客，爲襄所覺。襄遂惶懼，用致逆命。生長亂階，自浩始也。復不能以時埽滅，縱放小豎，鼓行毒害，身狼狽於山桑，軍破碎於梁國，舟車焚燒，輜重覆沒，三軍積實，反以資寇，精甲利器，更爲賊用。神怒人怨，衆之所棄，傾危之憂，將及社稷。臣所以忘寢屏營，啓處無地。

夫率正顯義，所以致訓，明罰敕法，所以齊衆，伏願陛下上追唐堯放命之刑，下鑒春秋無君之典。若聖上含弘，未忍誅殛，且宜退棄，擯之荒裔。雖未足以塞山海之責，粗可以宣誡於將來矣。

竟坐廢爲庶人，徙于東陽之信安縣。

浩少與溫齊名，而每心競。溫嘗問浩：「君何如我？」浩曰：「我與君周旋久，寧作我也。」溫既以雄豪自許，每輕浩，浩不之憚也。至是，溫語人曰：「少時吾與浩共騎竹馬，我棄去，浩輒取之，故當出我下也。」又謂郗超曰：「浩有德有言，向使作令僕，足以儀刑百揆，朝廷用違其才耳。」

浩雖被黜放，口無怨言，夷神委命，談詠不輟，雖家人不見其有流放之慼。但終日書空，作「咄咄怪事」四字而已。浩甥韓伯，浩素賞愛之，隨至徙所。經歲還都，浩送至渚側，詠曹顏遠詩云：「富貴他人合，貧賤親戚離。」因而泣下。後溫將以浩爲尚書令，遺書告之，浩欣然許焉。將答書，慮有謬誤，開閉者數十，竟達空函，大忤溫意，由是遂絕。永和十二年卒。

子涓，亦有美名。咸安初，桓溫廢太宰、武陵王晞，誣涓及庾倩與晞謀反，害之。

浩後將改葬，其故吏顧悅之上疏訟浩曰：

伏見故中軍將軍、揚州刺史殷浩體德沈粹，識理淹長，風流雅勝，聲蓋當時。再臨神州，萬里肅清，勳績茂著，聖朝欽嘉，遂授分陝推轂之任。戎旗旣建，出鎮壽陽，驅其豺狼，翦其荆棘，收羅向義，廣開屯田，沐雨櫛風，等勤臺僕。仰憑皇威，羣醜革面，進軍河洛，修復園陵。不虞之變，中路猖蹶，遂令爲山之功崩於垂成，忠款之志於是而廢。旣受削黜，自擯山海，杜門終身，與世兩絕，可謂克己復禮，窮而無怨者也。

尋浩所犯，蓋負敗之常科，非卽情之永責。論其名德深誠則如彼，察其補過罪己則如此，豈可棄而不卹，使法有餘冤！方今宅兆已成，埏隧已開，懸棺而窆，禮同庶人，存亡有非命之分，九泉無自訴之期，仰感三良，昊天罔極。若使明詔爰發，旌我善人，崇復本官，遠彰幽昧，斯則國家威恩有兼濟之美，死而可作，無負心之恨。

疏奏，詔追復浩本官。

顧悅之字君叔，少有義行。與簡文同年，而髮早白。帝問其故。對曰：「松柏之姿，經霜猶茂；蒲柳常質，望秋先零。」簡文悅其對。始將抗表訟浩，浩親故多謂非宜，悅之決意以聞，又與朝臣爭論，故衆無以奪焉。時人咸稱之。爲州別駕，歷尙書右丞，卒。子凱之，〔二〕別有傳。

蔡裔者，有勇氣，聲若雷震。嘗有二偷入室，裔拊牀一呼，而盜俱隕，故浩委以軍鋒焉。

史臣曰：陸曄等並以時望國華，效彰歷試，迭居端揆，參掌機衡。然皆率由舊章，得免祗悔。而充抗言孺子，雖屈壓於權臣，翊奉儲君，竟導揚於末命，頻參大議，屢畫嘉謀，可謂忠貞在斯而已。殷浩清徽雅量，衆議攸歸，高秩厚禮，不行而至，咸謂教義由其興替，社稷俟以安危。及其入處國鈞，未有嘉謀善政，出總戎律，唯聞蹙國喪師，是知風流異貞固之才，談論非奇正之要。違方易任，以致播遷，悲夫！蔡謨度德而處，弘斯止足，置以刑書，斯爲過矣。

贊曰：士光時望，士瑤允當。政既弟兄，任惟台相。祖言簡率，遺風可尙。蔡葛知名，或雅或清。次道方概，謀遠忠貞。中軍鑒局，譽光雅俗。夷曠有餘，經綸不足。舍長任短，功虧名辱。

校勘記

〔一〕戢卿良箴　通志一二八及册府八六七「戢」作「感」。

〔二〕魏光祿大夫禎 斠注：武紀、四夷傳、魏志管寧傳注引文士傳「禎」均作「楨」。按：楨字元幹，用「國之楨幹」義。類聚五六引文士傳亦作「楨」。

〔三〕督新城梁陽城三郡 斠注：地理志，新城、梁、陽城三縣皆屬司州河南郡，此「三郡」乃「三縣」之譌。

〔四〕文王身圮於羑里 册府六二四「圮」作「阨」。

〔五〕康帝卽位至領司徒如故 李校：「康帝」當作「穆帝」。按：據穆紀及殷浩傳，李說是。

〔六〕紀璩 通鑑九八作「紀據」。

〔七〕幾爲勸學死 「勸」，各本均作「勤」。諸史考異：世說紕漏作「幾爲勸學死」，劉注引大戴勸學篇。按：此作「勤學」是淺人所改。李校同。今據改。

〔八〕成帝踐阼加侍中金紫光祿大夫 周校：成帝崩，恢受顧命。「康」誤作「成」。按：加侍中等官當在康帝建元時或永和之初，周說是。

〔九〕字深源 斠注：「深源」，書鈔六三引晉中興書、世說政事注引浩別傳均作「淵源」。按：御覽二四九引晉中興書亦作「淵源」。浩本字淵源，唐人避諱改作「深源」。

〔一〇〕魏脫 冉閔載記、通鑑九九作「魏統」。

〔一一〕顗之 當從本傳作「愷之」。

晉書卷七十八

列傳第四十八

孔愉 子汪 安國 弟祗 從子坦 嚴 從弟羣 羣子沈

孔愉字敬康，會稽山陰人也。其先世居梁國。曾祖潛，太子少傅，漢末避地會稽，因家焉。祖竺，吳豫章太守。父恬，湘東太守。從兄侃，大司農。俱有名江左。愉年十三而孤，養祖母以孝聞，與同郡張茂字偉康、丁潭字世康齊名，時人號曰「會稽三康」。

吳平，愉遷于洛。惠帝末，歸鄉里，行至江淮間，遇石冰、封雲爲亂，雲逼愉爲參軍，不從，將殺之，賴雲司馬張統營救獲免。東還會稽，入新安山中，改姓孫氏，以稼穡讀書爲務，信著鄉里。後忽捨去，皆謂爲神人，而爲之立祠。永嘉中，元帝始以安東將軍鎮揚土，命愉爲參軍。邦族尋求，莫知所在。建興初，始出應召，爲丞相掾，仍除駙馬都尉、參丞相軍事，時年已五十矣。以討華軼功，封餘不亭侯。愉嘗行經餘不亭，見籠龜於路者，愉買而放之溪中，龜中流左顧者數四。及是，鑄侯印，而印龜左顧，三鑄如初。印工以告，愉乃悟，遂佩焉。

帝爲晉王，使長兼中書郎。于時刁協、劉隗用事，王導頗見疏遠。愉陳導忠賢，有佐命之勳，謂事無大小皆宜諮訪。由是不合旨，出爲司徒左長史，累遷吳興太守。沈充反，愉棄官還京師，拜御史中丞，遷侍中、太常。及蘇峻反，愉朝服守宗廟。初，愉爲司徒長史，以平南將軍溫嶠母亡遭亂不葬，乃不過其品。至是，峻平，而嶠有重功，愉往石頭詣嶠，嶠執愉手而流涕曰：「天下喪亂，忠孝道廢。能持古人之節，歲寒不凋者，唯君一人耳。」時人咸稱嶠居公而重愉之守正。尋徙大尚書，遷安南將軍、江州刺史，不行。轉尚書右僕射，領東海王師。尋遷左僕射。

咸和八年，詔曰：「尚書令玩、左僕射愉並恪居官次，祿不代耕。端右任重，先朝所崇，其給玩親信三十人，愉二十人，稟賜。」愉上疏固讓，優詔不許。重表曰：「臣以朽闇，忝廁朝右，而以惰劣，無益毗佐。方今强寇未殄，疆埸日駭，政煩役重，百姓困苦，姦吏擅威，暴人肆虐。大弊之後，倉庫空虛，功勞之士，賞報不足，困悴之餘，未見拯䘏，呼嗟之怨，人鬼感動。宜并官省職，貶食節用，勤撫其人，以濟其艱。臣等不能贊揚大化，糾明刑政，而偷安高位，橫受寵給，無德而祿，殃必及之，不敢橫受殊施，以重罪戾。」從之。王導聞而非之，於都坐謂愉曰：「君言姦吏擅威，暴人肆虐，爲患是誰？」愉欲大論朝廷得失，陸玩抑之乃止。後導將以趙胤爲護軍，愉謂導曰：「中興以來，處此官者，周伯仁、應思遠耳。今誠乏才，豈宜以趙胤居之邪！」導不從。其守正如此。由是爲導所銜。

後省左右僕射，以愉爲尚書僕射。愉年在懸車，累乞骸骨，不許。轉護軍將軍，加散騎常侍。復徙領軍將軍，加金紫光祿大夫，領國子祭酒。頃之，出爲鎮軍將軍、會稽內史，加散騎常侍。句章縣有漢時舊陂，毀廢數百年。愉自巡行，修復故堰，溉田二百餘頃，皆成良業。在郡三年，乃營山陰湖南侯山下數畝地爲宅，草屋數間，便棄官居之。送資數百萬，悉無所取。病篤，遺令斂以時服，鄉邑義賵，一不得受。年七十五，咸康八年卒。贈車騎將軍、開府儀同三司，謚曰貞。

三子：誾、汪、安國。誾嗣爵，位至建安太守。誾子靜，〔一〕字季恭，再爲會稽內史，累遷尚書左僕射，加後將軍。

汪字德澤，好學有志行，孝武帝時位至侍中。時茹千秋以佞媚見幸於會稽王道子，汪屢言之于帝，帝不納。遷尚書太常卿，以不合意，求出，爲假節、都督交廣二州諸軍事、征虜將軍、平越中郎將、廣州刺史，甚有政績，爲嶺表所稱。太元十七年卒。

安國字安國，年小諸兄三十餘歲。羣從諸兄並乏才名，以富强自立，唯安國與汪少厲孤貧之操。汪既以直亮稱，安國亦以儒素顯。孝武帝時甚蒙禮遇，仕歷侍中、太常。及帝崩，安國形素羸瘦，服衰絰，涕泗竟日，見者以爲眞孝。再爲會稽內史、領軍將軍。安帝隆安中下詔曰：「領軍將軍孔安國貞愼清正，出內播譽，可以本官領東海王師，必能導達津梁，依仁游藝。」後歷尚書左右僕射。義熙四年卒，贈左光祿大夫。

祗字承祖。太守周札命爲功曹史。札爲沈充所害，故人賓吏莫敢近者。祗冒刃號哭，親行殯禮，送喪還義興，時人義之。

坦字君平。祖沖，丹楊太守。父侃，大司農。坦少方直，有雅望，通左氏傳，解屬文。元帝爲晉王，以坦爲世子文學。東宮建，補太子舍人，遷尚書郎。時臺郎初到，普加策試，帝手策問曰：「吳興徐馥爲賊，殺郡將，郡今應舉孝廉不？」坦對曰：「四罪不相及，殛鯀而興禹。徐馥爲逆，何妨一郡之賢！」又問：「姦臣賊子弒君，汚宮瀦宅，莫大之惡也。鄉舊廢四科之選，今何所依？」坦曰：「季平子逐魯昭公，豈可以廢仲尼也！」竟不能屈。

先是，以兵亂之後，務存慰悅，遠方秀孝到，不策試，普皆除署。至是，帝申明舊制，皆令試經，有不中科，刺史、太守免官。太興三年，秀孝多不敢行，其有到者，並託疾。帝欲除署孝廉，而秀才如前制。坦奏議曰：

臣聞經邦建國，教學爲先，移風崇化，莫尙斯矣。古者且耕且學，三年而通一經，以平康之世，猶假漸漬，積以日月。自喪亂以來，十有餘年，干戈載揚，俎豆禮戢，家廢講誦，國闕庠序，率爾責試，竊以爲疑。然宣下以來，涉歷三載，累遇慶會，遂未一試。揚州諸郡，接近京都，懼累及君父，多不敢行。其遠州邊郡，掩誣朝廷，冀於不試，冒昧來赴，既到審試，遂不敢會。臣愚以不會與不行，其爲闕也同。若當偏加除署，是爲肅法奉憲者失分，僥倖投射者得官，穨風傷敎，懼於是始。

夫王言如絲，其出如綸，臨事改制，示短天下，人聽有惑，臣竊惜之。愚以王命無貳，憲制宜信。去年察舉，一皆策試。如不能試，可不拘到，遣歸不署。又秀才雖以事策，亦汎問經義，苟所未學，實難闇通，不足復曲碎垂例，違舊造異。謂宜因其不會，徐更革制。可申明前下，崇修學校，普延五年，以展講習，鈞法齊訓，示人軌則。夫信之與法，爲政之綱，施之家室，猶弗可貳，況經國之典而可翫黷乎！

帝納焉。聽孝廉申至七年，秀才如故。

時典客令萬默領諸胡，胡人相誣，朝廷疑默有所偏助，將加大辟。坦獨不署，由是被譴，遂棄官歸會稽。久之，除領軍司馬，未赴召。會王敦反，與右衞將軍虞潭俱在會稽起義，而討沈充。事平，始就職。揚州刺史王導請爲別駕。

咸和初，遷尚書左丞，深爲臺中之所敬憚。尋屬蘇峻反，坦與司徒司馬陶回白王導曰：「及峻未至，宜急斷阜陵之界，守江西當利諸口，彼少我衆，一戰決矣。若峻未至，可往逼其城。今不先往，峻必先至。先人有奪人之功，時不可失。」導然之。庾亮以爲峻脫逕來，是襲朝廷虛也，故計不行。峻遂破姑熟，取鹽米，亮方悔之。坦謂人曰：「觀峻之勢，必破臺城。自非戰士，不須戎服。」既而臺城陷，戎服者多死，白衣者無他，時人稱其先見。及峻挾天子幸石頭，坦奔陶侃，侃引爲長史。時侃等夜築白石壘，至曉而成。聞峻軍嚴聲，咸懼來攻。坦曰：「不然。若峻攻壘，必須東北風急，令我水軍不得往救。今天清靜，賊必不動，決遣軍出江乘，掠京口以東矣。」果如所籌。時郗鑒鎭京口，侃等各以兵會。既至，坦議以爲本不應須召郗公，遂使東門無限。今宜遣還，雖晚，猶勝不也。侃等猶疑，坦固爭甚切，始令鑒還據京口，遣郭默屯大業，又令驍將李閎、曹統、周光與默幷力，賊遂勢分，卒如坦計。

及峻平，以坦爲吳郡太守。自陳吳多賢豪，而坦年少，未宜臨之。王導、庾亮並欲用坦爲丹楊尹。時亂離之後，百姓凋弊，坦固辭之。導等猶未之許。坦慨然曰：「昔肅祖臨崩，諸君親據御牀，共奉遺詔。孔坦疏賤，不在顧命之限。旣有艱難，則以微臣爲先。今由俎上肉，任人膾截耳！」乃拂衣而去。導等亦止。於是遷吳興內史，封晉陵男，加建威將軍。以歲饑，運家米以振窮乏，百姓賴之。時使坦募江淮流人爲軍，有殿中兵，因亂東還，來應坦募，坦不知而納之。或諷朝廷，以坦藏臺叛兵，遂坐免。尋拜侍中。

咸康元年，石聰寇歷陽，王導爲大司馬，討之，請坦爲司馬。會石勒新死，季龍專恣，石聰及譙郡太守彭彪等各遣使請降。坦與聰書曰：

華狄道乖，南北迥邈，瞻河企宋，每懷饑渴。數會陽九，天禍晉國，姦凶猾夏，乘釁肆虐。我德雖衰，天命未改。乾符啓再集之慶，中興應靈期之會，百六之艱旣過，惟新之美日隆。而神州振蕩，遺氓波散，誓命戎狄之手，跼蹐豺狼之穴，朝廷每臨寐永歎，痛心疾首。天罰旣集，罪人斯隕，王旅未加，自相魚肉。豈非人怨神怒，天降其災！蘭艾同焚，賢愚所歎，哀矜勿喜，我后之仁，大赦曠廓，唯季龍是討。彭譙使至，粗具動靜，知將軍忿疾醜類，翻然同舉。承問欣豫，慶若在己。何知幾之先覺，砎石之易悟哉！引領來儀，怪無聲息。

將軍出自名族，誕育洪冑。遭世多故，國傾家覆，生離親屬，假養異類。雖逼僞寵，將亦何賴！聞之者猶或有悼，況身嬰之，能不憤慨哉！非我族類，其心必異，誠反族歸正之秋，圖義建功之日也。若將軍喻納往言，宣之同盟，率關右之衆，輔河南之卒，申威趙魏，爲國前驅，雖竇融之保西河，黥布之去項羽，比諸古今，未足爲喻。聖上寬明，宰輔弘納，雖射鉤之隙，賞之故行，雍齒之恨，侯之列國。況二三子無曩人之嫌，而遇天啓之會，當如影響，有何遲疑！

今六軍誡嚴，水陸齊舉，熊羆踴躍，齕噬爭先，鋒鏑一交，玉石同碎，雖復後悔，何嗟及矣！僕以不才，世荷國寵，雖實不敏，誠爲行李之主，區區之情，還信所具。夫機事不先，鮮不後悔，自求多福，唯將軍圖之。

朝廷遂不果北伐，人皆懷恨。

坦在職數年，遷侍中。時成帝每幸丞相王導府，拜導妻曹氏，有同家人，坦每切諫。時帝刻日納后，而尚書左僕射王彬卒，議者以爲欲卻期。坦曰：「婚禮之重，重於救日蝕。救日蝕，有后之喪，太子墮井，則止。納后盛禮，豈可以臣喪而廢！」從之。及帝既加元服，猶委政王導，坦每發憤，以國事爲己憂，嘗從容言於帝曰：「陛下春秋以長，聖敬日躋，宜博納朝臣，諮諏善道。」由是忤導，出爲廷尉，怏怏不悅，以疾去職。加散騎常侍，遷尚書，未拜。疾篤，庾冰省之，乃流涕。坦慨然曰：「大丈夫將終不問安國寧家之術，乃作兒女子相問邪！」冰深謝焉。臨終，與庾亮書曰：「不謂疾苦，遂至頓弊，自省緜緜，奄忽無日。修短命也，將何所悲！但以身往名沒，朝恩不報，所懷未敍，即命多恨耳！足下以伯舅之尊，居方伯之重，抗威顧眄，名震天下，榱椽之佐，常願下風。使九服式序，四海一統，封京觀於中原，反紫極於華壤，是宿昔之所味詠，慷慨之本誠矣。今中道而斃，豈不惜哉！若死而有靈，潛聽風烈。」俄卒，時年五十一。追贈光祿勳，謚曰簡。亮報書曰：「廷尉孔君，神遊體離，嗚呼哀哉！得八月十五日書，知疾患轉篤，遂不起濟，悲恨傷楚，不能自勝。足下方在中年，素少疾患，雖天命有在，亦禍出不圖。且足下才經於世，世常須才，況於今日，倍相痛惜。吾以寡乏，忝當大任，國恥未雪，夙夜憂憤。常欲足下同在外藩，勠力時事。此情未果，來書奄至。申尋往復，不覺涕隕。深明足下慷慨之懷，深痛足下不遂之志。邈然永隔，夫復何言！謹遣報答，幷致薄祭，望足下降神饗之。」子混嗣。

嚴字彭祖。祖父奕，全椒令，明察過人。時有遺其酒者，始提入門，奕遙呵之曰：「人餉吾兩罌酒，其一何故非也？」檢視之，一罌果是水。或問奕何以知之，笑曰：「酒重水輕，提酒者手有輕重之異故耳。」在官有惠化，及卒，市人若喪慈親焉。父倫，黃門郎。

嚴少仕州郡，歷司徒掾、尚書殿中郎。殷浩臨揚州，請爲別駕。遷尚書左丞。時朝廷崇樹浩，以抗擬桓溫，溫深以不平。浩又引接荒人，謀立功於閫外。嚴言於浩曰：「當今時事艱難，可謂百六之運，使君屈己應務，屬當其會。聖懷所以日昃匪懈，臨朝斤斤，每欲深根固本，靜邊寧國耳，亦豈至私哉！而處任者所志不同，〔三〕所見各異，人口云云，無所不至。頃來天時人情，良可寒心。古人爲政，防人之口甚於防川。間日侍座，亦已粗申所懷，不審竟當何以鎮之？老子云『夫唯不爭，則萬物不能與之爭』，此言不可不察也。愚意故謂朝廷宜更明授任之方，韓彭可專征伐，蕭曹守管籥，內外之任，各有攸司。深思廉藺屈申之道，平勃相和之義，令婉然通順，人無間言，然後乃可保大定功，平濟天下也。又觀頃日降附之徒，皆人面獸心，貪而無親，難以義感。而聚著都邑，雜處人間，使君常疲聖體以接之，虛府庫以拯之，足以疑惑視聽耳。」浩深納之。

及哀帝踐阼，議所承統，時多異議。嚴與丹楊尹庾龢議曰：「順本居正，親親不可奪，宜繼成皇帝。」諸儒咸以嚴議爲長，竟從之。

隆和元年，詔曰：「天文失度，太史雖有禳祈之事，猶釁眚屢彰。今欲依鴻祀之制，於太極殿前庭親執虔肅。」嚴諫曰：「鴻祀雖出尚書大傳，先儒所不究，歷代莫之興，承天接神，豈可以疑殆行事乎！天道無親，唯德是輔，陛下祗順恭敬，留心兆庶，可以消災復異。皆已蹈而行之，德合神明，丘禱久矣，豈須屈萬乘之尊，修雜祀之事！君舉必書，可不慎歟！」帝嘉之而止。以爲揚州大中正，嚴不就。有司奏免，詔特以侯領尚書。

時東海王奕求海鹽、錢塘以水牛牽埭稅取錢直，帝初從之，嚴諫乃止。初，帝或施私恩，以錢帛賜左右。嚴又啓諸所別賜及給廚食，皆應減省。帝曰：「左右多困乏，故有所賜，今通斷之。又廚膳宜有減徹，思詳具聞。」嚴多所匡益。

太和中，拜吳興太守，加秩中二千石。善於宰牧，甚得人和。餘杭婦人經年荒，賣其子以活夫之兄子。武康有兄弟二人，妻各有孕，弟遠行未反，遇荒歲，不能兩全，棄其子而活弟子。嚴並褒薦之。又甄賞才能之士，論者美焉。五年，以疾去職，卒于家。

三子：道民，宣城內史；靜民，散騎侍郎；福民，太子洗馬，〔三〕皆爲孫恩所害。

羣字敬林，嚴叔父也。有智局，志尙不羈。蘇峻入石頭，時匡術有寵於峻，賓從甚盛。羣與從兄愉同行於橫塘，遇之，愉止與語，而羣初不視術。術怒，欲刃之。愉下車抱術曰：「吾弟發狂，卿爲我宥之。」乃獲免。後峻平，王導保存術，嘗因衆坐，令術勸羣酒，以釋橫塘之憾。羣答曰：「羣非孔子，厄同匡人。雖陽和布氣，鷹化爲鳩，至於識者，猶憎其目。」導有愧色。

仕歷中丞。性嗜酒，導嘗戒之曰：「卿恒飮，不見酒家覆瓿布，日月久糜爛邪？」答曰：「公不見肉糟淹更堪久邪？」嘗與親友書云：「今年田得七百石秫米，不足了麴糵事。」其耽湎如此。卒於官。嗣子沈。

沈字德度，有美名。何充薦沈於王導曰：「文思通敏，宜登宰門。」辟丞相司徒掾、琅邪王文學，並不就。從兄坦以裘遺之，辭不受。坦曰：「晏平仲儉，祀其先人，豚肩不掩豆，猶狐裘數十年，卿復何辭！」於是受而服之。是時沈與魏顗、虞球、虞存、謝奉並爲四族之儁。沈子歍，位至吳興太守、廷尉。歍子琳之，以草書擅名，又爲吳興太守、侍中。

丁潭 張茂

丁潭字世康，會稽山陰人也。祖固，吳司徒。父彌，梁州刺史。潭初爲郡功曹，察孝廉，除郎中，稍遷丞相西閤祭酒。時元帝稱制，使各陳時事損益，潭上書曰：

爲國者恃人須才，蓋二千石長吏是也。安可不明簡其才，使必允當。既得其人，使久於其職，在官者無苟且，居下者有恒心，此爲政之較也。今之長吏，遷轉既數，有送迎之費。古人三載考績，三考黜陟，中才處局，故難以速成矣。

夫兵所以防禦未然，鎮壓姦凶，周雖三聖，功成由武。今戎戰之世，益宜留心，簡選精銳，以備不虞。無事則優其身，有難則責其力。竊聞今之兵士，或私有役使，而營陣不充。夫爲國者，由爲家也。計財力之所任，審趨舍之舉動，不營難成之功，損棄分外之役。今兵人未强，當審其宜，經塗遠舉，未獻大捷，更使力單財盡而威望挫弱也。

及帝踐阼，拜駙馬都尉、奉朝請、尙書祠部郎。時琅邪王裒始受封，帝欲引朝賢爲其國上卿，將用潭，以問中書令賀循。循曰：「郎中令職望清重，實宜審授。潭清淳貞粹，雅有隱正，聖明所簡，才實宜之。」遂爲琅邪王郎中令。會裒薨，潭上疏求行終喪禮，曰：「在三之義，禮有達制，近代已來，或隨時降殺，宜一匡革，以敦于後。輒案令文，王侯之喪，官僚服斬，既葬而除。今國無繼統，喪庭無主，臣實陋賤，不足當重，謬荷首任，禮宜終喪。」詔下博議。國子祭酒杜夷議：〔四〕「古者諒闇，三年不言。下及周世，稅衰效命。春秋之時，天子諸侯既葬而除。此所謂三代損益，禮有不同。故三年之喪，由此而廢。然則漢文之詔，合於隨時，凡有國者，皆宜同也，非唯施於帝皇而已。案禮，殤與無後，降於成人。有後，既葬而除。今不得以無後之故而獨不除也。愚以丁郎中應除衰麻，自宜主祭，以終三年。」太常賀循議：「禮，天子諸侯俱以至尊臨人，上下之義，君臣之禮，自古以來，其例一也。故禮盛則並全其重，禮殺則從其降。春秋之事，〔五〕天子諸侯不行三年。至於臣爲君服，亦宜以君爲節，未有君除而臣服，君服而臣除者。今法令，諸侯卿相官屬爲君斬衰，既葬而除。以令文言之，明諸侯不以三年之喪與天子同可知也。君若遂服，則臣子輕重無應除者也。若當皆除，無一人獨重之文。禮有攝主而無攝重，故大功之親主人喪者，必爲之再祭練祥，以大功之服，主人三年喪者也。苟謂諸侯與天子同制，國有嗣王，自不全服，而人主居喪，素服主祭，三年不攝吉事，以尊令制。若當遠迹三代，令復舊典，不依法令者，則侯之服貴賤一例，亦不得唯一人論。」於是詔使除服，心喪三年。

太興三年，遷王導驃騎司馬，轉中書郎，出爲廣武將軍、東陽太守，以清潔見稱。徵爲太子左衞率，不拜。成帝踐阼，以爲散騎常侍、侍中。蘇峻作亂，帝蒙塵於石頭，唯潭及侍中鍾雅、劉超等隨從不離帝側。峻誅，以功賜爵永安伯，遷大尚書，徙廷尉，累遷左光祿大夫、領國子祭酒、本國大中正，加散騎常侍。

康帝卽位，屢表乞骸骨。詔以光祿大夫還第，門施行馬，祿秩一如舊制，給傳詔二人，賜錢二十萬，牀帳褥席。年八十，卒。贈侍中，大夫如故，謚曰簡。王導嘗謂孔敬康有公才而無公望，丁世康有公望而無公才。子話，位至散騎侍郎。

張茂字偉康，少單貧，有志行，爲鄉里所敬信。初起義兵，討賊陳斌，一郡用全。元帝辟爲掾屬。官有老牛數十，將賣之，茂曰：「殺牛有禁，買者不得輒屠，齒力疲老，又不任耕駕，是以無用之物收百姓利也。」帝乃止。遷太子右衞率，出補吳興內史。沈充之反也，茂與三子並遇害。茂弟盎，爲周札將軍，充討札，盎又死之。贈茂太僕。茂少時夢得大象，以問占夢萬推。推曰：「君當爲大郡，而不善也。」問其故，推曰：「象者大獸，獸者守也，故知當得大郡。然象以齒焚，爲人所害。」果如其言。

陶回

陶回，丹楊人也。祖基，吳交州刺史。父抗，太子中庶子。回辟司空府中軍、主簿，並不就。大將軍王敦命爲參軍，轉州別駕。敦死，司徒王導引爲從事中郎，遷司馬。

蘇峻之役，回與孔坦言於導，請早出兵守江口，語在坦傳。峻將至，回復謂亮曰：「峻知石頭有重戍，不敢直下，必向小丹楊南道步來，宜伏兵要之，可一戰而擒。」亮不從。峻果由小丹楊經秣陵，迷失道，逢郡人，執以爲鄉導。時峻夜行，甚無部分。亮聞之，深悔不從回等之言。尋王師敗績，回還本縣，收合義軍，得千餘人，並爲步軍，與陶侃、溫嶠等并力攻峻，又別破韓晃，以功封康樂伯。

時大賊新平，綱維弛廢，司徒王導以回有器幹，擢補北軍中候，俄轉中護軍。久之，遷征虜將軍、吳興太守。時人饑穀貴，三吳尤甚。詔欲聽相鬻賣，以拯一時之急。回上疏曰：「當今天下不普荒儉，唯獨東土穀價偏貴，便相鬻賣，聲必遠流，北賊聞之，將窺疆埸。如愚臣意，不如開倉廩以振之。」乃不待報，輒便開倉，及割府郡軍資數萬斛米以救乏絕，由是一境獲全。既而下詔，并敕會稽、吳郡依回振恤，二郡賴之。在郡四年，徵拜領軍將軍，加散騎常侍，征虜將軍如故。

回性雅正，不憚彊禦。丹楊尹桓景佞事王導，甚爲導所昵。回常慷慨謂景非正人，不宜親狎。會熒惑守南斗經旬，導語回曰：「南斗，揚州分，而熒惑守之，吾當遜位以厭此譴。」回答曰：「公以明德作相，輔弼聖主，當親忠貞，遠邪佞，而與桓景造膝，熒惑何由退舍！」導深愧之。

咸和二年，以疾辭職，帝不許。徙護軍將軍，常侍、領軍如故，未拜，卒，〔六〕年五十一。謚曰威。

四子：汪、陋、隱、無忌。汪嗣爵，位至輔國將軍、宣城內史，陋冠軍將軍，隱少府，無忌光祿勳，兄弟咸有幹用。

史臣曰：孔愉父子暨丁潭等，咸以篠簜之材，邀締構之運，策名霸府，騁足高衢，歷試清階，遂登顯要，外宣政績，內盡謀猷，罄心力以佐時，竭股肱以衞主，並能保全名節，善始令終。而愉高謝百萬之貲，辭榮數畝之宅，弘止足之分，有廉讓之風者矣。陶回陳邪佞之宜遠，明鬻賣之非宜，並補闕弼違，良可稱也。

贊曰：愉既公才，潭唯公望。領軍儒雅，平越忠亮。君平料敵，彭祖弘益。茂以象焚，羣由匡厄。陶回規過，言同金石。

校勘記

〔一〕闓子靜　安紀「靜」作「靖」。斠注：宋書、南史孔靖傳、元和姓纂「靜」作「靖」。

〔二〕所志不同　「志」，各本作「至」，唯南監本作「志」，今從之。册府七二二亦作「志」。

〔三〕道民至太子洗馬　孫恩傳作「中書郎孔道，太子洗馬孔福」。

〔四〕杜夷　華恒傳作「杜彝」。

〔五〕春秋之事　周校：「時」誤「事」。按：周校是。上文「春秋之時」云云，此針對上文而言，亦當作「春秋之時」。

〔六〕咸和二年至卒　張森楷云：上文回以破蘇峻功封，又在吳興郡四年。蘇峻反在咸和二年，回不應轉於是年卒。「咸和」疑爲「咸康」之訛。按：萬斯同歷代史表一五列回卒於咸康二年，當是。

晉書卷七十九

列傳第四十九

謝尚

謝尚字仁祖，豫章太守鯤之子也。幼有至性。七歲喪兄，哀慟過禮，親戚異之。八歲，神悟夙成。鯤嘗攜之送客，或曰：「此兒一坐之顏回也。」尚應聲答曰：「坐無尼父，焉別顏回！」席賓莫不歎異。十餘歲，遭父憂，丹楊尹溫嶠弔之，尚號咷極哀。既而收涕告訴，舉止有異常童，嶠甚奇之。及長，開率穎秀，辨悟絕倫，脫略細行，不為流俗之事。好衣刺文袴，諸父責之，因而自改，遂知名。善音樂，博綜眾藝。司徒王導深器之，比之王戎，常呼為「小安豐」，辟為掾。襲父爵咸亭侯。始到府通謁，導以其有勝會，謂曰：「聞君能作鴝鵒舞，一坐傾想，寧有此理不？」尚曰：「佳。」便著衣幘而舞。導令坐者撫掌擊節，尚俯仰在中，傍若無人，其率詣如此。

轉西曹屬。時有遭亂與父母乖離，議者或以進仕理王事，婚姻繼百世，於理非嫌。尚議曰：「典禮之興，皆因循情理，開通弘勝。如運有屯夷，要當斷之以大義。夫無後之罪，三千所不過，今婚姻將以繼百世，崇宗緒，此固不可塞也。然至於天屬生離之哀，父子乖絕之痛，痛之深者，莫深於茲。夫以一體之小患，猶或忘思慮，損聽察，況於抱傷心之巨痛，懷怛之至慼，方寸既亂，豈能綜理時務哉！有心之人，決不冒榮苟進。冒榮苟進之疇，必非所求之旨，徒開偷薄之門而長流弊之路。或有執志丘園、守心不革者，猶當崇其操業以弘風尚，而況含艱履慼之人，勉之以榮貴邪？」

遷會稽王友，入補給事黃門侍郎，出爲建武將軍、歷陽太守，轉督江夏義陽隨三郡軍事、江夏相，將軍如故。時安西將軍庾翼鎮武昌，尚數詣翼諮謀軍事。嘗與翼共射，翼曰：「卿若破的，當以鼓吹相賞。」尚應聲中之，翼卽以其副鼓吹給之。尚爲政清簡，始到官，郡府以布四十匹爲尚造烏布帳。尚壞之，以爲軍士襦袴。建元二年，詔曰：「尚往以戎戍事要，故輟黃散，以授軍旅。所處險要，宜崇其威望。今以爲南中郎將，餘官如故。」會庾冰薨，復以本號督豫州四郡，領江州刺史。俄而復轉西中郎將、督揚州之六郡諸軍事、豫州刺史、假節，鎮歷陽。

大司馬桓溫欲有事中原，使尚率衆向壽春，進號安西將軍。初，苻健將張遇降尚，尚不能綏懷之。遇怒，據許昌叛。尚討之，爲遇所敗，收付廷尉。時康獻皇后臨朝，即尚之甥也，特令降號爲建威將軍。初，尚之行也，使建武將軍、濮陽太守戴施據枋頭。會冉閔之子智與其大將蔣幹來附，復遣行人劉猗詣尚請救。施止猗，求傳國璽，猗歸，以告幹。幹謂尚已敗，慮不能救己，猶豫不許。施遣參軍何融率壯士百人入鄴，登三臺助戍，譎之曰：「今且可出璽付我。凶寇在外，道路梗澀，亦未敢送璽，當遣單使馳白。天子聞璽已在吾許，知卿等至誠，必遣重軍相救，并厚相餉。」幹乃出璽付融，融齎璽馳還枋頭。尚遣振武將軍胡彬率騎三百迎璽，致諸京師。時苻健將楊平戍許昌，〔一〕尚遣兵襲破之，徵授給事中，賜軺車、鼓吹，戍石頭。

永和中，拜尚書僕射，出爲都督江西淮南諸軍事、前將軍、豫州刺史，給事中、僕射如故，鎮歷陽，加都督豫州揚州之五郡軍事，在任有政績。上表求入朝，因留京師，署僕射事。尋進號鎮西將軍，鎮壽陽。尚於是採拾樂人，并制石磬，以備太樂。江表有鍾石之樂，自尚始也。

桓溫北平洛陽，上疏請尚爲都督司州諸軍事。將鎮洛陽，以疾病不行。升平初，又進都督豫、冀、幽、并四州。病篤，徵拜衞將軍，加散騎常侍，未至，卒於歷陽，時年五十。詔贈散騎常侍、衞將軍、開府儀同三司，謚曰簡。

無子，從弟奕以子康襲爵，早卒。康弟靜復以子肅嗣，又無子。靜子虔以子靈祐繼錕後。

謝安 子琰 琰子混 安兄奕 奕子玄 安弟萬 萬弟石 石兄子朗 朗弟子邈

謝安字安石，尚從弟也。父裒，太常卿。安年四歲時，譙郡桓彝見而歎曰：「此兒風神秀徹，後當不減王東海。」及總角，神識沈敏，風宇條暢，善行書。弱冠詣王濛，清言良久，既去，濛子脩曰：「向客何如大人？」濛曰：「此客亹亹，爲來逼人。」王導亦深器之。由是少有重名。

初辟司徒府，除佐著作郎，並以疾辭。寓居會稽，與王羲之及高陽許詢、桑門支遁遊處，出則漁弋山水，入則言詠屬文，無處世意。揚州刺史庾冰以安有重名，必欲致之，累下郡縣敦逼，不得已赴召，月餘告歸。復除尚書郎、琅邪王友，並不起。吏部尚書范汪舉安爲吏部郎，安以書距絕之。有司奏安被召，歷年不至，禁錮終身，遂棲遲東土。嘗往臨安山中，坐石室，臨濬谷，悠然歎曰：「此去伯夷何遠！」嘗與孫綽等汎海，風起浪湧，諸人並懼，安吟嘯自若。舟人以安爲悅，猶去不止。風轉急，安徐曰：「如此將何歸邪？」舟人承言卽迴。衆咸服其雅量。安雖放情丘壑，然每游賞，必以妓女從。既累辟不就，簡文帝時爲相，曰：

「安石既與人同樂，必不得不與人同憂，召之必至。」時安弟萬爲西中郎將，總藩任之重。安雖處衡門，其名猶出萬之右，自然有公輔之望，處家常以儀範訓子弟。安妻，劉惔妹也，既見家門富貴，而安獨靜退，乃謂曰：「丈夫不如此也？」安掩鼻曰：「恐不免耳。」及萬黜廢，安始有仕進志，時年已四十餘矣。

征西大將軍桓溫請爲司馬，將發新亭，朝士咸送，中丞高崧戲之曰：「卿累違朝旨，高臥東山，諸人每相與言，安石不肯出，將如蒼生何！蒼生今亦將如卿何！」安甚有愧色。既到，溫甚喜，言生平，歡笑竟日。既出，溫問左右：「頗嘗見我有如此客不？」溫後詣安，值其理髮。安性遲緩，久而方罷，使取幘。溫見，留之曰：「令司馬著帽進。」其見重如此。

溫當北征，會萬病卒，安投牋求歸。尋除吳興太守。在官無當時譽，去後爲人所思。頃之，徵拜侍中，遷吏部尙書、中護軍。

簡文帝疾篤，溫上疏薦安宜受顧命。及帝崩，溫入赴山陵，止新亭，大陳兵衞，將移晉室，呼安及王坦之，欲於坐害之。坦之甚懼，問計於安。安神色不變，曰：「晉祚存亡，在此一行。」既見溫，坦之流汗沾衣，倒執手版。安從容就席，坐定，謂溫曰：「安聞諸侯有道，守在四鄰，明公何須壁後置人邪？」溫笑曰：「正自不能不爾耳。」遂笑語移日。坦之與安初齊名，至是方知坦之之劣。溫嘗以安所作簡文帝謚議以示坐賓，曰：「此謝安石碎金也。」

時孝武帝富於春秋，政不自己，溫威振內外，人情噂㖥，互生同異。安與坦之盡忠匡翼，終能輯穆。及溫病篤，諷朝廷加九錫，使袁宏具草。安見，輒改之，由是歷旬不就。會溫薨，錫命遂寢。

尋爲尚書僕射，領吏部，加後將軍。及中書令王坦之出爲徐州刺史，詔安總關中書事。安義存輔導，雖會稽王道子亦賴弼諧之益。時強敵寇境，邊書續至，梁益不守，樊鄧陷沒，安每鎮以和靖，御以長算。德政既行，文武用命，不存小察，弘以大綱，威懷外著，人皆比之王導，謂文雅過之。嘗與王羲之登冶城，悠然遐想，有高世之志。羲之謂曰：「夏禹勤王，手足胼胝；文王旰食，日不暇給。今四郊多壘，宜思自效，而虛談廢務，浮文妨要，恐非當今所宜。」安曰：「秦任商鞅，二世而亡，豈清言致患邪？」

是時宮室毀壞，安欲繕之。尚書令王彪之等以外寇爲諫，安不從，竟獨決之。宮室用成，皆仰模玄象，合體辰極，而役無勞怨。又領揚州刺史，詔以甲仗百人入殿。時帝始親萬機，進安中書監、驃騎將軍、錄尚書事，固讓軍號。于時懸象失度，亢旱彌年，安奏興滅繼絕，求晉初佐命功臣後而封之。頃之，加司徒，後軍文武盡配大府，又讓不拜。復加侍中、都督揚豫徐兗青五州幽州之燕國諸軍事、假節。

時苻堅強盛，疆埸多虞，諸將敗退相繼。安遣弟石及兄子玄等應機征討，所在克捷。拜衞將軍、開府儀同三司，封建昌縣公。堅後率衆，號百萬，次于淮肥，京師震恐。加安征討大都督。玄入問計，安夷然無懼色，答曰：「已別有旨。」既而寂然。玄不敢復言，乃令張玄重請。安遂命駕出山墅，親朋畢集，方與玄圍棊賭別墅。安常棊劣於玄，是日玄懼，便爲敵手而又不勝。安顧謂其甥羊曇曰：「以墅乞汝。」安遂游涉，〔三〕至夜乃還，指授將帥，各當其任。玄等既破堅，有驛書至，安方對客圍棊，看書既竟，便攝放牀上，了無喜色，棊如故。客問之，徐答云：「小兒輩遂已破賊。」既罷，還內，過戶限，心喜甚，不覺屐齒之折，其矯情鎭物如此。以總統功，進拜太保。

安方欲混一文軌，上疏求自北征，乃進都督揚、江、荊、司、豫、徐、兗、青、冀、幽、幷、寧、益、雍、梁十五州軍事，加黃鉞，其本官悉如故，置從事中郎二人。安上疏讓太保及爵，不許。是時桓沖既卒，荊、江二州並缺，物論以玄勳望，宜以授之。安以父子皆著大勳，恐爲朝廷所疑，又懼桓氏失職，桓石虔復有沔陽之功，慮其驍猛，在形勝之地，終或難制，乃以桓石民爲荊州，改桓伊於中流，石虔爲豫州。既以三桓據三州，彼此無怨，各得所任。其經遠無競，類皆如此。

性好音樂，自弟萬喪，十年不聽音樂。及登台輔，朞喪不廢樂。王坦之書喻之，不從，衣冠效之，遂以成俗。又於土山營墅，樓館林竹甚盛，每攜中外子姪往來游集，肴饌亦屢費百金，世頗以此譏焉，而安殊不以屑意。常疑劉牢之既不可獨任，又知王味之不宜專城。牢之既以亂終，而味之亦以貪敗，由是識者服其知人。

時會稽王道子專權，而姦諂頗相扇構，安出鎮廣陵之步丘，築壘曰新城以避之。帝出祖於西池，獻觴賦詩焉。安雖受朝寄，然東山之志始末不渝，每形於言色。及鎮新城，盡室而行，造汎海之裝，欲須經略粗定，自江道還東。雅志未就，遂遇疾篤。上疏請量宜旋旆，幷召子征虜將軍琰解甲息徒，命龍驤將軍朱序進據洛陽，前鋒都督玄抗威彭沛，委以董督。若二賊假延，來年水生，東西齊舉。詔遣侍中慰勞，遂還都。聞當輿入西州門，自以本志不遂，深自慨失，因悵然謂所親曰：「昔桓溫在時，吾常懼不全。忽夢乘溫輿行十六里，見一白雞而止。乘溫輿者，代其位也。十六里，止今十六年矣。白雞主酉，今太歲在酉，吾病殆不起乎！」乃上疏遜位，詔遣侍中、尚書喩旨。先是，安發石頭，金鼓忽破，又語未嘗謬，而忽一誤，衆亦怪異之。尋薨，時年六十六。帝三日臨于朝堂，賜東園祕器、朝服一具、衣一襲、錢百萬、布千匹、蠟五百斤，贈太傅，謚曰文靖。以無下舍，詔府中備凶儀。及葬，加殊禮，依大司馬桓溫故事。又以平苻堅勳，更封廬陵郡公。

安少有盛名，時多愛慕。鄉人有罷中宿縣者，還詣安。安問其歸資，答曰：「有蒲葵扇五萬。」安乃取其中者捉之，京師士庶競市，價增數倍。安本能爲洛下書生詠，有鼻疾，故其音濁，名流愛其詠而弗能及，或手掩鼻以斆之。及至新城，築埭於城北，後人追思之，名爲召伯埭。

羊曇者，太山人，知名士也，爲安所愛重。安薨後，輟樂彌年，行不由西州路。嘗因石頭大醉，扶路唱樂，不覺至州門。左右白曰：「此西州門。」曇悲感不已，以馬策扣扉，誦曹子建詩曰：「生存華屋處，零落歸山丘。」慟哭而去。

安有二子：瑤、琰。瑤襲爵，官至琅邪王友，早卒。子該嗣，終東陽太守。無子，弟光祿勳模以子承伯嗣，有罪，國除。

劉裕以安勳德濟世，特更封該弟澹爲柴桑侯，邑千戶，奉安祀。澹少歷顯位。桓玄篡位，以澹兼太尉，與王謐俱齎册到姑孰。元熙中，爲光祿大夫，復兼太保，持節奉册禪宋。

琰字瑗度。弱冠，以貞幹稱，美風姿。與從兄護軍淡雖比居，不往來，宗中子弟惟與才令者數人相接。拜著作郎，轉祕書丞，累遷散騎常侍、侍中。苻堅之役，安以琰有軍國才用，出爲輔國將軍，以精卒八千，與從兄玄俱陷陣破堅，以勳封望蔡公。尋遭父憂去官，服闋，除征虜將軍、會稽內史。頃之，徵爲尚書右僕射，領太子詹事，加散騎常侍，將軍如故。又遭母憂，朝廷疑其葬禮。時議者云：「潘岳爲賈充婦宜城宣君誄云：『昔在武侯，喪禮殊倫。伉儷一體，朝儀則均。』謂宜資給葬禮，悉依太傅故事。」先是，王珣娶萬女，珣弟珉娶安女，並不終，由是與謝氏有隙。珣時爲僕射，猶以前憾緩其事。琰聞恥之，遂自造輼輬車以葬，議者譏之。

太元末，爲護軍將軍，加右將軍。會稽王道子以爲司馬，右將軍如故。王恭舉兵，假琰節，都督前鋒軍事。恭平，遷衞將軍、徐州刺史，假節。

孫恩作亂，加督吳興、義興二郡軍事，討恩。至義興，斬賊許允之，迎太守魏鄢還郡。〔三〕進討吳興賊丘尪，破之。又詔琰與輔國將軍劉牢之俱討孫恩。恩逃於海島，朝廷憂之，以琰爲會稽內史、都督五郡軍事，本官並如故。琰既以資望鎮越土，議者謂無復東顧之虞。及至郡，無綏撫之能，而不爲武備。將帥皆諫曰：「强賊在海，伺人形便，宜振揚仁風，開其自新之路。」琰曰：「苻堅百萬，尚送死淮南，況孫恩奔衄歸海，何能復出！若其復至，正是天不養國賊，令速就戮耳。」遂不從其言。恩後果復寇浹口，入餘姚，破上虞，進及邢浦，去山陰北三十五里。琰遣參軍劉宣之距破恩。既而上黨太守張虔碩戰敗，羣賊銳進，人情震駭，咸以宜持重嚴備，且列水軍於南湖，分兵設伏以待之。琰不聽。賊既至，尚未食，琰曰：「要當先滅此寇而後食也。」跨馬而出。廣武將軍桓寶爲前鋒，摧鋒陷陣，殺賊甚多，而塘路迮狹，琰軍魚貫而前，賊於艦中傍射之，前後斷絕。琰至千秋亭，敗績。琰帳下都督張猛於後斫琰馬，琰墮地，與二子肇、峻俱被害，寶亦死之。後劉裕左里之捷，生擒猛，送琰小子混，混刳肝生食之。詔以琰父子隕於君親，忠孝萃於一門，贈琰侍中、司空，謚曰忠肅。

三子：肇、峻、混。肇歷驃騎參軍，峻以琰勳封建昌侯。及沒於賊，詔贈肇散騎常侍，峻散騎侍郎。

混字叔源。少有美譽，善屬文。初，孝武帝爲晉陵公主求壻，謂王珣曰：「主壻但如劉眞長、王子敬便足。如王處仲、桓元子誠可，才小富貴，便豫人家事。」珣對曰：「謝混雖不及眞長，不減子敬。」帝曰：「如此便足。」未幾，帝崩，袁山松欲以女妻之，〔四〕珣曰：「卿莫近禁臠。」初，元帝始鎭建業，公私窘罄，每得一㹠，以爲珍膳，項上一臠尤美，輒以薦帝，羣下未嘗敢食，于時呼爲「禁臠」，故珣因以爲戲。混竟尙主，襲父爵。桓玄嘗欲以安宅爲營，混曰：「召伯之仁，猶惠及甘棠；文靖之德，更不保五畝之宅邪？」玄聞，慚而止。歷中書令、中領軍、尙書左僕射、領選。以黨劉毅誅，國除。及宋受禪，謝晦謂劉裕曰：「陛下應天受命，登壇日恨不得謝益壽奉璽紱。」裕亦歎曰：「吾甚恨之，使後生不得見其風流！」益壽，混小字也。

奕字無奕，少有名譽。初爲剡令，有老人犯法，奕以醇酒飲之，醉猶未已。安時年七八歲，在奕膝邊，諫止之。奕爲改容，遣之。與桓溫善。溫辟爲安西司馬，猶推布衣好。在溫坐，岸幘笑詠，無異常日。桓溫曰：「我方外司馬。」奕每因酒，無復朝廷禮，嘗逼溫飲，溫走入南康主門避之。主曰：「君若無狂司馬，我何由得相見！」奕遂攜酒就聽事，引溫一兵帥共飲，曰：「失一老兵，得一老兵，亦何所怪。」〔五〕溫不之責。

從兄尙有德政，既卒，爲西藩所思，朝議以奕立行有素，必能嗣尙事，乃遷都督豫司冀幷四州軍事、安西將軍、豫州刺史、假節。未幾，卒官，贈鎭西將軍。

三子：泉、〔六〕靖、玄。泉早有名譽，歷義興太守。靖官至太常。

玄字幼度。少穎悟，與從兄朗俱爲叔父安所器重。安嘗戒約子姪，因曰：「子弟亦何豫人事，而正欲使其佳？」諸人莫有言者。玄答曰：「譬如芝蘭玉樹，欲使其生於庭階耳。」安悅。玄少好佩紫羅香囊，安患之，而不欲傷其意，因戲賭取，即焚之，於此遂止。

及長，有經國才略，屢辟不起。後與王珣俱被桓溫辟爲掾，並禮重之。轉征西將軍桓豁司馬、領南郡相、監北征諸軍事。于時苻堅彊盛，邊境數被侵寇，朝廷求文武良將可以鎭禦北方者，安乃以玄應舉。中書郎郗超雖素與玄不善，聞而歎之，曰：「安違衆舉親，明也。

玄必不負舉，才也。」時咸以爲不然。超曰：「吾嘗與玄共在桓公府，見其使才，雖履屐間亦得其任，所以知之。」於是徵還，拜建武將軍、兗州刺史、領廣陵相、監江北諸軍事。

時苻堅遣軍圍襄陽，車騎將軍桓沖禦之。詔玄發三州人丁，〔七〕遣彭城內史何謙游軍淮泗，〔八〕以爲形援。襄陽既沒，堅將彭超攻龍驤將軍戴逯於彭城。玄率東莞太守高衡、後軍將軍何謙次於泗口，欲遣間使報逯，令知救至，其道無由。小將田泓請行，乃沒水潛行，將趣城，爲賊所獲。賊厚賂泓，使云「南軍已敗」。泓僞許之。既而告城中曰：「南軍垂至，我單行來報，爲賊所得，勉之！」遂遇害。時彭超置輜重於留城，玄乃揚聲遣謙等向留城。超聞之，還保輜重。謙馳進，解彭城圍。超復進軍南侵，堅將句難、〔九〕毛當自襄陽來會。超圍幽州刺史田洛於三阿，有衆六萬。詔征虜將軍謝石率水軍次涂中，右衞將軍毛安之、游擊將軍河間王曇之、淮南太守楊廣、宣城內史丘準次堂邑。既而盱眙城陷，高密內史毛藻沒，〔一〇〕安之等軍人相驚，遂各散退，朝廷震動。玄於是自廣陵西討難等。何謙解田洛圍，進據白馬，與賊大戰，破之，斬其僞將都顏。〔一一〕因復進擊，又破之，斬其僞將邵保。超、難引退。玄率何謙、戴逯、田洛追之，戰于君川，復大破之。玄參軍劉牢之攻破浮航及白船，督護諸葛侃、單父令李都又破其運艦。難等相率北走，僅以身免。於是罷彭城、下邳二戍。詔遣殿中將軍慰勞，進號冠軍，加領徐州刺史，還于廣陵，以功封東興縣侯。

及苻堅自率兵次於項城，衆號百萬，而涼州之師始達咸陽，蜀漢順流，幽并係至。先遣苻融、慕容暐、張蚝、苻方等至潁口，梁成、王顯等屯洛澗。〔三〕詔以玄爲前鋒、都督徐兗青三州揚州之晉陵幽州之燕國諸軍事，與叔父征虜將軍石、從弟輔國將軍琰、西中郎將桓伊、龍驤將軍檀玄、建威將軍戴熙、揚武將軍陶隱等距之，衆凡八萬。玄先遣廣陵相劉牢之五千人直指洛澗，即斬梁成及成弟雲，步騎崩潰，爭赴淮水。牢之縱兵追之，生擒堅僞將梁他、王顯、梁悌、慕容屈氏等，收其軍實。堅進屯壽陽，列陣臨肥水，玄軍不得渡。玄使謂苻融曰：「君遠涉吾境，而臨水爲陣，是不欲速戰。諸君稍却，令將士得周旋，僕與諸君緩轡而觀之，不亦樂乎！」堅衆皆曰：「宜阻肥水，莫令得上。我衆彼寡，勢必萬全。」堅曰：「但却軍，令得過，而我以鐵騎數十萬向水，逼而殺之。」融亦以爲然，遂麾使却陣，衆因亂不能止。於是玄與琰、伊等以精銳八千涉渡肥水。石軍距張蚝，小退。玄、琰仍進，決戰肥水南。堅中流矢，臨陣斬融。堅衆奔潰，自相蹈藉投水死者不可勝計，肥水爲之不流。餘衆棄甲宵遁，聞風聲鶴唳，皆以爲王師已至，草行露宿，重以飢凍，死者十七八。獲堅乘輿雲母車，儀服、器械、軍資、珍寶山積，牛馬驢騾駱駝十萬餘。詔遣殿中將軍慰勞，進號前將軍、假節，固讓不受。賜錢百萬，綵千匹。

既而安奏苻堅喪敗，宜乘其釁會，以玄爲前鋒都督，率冠軍將軍桓石虔徑造渦潁，經略舊都。玄復率衆次于彭城，遣參軍劉襲攻堅兗州刺史張崇於鄄城，走之，使劉牢之守鄄城。兗州既平，玄患水道險澀，糧運艱難，用督護聞人奭謀，堰呂梁水，樹柵，立七埭爲派，擁二岸之流，以利運漕，自此公私利便。又進伐青州，故謂之青州派。遣淮陵太守高素以三千人向廣固，降堅青州刺史苻朗。又進伐冀州，遣龍驤將軍劉牢之、濟北太守丁匡據碻磝，濟陽太守郭滿據滑臺，奮武將軍顏雄渡河立營。〔一三〕堅子丕遣將桑據屯黎陽。玄命劉襲夜襲據，走之。丕惶遽欲降，玄許之。丕告飢，玄饋丕米二千斛。〔一四〕又遣晉陵太守滕恬之渡河守黎陽，三魏皆降。以兗、青、司、豫平，加玄都督徐、兗、青、司、冀、幽、并七州軍事。玄上疏以方平河北，幽冀宜須總督，司州懸遠，應統豫州。以勳封康樂縣公。玄請以先封東興侯賜兄子玩，詔聽之，更封玩豫寧伯。復遣寧遠將軍桓演伐申凱於魏郡，破之。玄欲令豫州刺史朱序鎮梁國，玄住彭城，北固河上，西援洛陽，內藩朝廷。朝議以征役既久，宜置戍而還，使玄還鎮淮陰，序鎮壽陽。會翟遼據黎陽反，〔一五〕執滕恬之，又泰山太守張願舉郡叛，河北騷動，玄自以處分失所，上疏送節，盡求解所職。詔慰勞，令且還鎮淮陰，以朱序代鎮彭城。

玄既還，遇疾，上疏解職，詔書不許。玄又自陳，既不堪攝職，慮有曠廢。詔又使移鎮東陽城。玄卽路，於道疾篤，上疏曰：

臣以常人，才不佐世，忽蒙殊遇，不復自量，遂從戎政。驅馳十載，不辭鳴鏑之險，每有征事，輒請爲軍鋒，由恩厚忘軀，甘死若生也。冀有毫釐，上報榮寵。天祚大晉，王威屢舉，實由陛下神武英斷，無思不服。亡叔臣安協贊雍熙，以成天工。而雰霧尙翳，六合未朗，遺黎塗炭，巢窟宜除，復命臣荷戈前驅，董司戎首。冀仰憑皇威，宇宙寧一，陛下致太平之化，庸臣以塵露報恩，然後從亡叔臣安退身東山，以道養壽。此誠以形于文旨，達于聖聽矣。臣所以區區家國，實在於此。不謂臣愆咎夙積，罪鍾中年，上延亡叔臣安、亡兄臣靖，數月之間，相係殂背，下逮稚子，尋復夭昏。哀毒兼纏，痛百常情。臣不勝禍酷暴集，每一慟殆弊。所以含哀忍悲，期之必存者，雖哲輔傾落，聖明方融，伊周嗣作，人懷自厲，猶欲申臣本志，隆國保家，故能豁其情滯，同之無心耳。

去冬奉司徒道子告括囊遠圖，逮問臣進止之宜。臣進不達事機，以蹙境爲恥，退不自揆，故欲順其宿心。豈謂經略不振，自貽斯戾。是以奉送章節，待罪有司，執徇常儀，實有愧心。而聖恩赦過，黷法垂宥，使抱罪之臣復得更名於所司。木石猶感，而況臣乎！顧將身不良，動與釁會，謙德不著，害盈是荷，先疾既動，便至委篤。陛下體臣疢重，使還藩淮側。甫欲休兵靜衆，綏懷善撫，兼苦自療，冀日月漸瘳，繕甲俟會，思更奮迅。而所患沈頓，有增無損。今者惙惙，救命朝夕。臣之平日，率其常矩，加以匪懈，猶不能令政理弘宣，況今內外天隔，永不復接，寧可臥居重任，以招患慮！追尋前事，可爲寒心。臣之微身，復何足惜，區區血誠，憂國實深。謹遣兼長史劉濟重奉送節蓋章傳。伏願陛下垂天地之仁，拯將絕之氣，時遣軍司鎮慰荒雜，聽臣所乞，盡醫藥消息，歸誠道門，冀神祇之祐。若此而不差，修短命也。使臣得及視息，瞻覲墳柏，以此之盡，公私眞無恨矣。伏枕悲慨，不覺流涕。

詔遣高手醫一人，令自消息，又使還京口療疾。

玄奉詔便還，病久不差，又上疏曰：「臣同生七人，凋落相繼，惟臣一己，孑然獨存。在生荼酷，無如臣比。所以含哀忍痛，希延視息者，欲報之德，實懷罔極，庶蒙一瘳，申其此志。且臣孤遺滿目，顧之惻然，爲欲極其求生之心，未能自分於灰土。慺慺之情，可哀可愍。伏願陛下矜其所訴，霈然垂恕，不令微臣銜恨泉壤。」表寢不報。前後表疏十餘上，久之，乃轉授散騎常侍、左將軍、會稽內史。時吳興太守晉寧侯張玄之亦以才學顯，自吏部尙書與玄同年之郡，而玄之名亞於玄，時人稱爲「南北二玄」，論者美之。

玄既輿疾之郡，十三年，卒于官，時年四十六。追贈車騎將軍、開府儀同三司，諡曰獻武。

子瑍嗣，祕書郎，早卒。子靈運嗣。瑍少不惠，而靈運文藻艷逸，玄嘗稱曰：「我尙生琰，琰那得生靈運！」〔一六〕永熙中，爲劉裕世子左衞率。

始從玄征伐者，何謙字恭子，東海人，戴逯字安丘，處士逵之弟，並驍果多權略。逵厲

操東山，而逯以武勇顯。謝安嘗謂逯曰：「卿兄弟志業何殊？」逯曰：「下官不堪其憂，家兄不改其樂。」逯以軍功封廣信侯，位至大司農。

萬字萬石，才器雋秀，雖器量不及安，而善自衒曜，故早有時譽。工言論，善屬文，敍漁父、屈原、季主、賈誼、楚老、龔勝、孫登、嵇康四隱四顯爲八賢論，其旨以處者爲優，出者爲劣，以示孫綽。綽與往反，以體公識遠者則出處同歸。〔一七〕嘗與蔡系送客於征虜亭，與系爭言。系推萬落牀，冠帽傾脫。萬徐拂衣就席，神意自若，坐定，謂系曰：「卿幾壞我面。」系曰：「本不爲卿面計。」然俱不以介意，時亦以此稱之。

弱冠，辟司徒掾，遷右西屬，不就。簡文帝作相，聞其名，召爲撫軍從事中郎。萬著白綸巾，鶴氅裘，履版而前。〔一八〕既見，與帝共談移日。太原王述，萬之妻父也，爲揚州刺史。萬嘗衣白綸巾，乘平肩輿，徑至聽事前，謂述曰：「人言君侯癡，君侯信自癡。」述曰：「非無此論，但晚合耳。」〔一九〕

萬再遷豫州刺史、領淮南太守、監司豫冀幷四州軍事、假節。王羲之與桓溫箋曰：「謝

萬才流經通，處廊廟，參諷議，故是後來一器。而今屈其邁往之氣，以俯順荒餘，近是違才易務矣。」溫不從。

萬既受任北征，矜豪傲物，嘗以嘯詠自高，未嘗撫衆。兄安深憂之，自隊主將帥已下，安無不慰勉。謂萬曰：「汝爲元帥，諸將宜數接對，以悅其心，豈有傲誕若斯而能濟事也！」萬乃召集諸將，都無所說，直以如意指四坐云：「諸將皆勁卒。」諸將益恨之。既而先遣征虜將軍劉建修治馬頭城池，自率衆入渦穎，以援洛陽。北中郎將郗曇以疾病退還彭城，萬以爲賊盛致退，便引軍還，衆遂潰散，狼狽單歸，廢爲庶人。後復以爲散騎常侍，會卒，時年四十二，因以爲贈。

子韶，字穆度，少有名。時謝氏尤彥秀者，稱封、胡、羯、末。封謂韶，胡謂朗，羯謂玄，末謂川，〔二〇〕皆其小字也。韶、朗、川並早卒，惟玄以功名終。韶至車騎司馬。韶子恩，字景伯，宏達有遠略，韶爲黃門郎、〔二一〕武昌太守。恩三子：曜、弘微，皆歷顯位。

朗字長度。父據，早卒。朗善言玄理，文義艷發，名亞於玄。總角時，病新起，體甚羸，未堪勞，於叔父安前與沙門支遁講論，遂至相苦。其母王氏再遣信令還，安欲留，使竟論，王氏因出云：「新婦少遭艱難，一生所寄惟在此兒。」遂流涕攜朗去。安謂坐客曰：「家嫂辭情慷慨，恨不使朝士見之。」朗終於東陽太守。

子重，字景重，明秀有才名，爲會稽王道子驃騎長史。嘗因侍坐，于時月夜明淨，道子歎以爲佳。重率爾曰：「意謂乃不如微雲點綴。」道子因戲重曰：「卿居心不淨，乃復強欲滓穢太清邪！」

子絢，字宣映，嘗於公坐戲調，無禮於其舅袁湛。湛甚不堪之，謂曰：「汝父昔已輕舅，汝今復來加我，可謂世無渭陽情也。」絢父重，卽王胡之外孫，與舅亦有不協之論，湛故有此及云。

石字石奴。初拜祕書郎，累遷尚書僕射。征句難，以勳封興平縣伯。淮肥之役，詔石解僕射，以將軍假節征討大都督，與兄子玄、琰破苻堅。先是，童謠云：「誰謂爾堅石打碎。」故桓豁皆以「石」名子，以邀功焉。堅之敗也，雖功始牢之，而成于玄、琰，然石時實爲都督焉。遷中軍將軍、尚書令，更封南康郡公。于時學校陵遲，石上疏請興復國學，以訓冑子，班下州郡，普修鄉校。疏奏，孝武帝納焉。

兄安薨，石遷衞將軍，加散騎常侍。以公事與吏部郎王恭互相短長，恭甚忿恨，自陳褊阨不允，且疾源深固，乞還私門。石亦上疏遜位。有司奏，石輒去職，免官。詔曰：「石以疾求退，豈準之常制！其喻令還。」歲餘不起。表十餘上，帝不許。石乞依故尚書令王彪之例，於府綜攝，詔聽之。疾篤，進位開府儀同三司，加鼓吹，未拜，卒，時年六十二。

石少患面創，療之莫愈，乃自匿。夜有物來舐其瘡，隨舐隨差，舐處甚白，故世呼爲謝白面。石在職務存文刻，既無他才望，直以宰相弟兼有大勳，遂居清顯，而聚斂無饜，取譏當世。追贈司空，禮官議謚，博士范弘之議謚曰襄墨公，語在弘之傳。朝議不從，單謚曰襄。

子汪嗣，早卒。汪從兄沖以子明慧嗣，爲孫恩所害。明慧從兄喻復以子𦞦嗣。宋受禪，國除。

邈字茂度。父鐵，永嘉太守。邈性剛骾，無所屈撓，頗有理識。累遷侍中。時孝武帝觴樂之後多賜侍臣文詔，辭義有不雅者，邈輒焚毀之，其他侍臣被詔者或宣揚之，故論者以此多邈。後爲吳興太守。孫恩之亂，爲賊胡桀、郜驃等所執，害之。〔三〕賊逼令北面，邈厲聲曰：「我不得罪天子，何北面之有！」遂害之。邈妻郗氏，甚妬。邈先娶妾，郗氏怨懟，與邈書告絕。邈以其書非婦人詞，疑其門下生仇玄達爲之作，遂斥玄達。玄達怒，遂投孫恩，并害邈兄弟，竟至滅門。

史臣曰：建元之後，時政多虞，巨猾陸梁，權臣橫恣。其有兼將相於中外，系存亡於社稷，負扆資之以端拱，鑿井賴之以晏安者，其惟謝氏乎！簡侯任總中臺，效彰分閫；正議云唱，喪禮墮而復弘；遺音既補，雅樂缺而還備。君子哉，斯人也！文靖始居塵外，高謝人間，嘯詠山林，浮泛江海，當此之時，蕭然有陵霞之致。暨于褫薜蘿而襲朱組，去衡泌而踐丹墀，庶績於是用康，彝倫以之載穆。苻堅百萬之衆已瞰吳江，桓溫九五之心將移晉鼎，衣冠易慮，遠邇崩心。從容而杜姦謀，宴衎而清羣寇，宸居獲太山之固，惟揚去累卵之危，斯爲盛矣。然激繁會於朞服之辰，敦一歡於百金之費，廢禮於媮薄之俗，崇侈於耕戰之秋，雖欲混哀樂而同歸，齊奢儉於一致，而不知穨風已扇，雅道日淪，國之儀刑，豈期若是！琰稱貞幹，卒以忠勇垂名；混曰風流，竟以文詞獲譽：並階時宰，無墮家風。奕萬以放肆爲高，石奴以褊濁興累，雖粵微纇，猶稱名實。康樂才兼文武，志存匡濟，淮肥之役，勍寇望之而土崩；渦潁之師，中州應之而席卷。方欲西平鞏洛，北定幽燕，廟算有遺，良圖不果，降齡何促，功敗垂成，拊其遺文，經綸遠矣。

贊曰：安西英爽，才兼辯博。宣力方鎮，流聲臺閣。太保沈浮，曠若虛舟。任高百辟，情惟一丘。琰邈忠壯，奕萬虛放。爲龍爲光，或卿或將。偉哉獻武，功宣授斧。克翦凶渠，幾清中寓。

校勘記

〔一〕楊平　通鑑九九作「楊苹」。

〔二〕安遂游涉　通鑑一〇五、通志一二八、建康實錄九、册府三二一「涉」並作「陟」。

〔三〕魏鄢　斠注：安紀作「魏隱」。按：世說賞譽及注引魏氏譜、通鑑一一一亦作「魏隱」。

〔四〕袁山松　各本均誤作「袁崧」，今據本傳及世說排調諸書改。

〔五〕亦何所怪　「怪」，各本作「在」，惟吳本作「怪」，今從之。蓋「怪」或作「恠」，因譌爲「在」。御覽八四四、册府八五五均作「怪」。

〔六〕三子泉　李校：世說賢媛注「泉」作「淵」。蓋本名淵，唐人避諱改泉。

〔七〕三州人丁　「丁」，各本誤作「下」，今從宋本。册府三五〇亦作「丁」。

〔八〕何謙　斠注：苻堅載記作「何謙之」。

〔九〕句難　見卷九校記。

〔一〇〕毛藻　周校：「毛藻」當照孝武紀、苻堅載記作「毛璪之」。按：通鑑一〇四亦作「毛璪之」。

〔一一〕都顏　「都顏」，各本均作「都督顏」，誤衍「督」字。今據苻堅載記删。

〔一二〕王顒　「王顒」，各本誤作「王先」。王先乃晉安豐太守，玆據下文及苻堅載記改。

〔一三〕顏雄　苻堅載記、通鑑一〇五作「顏肱」。

〔一四〕饋丕米二千斛　「饋」，各本作「潰」，今從宋本。册府三五〇亦作「饋」。

〔一五〕翟遼　見卷九校記。

〔一六〕瑘邪得生靈運　各本均作「瑘邪得不生靈運」，多一「不」字，文意不貫。此係襲用宋書謝靈運傳，宋書無「不」字，今據删。

〔一七〕體公識遠　斠注：世說文學注引中興書「公」作「玄」。

〔一八〕履版而前　李校：「版」當作「展」。

〔一九〕但晩合耳　李校：「合」當作「令」，世說簡傲作「令」，劉注詳之。

〔二〇〕末謂川　川卽上文之泉（見校〔六〕），本名淵，修史者上文改作「泉」，此又改作「川」，殊爲失檢。

〔二一〕宏達有遠略韶爲黃門郎　此叙謝恩官位，不得及其父韶。恩爲黃門郎、武昌太守，南史謝密傳、世說人名譜亦言之，可證。周家祿以爲「韶」當作「仕」。通志一二八上句作「宏達有遠韻」，或者「韻」誤爲「韶」，後人又誤增「略」字。

〔二二〕害之　下文云「遂害之」，則此「害之」二字不當有，疑衍。

晉書卷八十

列傳第五十

王羲之 子玄之 凝之 徽之 徽之子楨之 徽之弟操之 獻之 許邁

王羲之字逸少，司徒導之從子也。祖正，尚書郎。父曠，淮南太守。元帝之過江也，曠首創其議。羲之幼訥於言，人未之奇。年十三，嘗謁周顗，顗察而異之。時重牛心炙，坐客未噉，顗先割啗羲之，於是始知名。及長，辯贍，以骨鯁稱，尤善隸書，爲古今之冠，論者稱其筆勢，以爲飄若浮雲，矯若驚龍。深爲從伯敦、導所器重。時陳留阮裕有重名，爲敦主簿。敦嘗謂羲之曰：「汝是吾家佳子弟，當不減阮主簿。」裕亦目羲之與王承、王悅爲王氏三少。時太尉郗鑒使門生求女壻於導，導令就東廂徧觀子弟。門生歸，謂鑒曰：「王氏諸少並佳，然聞信至，咸自矜持。惟一人在東牀坦腹食，獨若不聞。」鑒曰：「正此佳壻邪！」訪之，乃羲之也，遂以女妻之。

起家祕書郎，征西將軍庾亮請爲參軍，累遷長史。亮臨薨，上疏稱羲之清貴有鑒裁。遷寧遠將軍、江州刺史。羲之既少有美譽，朝廷公卿皆愛其才器，頻召爲侍中、吏部尚書，皆不就。復授護軍將軍，又推遷不拜。揚州刺史殷浩素雅重之，勸使應命，乃遺羲之書曰：「悠悠者以足下出處足觀政之隆替，如吾等亦謂爲然。至如足下出處，正與隆替對，豈可以一世之存亡，必從足下從容之適？幸徐求衆心。卿不時起，復可以求美政不？若豁然開懷，當知萬物之情也。」羲之遂報書曰：「吾素自無廊廟志，〔一〕直王丞相時果欲內吾，誓不許之，手跡猶存，由來尙矣，不於足下參政而方進退。自兒娶女嫁，便懷尙子平之志，數與親知言之，非一日也。若蒙驅使，關隴、巴蜀皆所不辭。吾雖無專對之能，直謹守時命，宣國家威德，固當不同於凡使，必令遠近咸知朝廷留心於無外，此所益殊不同居護軍也。漢末使太傅馬日磾慰撫關東，若不以吾輕微，無所爲疑，宜及初冬以行，吾惟恭以待命。」

羲之既拜護軍，又苦求宣城郡，不許，乃以爲右軍將軍、會稽內史。時殷浩與桓溫不協，羲之以國家之安在於內外和，因以與浩書以戒之，〔二〕浩不從。及浩將北伐，羲之以爲必敗，以書止之，言甚切至。浩遂行，果爲姚襄所敗。復圖再舉，又遺浩書曰：

知安西敗喪，公私惋怛，不能須臾去懷。以區區江左，所營綜如此，天下寒心，固以久矣，而加之敗喪，此可熟念。往事豈復可追，願思弘將來，令天下寄命有所，自隆中興之業。政以道勝寬和爲本，力爭武功，作非所當，因循所長，以固大業，想識其由來也。

自寇亂以來，處內外之任者，未有深謀遠慮，括囊至計，而疲竭根本，各從所志，竟無一功可論，一事可記，忠言嘉謀棄而莫用，遂令天下將有土崩之勢，何能不痛心悲慨也。任其事者，豈得辭四海之責！追咎往事，亦何所復及，宜更虛己求賢，當與有識共之，不可復令忠允之言常屈於當權。今軍破於外，資竭於內，保淮之志非復所及，莫過還保長江，都督將各復舊鎭，自長江以外，羈縻而已。任國鈞者，引咎責躬，深自貶降以謝百姓，更與朝賢思布平政，除其煩苛，省其賦役，與百姓更始，庶可以允塞羣望，救倒懸之急。

使君起於布衣，任天下之重，尙德之舉，未能事事允稱，當董統之任而敗喪至此，恐闔朝羣賢未有與人分其謗者。今亟修德補闕，廣延羣賢，與之分任，尙未知獲濟所期。若猶以前事爲未工，故復求之於分外，宇宙雖廣，自容何所！知言不必用，或取怨執政，然當情慨所在，正自不能不盡懷極言。若必親征，未達此旨，果行者，愚智所不解也。願復與衆共之。

復被州符，增運千石，徵役兼至，皆以軍期，對之喪氣，罔知所厝。自頃年割剝遺黎，刑徒竟路，殆同秦政，惟未加參夷之刑耳，恐勝廣之憂，無復日矣。

又與會稽王牋陳浩不宜北伐，并論時事曰：

古人恥其君不爲堯舜，北面之道，豈不願尊其所事，比隆往代，況遇千載一時之運？顧智力屈於當年，何得不權輕重而處之也。今雖有可欣之會，內求諸己，而所憂乃重於所欣。傳云，「自非聖人，外寧必有內憂」。今外不寧，內憂已深。古之弘大業者，或不謀於衆，傾國以濟一時功者，亦往往而有之。誠獨運之明足以邁衆，暫勞之弊終獲永逸者可也。求之於今，可得擬議乎！

夫廟算決勝，必宜審量彼我，萬全而後動。功就之日，便當因其衆而卽其實。今功未可期，而遺黎殲盡，萬不餘一。且千里饋糧，自古爲難，況今轉運供繼，西輸許洛，北入黃河。雖秦政之弊，未至於此，而十室之憂，便以交至。今運無還期，徵求日重，以區區吳越經緯天下十分之九，不亡何待！而不度德量力，不弊不已，此封內所痛心歎悼而莫敢吐誠。

往者不可諫，來者猶可追，願殿下更垂三思，解而更張，令殷浩、荀羨還據合肥、廣陵，許昌、譙郡、梁、彭城諸軍皆還保淮，爲不可勝之基，須根立勢舉，謀之未晚，此實當今策之上者。若不行此，社稷之憂可計日而待。安危之機，易於反掌，考之虛實，著於目前，顧運獨斷之明，定之於一朝也。

地淺而言深，豈不知其未易。然古人處閭閻行陣之間，尚或干時謀國，評裁者不以爲譏，況廁大臣末行，豈可默而不言哉！存亡所係，決在行之，不可復持疑後機，不定之於此，後欲悔之，亦無及也。

殿下德冠宇內，以公室輔朝，最可直道行之，致隆當年，而未允物望，受殊遇者所以寤寐長歎，實爲殿下惜之。國家之慮深矣，常恐伍員之憂不獨在昔，麋鹿之游將不止林藪而已。願殿下暫廢虛遠之懷，以救倒懸之急，可謂以亡爲存，轉禍爲福，則宗廟之慶，四海有賴矣。

時東土饑荒，羲之輒開倉振貸。然朝廷賦役繁重，吳會尤甚，羲之每上疏爭之，事多見從。又遺尚書僕射謝安書曰：〔三〕

頃所陳論，每蒙允納，所以令下小得蘇息，各安其業。若不耳，此一郡久以蹈東海矣。

今事之大者未布，漕運是也。吾意望朝廷可申下定期，委之所司，勿復催下，但當歲終考其殿最。長吏尤殿，命檻車送詣天臺。三縣不舉，二千石必免，或可左降，令在疆塞極難之地。

又自吾到此，從事常有四五，兼以臺司及都水御史行臺文符如雨，倒錯違背，不復可知。吾又瞑目循常推前，取重者及綱紀，輕者在五曹。主者洽事，未嘗得十日，吏民趨走，功費萬計。卿方任其重，可徐尋所言。江左平日，揚州一良刺史便足統之，況以羣才而更不理，正由爲法不一，牽制者衆，思簡而易從，便足以保守成業。

倉督監秏盜官米，動以萬計，吾謂誅翦一人，其後便斷，而時意不同。近檢校諸縣，無不皆爾。餘姚近十萬斛，重斂以資姦吏，令國用空乏，良可歎也。

自軍興以來，征役及充運死亡叛散不反者衆，虛秏至此，而補代循常，所在凋困，莫知所出。上命所差，上道多叛，則吏及叛者席卷同去。又有常制，輒令其家及同伍課捕。課捕不擒，家及同伍尋復亡叛。百姓流亡，戶口日減，其源在此。又有百工醫寺，死亡絕沒，家戶空盡，差代無所，上命不絕，事起或十年、十五年，彈舉獲罪無懈息，而無益實事，何以堪之！謂自今諸死罪原輕者及五歲刑，可以充此，其減死者，可長充兵役，五歲者，可充雜工醫寺，皆令移其家以實都邑。都邑既實，是政之本，又可絕其亡叛。不移其家，逃亡之患復如初耳。今除罪而充雜役，盡移其家，小人愚迷，或以爲重於殺戮，可以絕姦。刑名雖輕，懲肅實重，豈非適時之宜邪！

羲之雅好服食養性，不樂在京師，初渡浙江，便有終焉之志。會稽有佳山水，名士多居之，謝安未仕時亦居焉。孫綽、李充、許詢、支遁等皆以文義冠世，並築室東土，與羲之同好。嘗與同志宴集於會稽山陰之蘭亭，羲之自爲之序以申其志，曰：

永和九年，歲在癸丑，暮春之初，會于會稽山陰之蘭亭，修禊事也。羣賢畢至，少長咸集。此地有崇山峻嶺，茂林修竹，又有清流激湍，映帶左右，引以爲流觴曲水，列坐其次。雖無絲竹管絃之盛，一觴一詠，亦足以暢敍幽情。

是日也，天朗氣清，惠風和暢，仰觀宇宙之大，俯察品類之盛，所以游目騁懷，足以極視聽之娛，信可樂也。

夫人之相與，俯仰一世，或取諸懷抱，悟言一室之內，或因寄所託，放浪形骸之外。雖趣舍萬殊，靜躁不同，當其欣於所遇，暫得於己，快然自足，不知老之將至。及其所之既倦，情隨事遷，感慨係之矣。向之所欣，俛仰之間，已爲陳跡，猶不能不以之興懷。況修短隨化，終期於盡。古人云，死生亦大矣，豈不痛哉！

每覽昔人興感之由，若合一契，未嘗不臨文嗟悼，不能喻之於懷。固知一死生爲虛誕，齊彭殤爲妄作，後之視今，亦猶今之視昔，悲夫！故列敍時人，錄其所述，雖世殊事異，所以興懷，其致一也。後之覽者，亦將有感於斯文。

或以潘岳金谷詩序方其文，羲之比於石崇，聞而甚喜。

性愛鵝，會稽有孤居姥養一鵝，善鳴，求市未能得，遂攜親友命駕就觀。姥聞羲之將至，烹以待之，羲之歎惜彌日。又山陰有一道士，養好鵝，羲之往觀焉，意甚悅，固求市之。道士云：「爲寫道德經，當舉羣相贈耳。」羲之欣然寫畢，籠鵝而歸，甚以爲樂。其任率如此。嘗詣門生家，見棐几滑淨，因書之，眞草相半。後爲其父誤刮去之，門生驚懊者累日。又嘗在蕺山見一老姥，持六角竹扇賣之。羲之書其扇，各爲五字。姥初有慍色。因謂姥曰：「但言是王右軍書，以求百錢邪。」姥如其言，人競買之。他日，姥又持扇來，羲之笑而不答。其書爲世所重，皆此類也。每自稱「我書比鍾繇，當抗行；比張芝草，猶當鴈行也」。曾與人書云：「張芝臨池學書，池水盡黑，使人耽之若是，未必後之也。」羲之書初不勝庾翼、郗愔，及其暮年方妙。嘗以章草答庾亮，而翼深歎伏，因與羲之書云：「吾昔有伯英章草十紙，過江顚狽，遂乃亡失，常歎妙迹永絕。忽見足下答家兄書，煥若神明，頓還舊觀。」

時驃騎將軍王述少有名譽，與羲之齊名，而羲之甚輕之，由是情好不協。述先爲會稽，以母喪居郡境，羲之代述，止一弔，遂不重詣。述每聞角聲，謂羲之當候己，輒洒掃而待之。如此者累年，而羲之竟不顧，述深以爲恨。及述爲揚州刺史，將就徵，周行郡界，而不過羲之，臨發，一別而去。先是，羲之常謂賓友曰：「懷祖正當作尚書耳，投老可得僕射。更求會稽，便自邈然。」及述蒙顯授，羲之恥爲之下，遣使詣朝廷，求分會稽爲越州。行人失辭，大爲時賢所笑。既而內懷愧歎，謂其諸子曰：「吾不減懷祖，而位遇懸邈，當由汝等不及坦之故邪！」述後檢察會稽郡，辯其刑政，主者疲於簡對。羲之深恥之，遂稱病去郡，於父母墓前自誓曰：「維永和十一年三月癸卯朔，九日辛亥，小子羲之敢告二尊之靈。羲之不天，夙遭閔凶，不蒙過庭之訓。母兄鞠育，得漸庶幾，遂因人乏，蒙國寵榮。進無忠孝之節，退違推賢之義，每仰詠老氏、周任之誡，常恐死亡無日，〔四〕憂及宗祀，豈在微身而已！是用寤寐永歎，若墜深谷。止足之分，定之於今。謹以今月吉辰肆筵設席，稽顙歸誠，告誓先靈。自今之後，敢渝此心，貪冒苟進，是有無尊之心而不子也。子而不子，天地所不覆載，名教所不得容。信誓之誠，有如皦日！」

羲之既去官，與東土人士盡山水之游，弋釣爲娛。又與道士許邁共修服食，採藥石不遠千里，偏游東中諸郡，窮諸名山，泛滄海，歎曰：「我卒當以樂死。」謝安嘗謂羲之曰：「中年以來，傷於哀樂，與親友別，輒作數日惡。」羲之曰：「年在桑榆，自然至此。頃正賴絲竹陶寫，恒恐兒輩覺，損其歡樂之趣。」朝廷以其誓苦，亦不復徵之。

時劉惔爲丹楊尹，許詢嘗就惔宿，牀帷新麗，飲食豐甘。詢曰：「若此保全，殊勝東山。」惔曰：「卿若知吉凶由人，吾安得保此。」羲之在坐，曰：「令巢許遇稷契，當無此言。」二人並有愧色。

初，羲之既優游無事，與吏部郎謝萬書曰：

古之辭世者或被髮陽狂，或汚身穢跡，可謂艱矣。今僕坐而獲逸，遂其宿心，其爲慶幸，豈非天賜！違天不祥。

頃東游還，修植桑果，今盛敷榮，率諸子，抱弱孫，游觀其間，有一味之甘，割而分之，以娛目前。雖植德無殊邈，猶欲教養子孫以敦厚退讓。或以輕薄，庶令舉策數馬，彷彿萬石之風。君謂此何如？

比當與安石東游山海，并行田視地利，頤養閑暇。衣食之餘，欲與親知時共歡讌，雖不能興言高詠，銜杯引滿，語田里所行，故以爲撫掌之資，其爲得意，可勝言邪！常依陸賈、班嗣、楊王孫之處世，甚欲希風數子，老夫志願盡於此也。

萬後爲豫州都督，又遺萬書誡之曰：「以君邁往不屑之韵，而俯同羣辟，誠難爲意也。然所謂通識，正自當隨事行藏，乃爲遠耳。願君每與士之下者同，則盡善矣。食不二味，居不重席，此復何有，而古人以爲美談。濟否所由，實在積小以致高大，君其存之。」萬不能用，果敗。

年五十九卒，贈金紫光祿大夫。諸子遵父先旨，固讓不受。

有七子，知名者五人。玄之早卒。次凝之，亦工草隸，仕歷江州刺史、左將軍、會稽內史。王氏世事張氏五斗米道，凝之彌篤。孫恩之攻會稽，僚佐請爲之備。凝之不從，方入靖室請禱，出語諸將佐曰：「吾已請大道，許鬼兵相助，賊自破矣。」既不設備，遂爲孫恩所害。

徽之字子猷。性卓犖不羈，爲大司馬桓溫參軍，蓬首散帶，不綜府事。又爲車騎桓沖騎兵參軍，沖問：「卿署何曹？」對曰：「似是馬曹。」又問：「管幾馬？」曰：「不知馬，何由知數！」又問：「馬比死多少？」曰：「未知生，焉知死！」嘗從沖行，值暴雨，徽之因下馬排入車中，謂曰：「公豈得獨擅一車！」沖嘗謂徽之曰：「卿在府日久，比當相料理。」徽之初不酬答，直高視，以手版柱頰云：「西山朝來致有爽氣耳。」

時吳中一士大夫家有好竹，欲觀之，便出坐輿造竹下，諷嘯良久。主人洒掃請坐，徽之不顧。將出，主人乃閉門，徽之便以此賞之，盡歡而去。嘗寄居空宅中，便令種竹。或問其故，徽之但嘯詠，指竹曰：「何可一日無此君邪！」嘗居山陰，夜雪初霽，月色清朗，四望皓然，獨酌酒詠左思招隱詩，忽憶戴逵。逵時在剡，便夜乘小船詣之，經宿方至，造門不前而反。人問其故，徽之曰：「本乘興而行，興盡而反，何必見安道邪！」雅性放誕，好聲色，嘗夜與弟獻之共讀高士傳讚，獻之賞井丹高潔，徽之曰：「未若長卿慢世也。」其傲達若此。時人皆欽其才而穢其行。

後爲黄門侍郎，棄官東歸，與獻之俱病篤。時有術人云：「人命應終，而有生人樂代者，則死者可生。」徽之謂曰：「吾才位不如弟，請以餘年代之。」術者曰：「代死者，以己年有餘，得以足亡者耳。今君與弟算俱盡，何代也！」未幾，獻之卒，徽之奔喪不哭，直上靈牀坐，取獻之琴彈之，久而不調，歎曰：「嗚呼子敬，人琴俱亡！」因頓絕。先有背疾，遂潰裂，月餘亦卒。子楨之。

楨之字公幹，歷位侍中、大司馬長史。桓玄爲太尉，朝臣畢集，問楨之：「我何如君亡叔？」在坐咸爲氣咽。楨之曰：「亡叔一時之標，公是千載之英。」一坐皆悦。

操之字子重，歷侍中、尚書、豫章太守。

獻之字子敬。少有盛名，而高邁不羈，雖閑居終日，容止不怠，風流爲一時之冠。年數歲，嘗觀門生摴蒱，曰：「南風不競。」門生曰：「此郎亦管中窺豹，時見一班。」獻之怒曰：「遠慚荀奉倩，近愧劉眞長。」遂拂衣而去。嘗與兄徽之、操之俱詣謝安，二兄多言俗事，獻之寒溫而已。既出，客問安王氏兄弟優劣，安曰：「小者佳。」客問其故，安曰：「吉人之辭寡，以其少言，故知之。」嘗與徽之共在一室，忽然火發，徽之遽走，不遑取履。獻之神色恬然，徐呼左右扶出。夜臥齋中，而有偸人入其室，盜物都盡。獻之徐曰：「偸兒，靑氈我家舊物，可特置之。」羣偸驚走。

工草隸，善丹靑。七八歲時學書，羲之密從後掣其筆不得，歎曰：「此兒後當復有大名。」嘗書壁爲方丈大字，羲之甚以爲能，觀者數百人。桓溫嘗使書扇，筆誤落，因畫作烏駁牸牛，甚妙。

起家州主簿、祕書郎，轉丞，以選尙新安公主。嘗經吳郡，聞顧辟彊有名園，先不相識，乘平肩輿徑入。時辟彊方集賓友，而獻之游歷既畢，傍若無人。辟彊勃然數之曰：「傲主人，非禮也。以貴驕士，非道也。失是二者，不足齒之傖耳。」便驅出門。獻之傲如也，不以屑意。

謝安甚欽愛之，請爲長史。安進號衞將軍，復爲長史。太元中，新起太極殿，安欲使獻之題榜，以爲萬代寶，而難言之，試謂曰：「魏時陵雲殿榜未題，而匠者誤釘之，不可下，乃使韋仲將懸橙書之。比訖，鬚鬢盡白，裁餘氣息。還語子弟，宜絕此法。」獻之揣知其旨，正色曰：「仲將，魏之大臣，寧有此事！使其若此，有以知魏德之不長。」安遂不之逼。安又問曰：「君書何如君家尊？」答曰：「故當不同。」安曰：「外論不爾。」答曰：「人那得知！」尋除建威將軍、吳興太守，徵拜中書令。

及安薨，贈禮有同異之議，惟獻之、徐邈共明安之忠勳。獻之乃上疏曰：「故太傅臣安少振玄風，道譽洋溢。弱冠遐棲，則契齊箕皓；應運釋褐，而王猷允塞。及至載宣威靈，強猾消殄。功勳既融，投韍高讓。且服事先帝，眷隆布衣。陛下踐阼，陽秋尚富，盡心竭智以輔聖明。考其潛躍始終，事情繾綣，實大晉之儁輔，義篤於曩臣矣。伏惟陛下留心宗臣，澄神於省察。」孝武帝遂加安殊禮。

未幾，獻之遇疾，家人爲上章，道家法應首過，問其有何得失。對曰：「不覺餘事，惟憶與郗家離婚。」獻之前妻，郗曇女也。俄而卒於官。安僖皇后立，以后父追贈侍中、特進、光祿大夫、太宰，謚曰憲。無子，以兄子靜之嗣，位至義興太守。時議者以爲羲之草隸，江左中朝莫有及者，獻之骨力遠不及父，而頗有媚趣。桓玄雅愛其父子書，各爲一袠，置左右以翫之。始羲之所與共游者許邁。

許邁字叔玄，一名映，丹楊句容人也。家世士族，而邁少恬靜，不慕仕進。未弱冠，嘗造郭璞，璞爲之筮，遇泰之大畜，其上六爻發。〔三〕璞謂曰：「君元吉自天，宜學升遐之道。」時南海太守鮑靚隱跡潛遁，人莫之知。邁乃往候之，探其至要。父母尚存，未忍違親。謂餘杭懸霤山近延陵之茅山，是洞庭西門，潛通五嶽，陳安世、茅季偉常所游處，於是立精舍於懸霤，而往來茅嶺之洞室，放絕世務，以尋仙館，朔望時節還家定省而已。父母旣終，乃遣婦孫氏還家，遂攜其同志徧游名山焉。

初採藥於桐廬縣之桓山，餌朮涉三年，時欲斷穀。以此山近人，不得專一，四面藩之，好道之徒欲相見者，登樓與語，以此爲樂。常服氣，一氣千餘息。永和二年，移入臨安西山，登巖茹芝，眇爾自得，有終焉之志。乃改名玄，字遠游。與婦書告別，又著詩十二首，論神僊之事焉。羲之造之，未嘗不彌日忘歸，相與爲世外之交。玄遺羲之書云：「自山陰南至臨安，多有金堂玉室，仙人芝草，左元放之徒，漢末諸得道者皆在焉。」羲之自爲之傳，述靈異之跡甚多，不可詳記。玄自後莫測所終，好道者皆謂之羽化矣。

制曰：書契之興，肇乎中古，繩文鳥跡，不足可觀。末代去朴歸華，舒牋點翰，爭相誇尙，競其工拙。伯英臨池之妙，無復餘蹤；師宜懸帳之奇，罕有遺跡。逮乎鍾王以降，略可言焉。鍾雖擅美一時，亦爲迴絕，論其盡善，或有所疑。至於布纖濃，分疏密，霞舒雲卷，無所間然。但其體則古而不今，字則長而逾制，語其大量，以此爲瑕。獻之雖有父風，殊非新巧。觀其字勢疏瘦，如隆冬之枯樹；覽其筆蹤拘束，若嚴家之餓隸。其枯樹也，雖槎枿而無屈伸；其餓隸也，則羈羸而不放縱。兼斯二者，故翰墨之病歟！子雲近出，擅名江表，然僅得成書，無丈夫之氣，行行若縈春蚓，字字如綰秋蛇；臥王濛於紙中，〔六〕坐徐偃於筆下；雖禿千兔之翰，聚無一毫之筋，窮萬穀之皮，斂無半分之骨；以茲播美，非其濫名邪！此數子者，皆譽過其實。所以詳察古今，研精篆素，盡善盡美，其惟王逸少乎！觀其點曳之工，裁成之妙，煙霏露結，狀若斷而還連；鳳翥龍蟠，勢如斜而反直。〔七〕翫之不覺為倦，覽之莫識其端，心慕手追，此人而已。其餘區區之類，何足論哉！

校勘記

〔一〕吾素自無廊廟志　各本無「志」字，唯殿本有。今從之。

〔二〕因以與浩書　通志一二九無「以」字，疑是。

〔三〕又遺尚書僕射謝安書曰　惜抱軒筆記、諸史拾遺並謂，羲之任會稽內史時，謝安尚未出仕。此書當是與謝尚。「安」或「尚」字之誤。

〔四〕常恐死亡無日　「死」，各本作「斯」，今從殿本。册府八一三亦作「死」。

〔五〕遇泰之大畜其上六爻發　各本均無「大畜其」三字，今從殿本。

〔六〕王濛　「濛」，各本均作「蒙」。此謂王仲祖，因依本傳改「濛」。

〔七〕斜而反直　「直」，各本作「正」，今從宋本。

晉書卷八十一

列傳第五十一

王遜

王遜字邵伯，魏興人也。仕郡察孝廉，爲吏部令史，轉殿中將軍，累遷上洛太守。私牛馬在郡生駒犢者，秩滿悉以付官，云是郡中所產也。轉魏興太守。

惠帝末，西南夷叛，寧州刺史李毅卒，城中百餘人奉毅女固守經年。永嘉四年，治中毛孟詣京師求刺史，不見省。孟固陳曰：「君亡親喪，幽閉窮城，萬里訴哀，不垂愍救。既慚包胥無哭秦之感，又愧梁妻無崩城之驗，存不若亡，乞賜臣死。」朝廷憐之，乃以遜爲南夷校尉、寧州刺史，使於郡便之鎭。

遜與孟俱行，道遇寇賊，踰年乃至。外逼李雄，內有夷寇，吏士散沒，城邑丘墟。遜披荒糾厲，收聚離散，專杖威刑，鞭撻殊俗。遜未到州，遙舉董聯爲秀才，建寧功曹周悅謂聯非才，不下版檄。遜既到，收悅殺之。悅弟潛謀殺遜，以前建寧太守趙混子濤代爲刺史。事覺，並誅之。又誅豪右不奉法度者數十家。征伐諸夷，俘馘千計，獲馬及牛羊數萬餘，於是莫不振服，威行寧土。又遣子澄奉表勸進於元帝，帝嘉之，累加散騎常侍、安南將軍、假節，校尉、刺史如故，賜爵褒中縣公。遜以地勢形便，上分牂柯爲平夷郡，分朱提爲南廣郡，分建寧爲夜郎郡，分永昌爲梁水郡，又改益州郡爲晉寧郡，事皆施行。

先是，越巂太守李釗爲李雄所執，自蜀逃歸，遜復以釗爲越巂太守。李雄遣李驤、任回攻釗，釗自南秦與漢嘉太守王載共距之，戰于溫水，釗敗績，載遂以二郡附雄。後驤等又渡瀘水寇寧州，遜使將軍姚崇、〔二〕爨琛距之，戰于堂狼，大破驤等，崇追至瀘水，透水死者千餘人。崇以道遠不敢渡水，遜以崇不窮追也，怒囚羣帥，執崇，鞭之，怒甚，髮上衝冠，冠爲之裂，夜中卒。

遜在州十四年，州人復立遜中子堅行州府事。詔除堅爲南夷校尉、寧州刺史、假節，諡遜曰壯。陶侃懼堅不能抗對蜀人，太寧末，表以零陵太守尹奉爲寧州，徵堅還京，病卒。兄澄襲爵，歷魏興太守、散騎常侍。

蔡豹

蔡豹字士宣，陳留圉城人。高祖質，漢衞尉，左中郎將邕之叔父也。祖睦，魏尚書。父宏，陰平太守。豹有氣幹，歷河南丞，長樂、清河太守。避亂南渡，元帝以爲振武將軍、臨淮太守，遷建威將軍、徐州刺史。初，祖逖爲徐州，豹爲司馬，素易豹。至是，逖爲豫州，而豹爲徐州，俱受征討之寄，逖甚愧之。

是時太山太守徐龕與彭城內史劉遐同討反賊周撫於寒山，龕將于藥斬撫。及論功，而遐先之。龕怒，以太山叛，自號安北將軍、兗州刺史，攻破東莞太守侯史旄而據其塢。〔二〕石季龍伐之，龕懼，求降，元帝許焉。既而復叛歸石勒，勒遣其將王伏都、〔三〕張景等數百騎助龕。〔四〕詔征虜將軍羊鑒、武威將軍侯禮、臨淮太守劉遐、鮮卑段文鴦等與豹共討之。諸將畏懊，頓兵下邳，不敢前。豹欲進軍，鑒固不許。龕遣使請救於勒，勒辭以外難，而多求於龕。又王伏都等淫其室。龕知勒不救，且患伏都等縱暴，乃殺之，復求降。元帝惡其反覆，不納，敕豹、鑒以時進討。鑒及劉遐等並疑憚不相聽從，互有表聞，故豹久不得進。尚書令刁協奏曰：「臣等伏思淮北征軍已失不速，今方盛暑，冒涉山險，山人便弓弩，習土俗，一人守阨，百夫不當。且運漕至難，一朝糧乏，非復智力所能防禦也。書云寧致人，不致於人。宜頓兵所在，深壁固壘，至秋不了，乃進大軍。」詔曰：「知難而退，誠合兵家之言。然小賊雖狡猾，故成擒耳。未戰而退，先自摧衄，亦古之所忌。且邵存已據賊壘，威勢旣振，不可退一步也。」於是遣治書御史郝嘏爲行臺，催攝令進討。豹欲逕進，鑒執不聽。協又奏免鑒官，委豹爲前鋒，以鑒兵配之，降號折衝將軍，以責後效。豹進據卞城，欲以逼龕。時石季龍屯鉅平，將攻豹，豹夜遁，退守下邳。徐龕襲取豹輜重於檀丘，將軍留寵、陸黨力戰，死之。

豹既敗，將歸謝罪，北中郎王舒止之，曰：「胡寇方至，使君且當攝職，爲百姓障扞。賊退謝罪，不晚也。」豹從之。元帝聞豹退，使收之。使者至，王舒夜以兵圍豹，豹以爲他難，率麾下擊之，聞有詔乃止。舒執豹，送至建康，斬之，尸于市三日，時年五十二。

豹在徐土，內撫將士，外懷諸衆，甚得遠近情，聞其死，多悼惜之。無子，兄子裔字元子，散騎常侍、兗州刺史、高陽鄉侯。殷浩北伐，使裔率衆出彭城，卒於軍。

羊鑒

羊鑒字景期，太山人也。父濟，匈奴中郎將。兄煒，歷太僕、兗徐二州刺史。鑒爲東陽太守，累遷太子左衞率。時徐龕反叛，司徒王導以鑒是龕州里冠族，必能制之，請遣北討。鑒深辭才非將帥。太尉郗鑒亦表謂鑒非才，不宜妄使。導不納，强啓授以征討都督，果敗績。導以舉鑒非才，請自貶，帝不從。有司正鑒斬刑，元帝詔以鑒太妃外屬，特免死，除名。

久之，爲少府。及王敦反，明帝以鑒敦舅，又素相親黨，微被嫌責。及成帝卽位，豫討蘇峻，

以功封豐城縣侯，徙光祿勳，卒。

劉胤

劉胤字承胤，東萊掖人，漢齊悼惠王肥之後也。美姿容，善自任遇，交結時豪，名著海岱間，士咸慕之。舉賢良，辟司空掾，並不就。

會天下大亂，攜母欲避地遼東，路經幽州，刺史王浚留胤，表爲渤海太守。浚敗，轉依冀州刺史邵續。續徒衆寡弱，謀降於石勒，胤言於續曰：「夫田單、包胥，齊楚之小吏耳，猶能存已滅之邦，全喪敗之國。今將軍杖精銳之衆，居全勝之城，如何墜將登之功於一簣，委忠信之人於豺狼乎！且項羽、袁紹非不强也，高祖縞冠，人應如響；曹公奉帝，而諸侯綏穆。何者？蓋逆順之理殊，自然之數定也。況夷戎醜類，屯結無賴，雖有犬羊之盛，終有庖宰之患，而欲託根結援，無乃殆哉！」續曰：「若如君言，計將安出？」胤曰：「琅邪王以聖德欽明，創基江左，中興之隆可企踵而待。今爲將軍計者，莫若抗大順以激義士之心，奉忠正以厲軍人之志。夫機事在密，時至難違，存亡廢興，在此舉矣。」續從之，乃殺異議者數人，遣使江南，朝廷嘉之。胤仍求自行，續厚遣之。

既至，元帝命爲丞相參軍，累遷尚書吏部郎。胤聞石季龍攻厭次，言於元帝曰：「北方方鎮皆沒，惟餘邵續而已。如使君爲季龍所制，孤義士之心，阻歸本之路。愚謂宜存救援。」元帝將遣救之，會續已沒而止。王敦素與胤交，甚欽貴之，請爲右司馬。胤知敦有不臣心，枕疾不視事，以是忤敦意，出爲豫章太守，辭以腳疾，詔就家授印綬。郡人莫鴻，南土豪族，因亂，殺本縣令，橫恣無道，百姓患之。胤至，誅鴻及諸豪右，界內肅然。咸和初，爲平南軍司，加散騎常侍。蘇峻作亂，溫嶠率衆而下，留胤等守湓口。事平，以勳賜爵豐城子。俄而代嶠爲平南將軍、都督江州諸軍事、領江州刺史、假節。

胤位任轉高，矜豪日甚，縱酒耽樂，不恤政事，大殖財貨，商販百萬。初，胤之代嶠也，遠近皆謂非選。陶侃、郗鑒咸云胤非方伯才，朝廷不從。或問王悅曰：「今大難之後，綱紀弛頓，自江陵至于建康三千餘里，流人萬計，布在江州。江州，國之南藩，要害之地，而胤以侈忲之性，臥而對之，不有外變，必有內患。」悅曰：「聞溫平南語家公云，連得惡夢，思見代者。尋云可用劉胤。此乃溫意，非家公也。」是時朝廷空罄，百官無祿，惟資江州運漕。而胤商旅繼路，以私廢公。有司奏免胤官。書始下，而胤爲郭默所害，年四十九。

子赤松嗣，尚南平長公主，位至黃門郎、義興太守。

舍人。

桓宣 族子伊

桓宣，譙國銍人也。祖詡，義陽太守。父弼，冠軍長史。宣開濟篤素，爲元帝丞相舍人。

時塢主張平自稱豫州刺史，樊雅自號譙郡太守，各據一城，衆數千人。帝以宣信厚，又與平、雅同州里，轉宣爲參軍，使就平、雅。平、雅遣軍主簿隨宣詣丞相府受節度，帝皆加四品將軍，卽其所部，使扞禦北方。南中郎將王含請宣爲參軍。

頃之，豫州刺史祖逖出屯蘆洲，〔五〕遣參軍殷乂詣平、雅。乂意輕平，視其屋，云當持作馬廏，見大鑊，欲鑄作鐵器。平曰：「此是帝王大鑊，天下定後方當用之，奈何打破！」乂曰：「卿能保頭不？而惜大鑊邪！」平大怒，於坐斬乂，阻兵固守。歲餘，逖攻平殺之，而雅據譙城。逖以力弱，求助於含，含遣宣領兵五百助逖。逖謂宣曰：「卿先已說平、雅，信義大著於彼。今復爲我說雅。雅若降者，方相擢用，不但免死而已。」宣復單馬從兩人詣雅，曰：「祖逖方欲平蕩二寇，每倚卿爲援。前殷乂輕薄，非豫州意。今若和解，則忠勳可立，富貴可保。若猶固執，東府赫然更遣猛將，以卿烏合之衆，憑阻窮城，强賊伺其北，國家攻其南，萬無一全也。願善量之。」雅與宣置酒結友，遣子隨宣詣逖。少日，雅便自詣逖，逖遣雅還撫其衆。

雅僉謂前數罵辱，〔六〕懼罪不敢降。雅復閉城自守。遜往攻之，復遣宣入說雅。雅卽斬異己者，遂出降。未幾，石勒別將圍譙城，含又遣宣率衆救遜，未至而賊退。遜留宣討諸未服，皆破之。遷譙國內史。

祖約之棄譙城也，宣以牋諫，不從，由是石勒遂有陳留。及約與蘇峻同反，宣謂祖智曰：「今强胡未滅，將勠力以討之，而與峻俱反，此安得久乎！使君若欲爲雄霸，何不助國討峻，威名自舉。」智等不能用。宣欲諫約，遣其子戎白約求入。約知宣必諫，不聽。宣遂距約，不與之同。邵陵人陳光率部落數百家降宣，宣皆慰撫之。約還歷陽，宣將數千家欲南投尋陽，營於馬頭山。值祖煥欲襲湓口，〔七〕陶侃使毛寶救之。煥遣衆攻宣，宣使戎求救於寶。寶擊煥，破之，宣因投溫嶠。嶠以戎爲參軍。賊平，宣居於武昌，戎復爲劉胤參軍。郭默害胤，復以戎爲參軍。

陶侃討默，默遣戎求救於宣，宣僞許之。西陽太守鄧嶽、武昌太守劉詡皆疑宣與默同。豫州西曹王隨曰：「宣尚背祖約，何緣同郭默邪！」嶽、詡乃遣隨詣宣以觀之。隨謂宣曰：「明府心雖不爾，無以自明，惟有以戎付隨耳。」宣乃遣戎與隨俱迎陶侃。辟戎爲掾，上宣爲武昌太守。尋遷監沔中軍事、南中郎將、江夏相。

石勒荆州刺史郭敬戍襄陽，陶侃使其子平西參軍斌與宣俱攻樊城，拔之。竟陵太守李陽又破新野。敬懼，遁走。宣與陽遂平襄陽。侃使宣鎮之，以其淮南部曲立義成郡。宣招懷初附，勸課農桑，簡刑罰，略威儀，或載鉏耒於軺軒，或親芸穫於隴畝。十餘年間，石季龍再遣騎攻之，宣能得衆心，每以寡弱距守，論者以爲次於祖逖、周訪。

侃方欲使宣北事中原，會侃薨。後庾亮爲荊州，將謀北伐，以宣爲都督沔北前鋒征討軍事、平北將軍、司州刺史、假節，鎮襄陽。季龍使騎七千渡沔攻之，亮遣司馬王愆期、輔國將軍毛寶救宣。賊三面爲地窟攻城，宣募精勇，出其不意，殺傷數百，多獲鎧馬，賊解圍退走。久之，宣遣步騎收南陽諸郡百姓沒賊者八千餘人以歸。庾翼代亮，欲傾國北討，更以宣爲都督司梁雍三州荊州之南陽襄陽新野南鄉四郡軍事、梁州刺史、持節，將軍如故。以前後功，封竟陵縣男。

宣久在襄陽，綏撫僑舊，甚有稱績。庾翼還鎮襄陽，令宣進伐石季龍將李羆，軍次丹水，爲賊所敗。翼怒，貶宣爲建威將軍，使移戍峴山。宣望實俱喪，兼以老疾，時南蠻校尉王愆期守江陵，以疾求代，翼以宣爲鎮南將軍、南郡太守，代愆期。宣不得志，未之官，發憤卒。追贈鎮南將軍。戎官至新野太守。

伊字叔夏。父景，有當世才幹，仕至侍中、丹楊尹、中領軍、護軍將軍、長社侯。

伊有武幹，標悟簡率，爲王濛、劉惔所知，頻參諸府軍事，累遷大司馬參軍。時苻堅強盛，邊鄙多虞，朝議選能距捍疆埸者，乃授伊淮南太守。以綏御有方，進督豫州之十二郡揚州之江西五郡軍事、建威將軍、歷陽太守，淮南如故。與謝玄共破賊別將王鑒、張蚝等，以功封宣城縣子，又進都督豫州諸軍事、西中郎將、豫州刺史。及苻堅南寇，伊與冠軍將軍謝玄、輔國將軍謝琰俱破堅於肥水，以功封永脩縣侯，進號右軍將軍，賜錢百萬，袍表千端。

伊性謙素，雖有大功，而始終不替。善音樂，盡一時之妙，爲江左第一。有蔡邕柯亭笛，常自吹之。王徽之赴召京師，泊舟青溪側。素不與徽之相識。伊於岸上過，船中客稱伊小字曰："此桓野王也。"徽之便令人謂伊曰："聞君善吹笛，試爲我一奏。"伊是時已貴顯，素聞徽之名，便下車，踞胡牀，爲作三調，弄畢，便上車去，客主不交一言。

時謝安女壻王國寶專利無檢行，安惡其爲人，每抑制之。及孝武末年，嗜酒好內，而會稽王道子昏醬尤甚，惟狎昵諂邪，於是國寶讒諛之計稍行於主相之間。而好利險詖之徒，以安功名盛極，而構會之，嫌隙遂成。帝召伊飲讌，安侍坐。帝命伊吹笛。伊神色無迕，即吹爲一弄，乃放笛云："臣於箏分乃不及笛，然自足以韵合歌管，請以箏歌，幷請一吹笛人。"帝善其調達，乃敕御妓奏笛。伊又云："御府人於臣必自不合，臣有一奴，善相便串。"帝彌賞其放率，乃許召之。奴既吹笛，伊便撫箏而歌怨詩曰：「爲君既不易，爲臣良獨難。忠信事不顯，乃有見疑患。周旦佐文武，金縢功不刊。推心輔王政，二叔反流言。」聲節慷慨，俯仰可觀。安泣下沾衿，乃越席而就之，捋其鬚曰：「使君於此不凡！」帝甚有愧色。

伊在州十年，綏撫荒雜，甚得物情。桓沖卒，遷都督江州荊州十郡豫州四郡軍事、江州刺史，將軍如故，假節。伊到鎮，以邊境無虞，宜以寬卹爲務，乃上疏以江州虛秏，加連歲不登，今餘戶有五萬六千，宜并合小縣，除諸郡逋米，移州還鎮豫章。詔令移州尋陽，其餘皆聽之。伊隨宜拯撫，百姓賴焉。在任累年，徵拜護軍將軍，以右軍府千人自隨，配護軍府。卒官。贈右將軍，加散騎常侍，謚曰烈。

初，伊有馬步鎧六百領，豫爲表，令死乃上之。表曰：「臣過蒙殊寵，受任西藩。淮南之捷，逆兵奔北，人馬器鎧，隨處放散。于時收拾敗破，不足貫連。比年營繕，並已修整。今六合雖一，餘燼未滅，臣不以朽邁，猶欲輸效力命，仰報皇恩。此志永絕，銜恨泉壤。謹奉輸馬具裝百具、步鎧五百領，並在尋陽，請勒所屬領受。」詔曰：「伊忠誠不遂，益以傷懷，仍受其所上之鎧。」

子肅之嗣。卒，子陵嗣。宋受禪，國除。伊弟不才，亦有將略，討孫恩，至冠軍將軍。

朱伺

朱伺字仲文，安陸人。少爲吳牙門將陶丹給使。吳平，內徙江夏。伺有武勇，而訥口，不知書，爲郡將督，見鄉里士大夫，揖稱名而已。及爲將，遂以謙恭稱。張昌之逆，太守弓欽走灄口，伺與同輩郴寶、布興合衆討之，不克，乃與欽奔武昌。後更率部黨攻滅之。轉騎部曲督，加綏夷都尉。伺部曲等以諸縣附昌，惟本部唱義討逆，逆順有嫌，求別立縣，因此遂割安陸東界爲灄陽縣而貫焉。

其後陳敏作亂，陶侃時鎭江夏，以伺能水戰，曉作舟艦，乃遣作大艦，署爲左甄，據江口，摧破敏前鋒。敏弟恢稱荆州刺史，在武昌，侃率伺及諸軍進討，破之。敏、恢既平，伺以功封亭侯，領騎督。時西陽夷賊抄掠江夏，太守楊珉每請督將議距賊之計，〔八〕伺獨不言。珉曰：「朱將軍何以不言？」伺答曰：「諸人以舌擊賊，伺惟以力耳。」珉又問：「將軍前後擊賊，何以每得勝邪？」伺曰：「兩敵共對，惟當忍之。彼不能忍，我能忍，是以勝耳。」珉大笑。

永嘉中，石勒破江夏，伺與楊珉走夏口。及陶侃來戍夏口，伺依之，加明威將軍。隨侃討杜弢，有殊功，語在侃傳。夏口之戰，伺用鐵面自衞，以弩的射賊大帥數人，皆殺之。賊挽船上岸，於水邊作陣。伺逐水上下以邀之，箭中其脛，氣色不變。諸軍尋至，賊潰，追擊之，皆棄船投水，死者太半。賊夜還長沙，伺追至蒲圻，不及而反。加威遠將軍，赤幢曲蓋。

建興中，陳聲率諸無賴二千餘家斷江抄掠，侃遣伺爲督護討聲。聲衆雖少，伺容之不擊，求遣弟詣侃降，伺外許之。及聲去，伺乃遣勁勇要聲弟斬之，潛軍襲聲。聲正旦並出祭祀飲食，伺軍入其門，方覺。聲將閻晉、鄭進皆死戰，伺軍人多傷，乃還營。聲東走，保董城。伺又率諸軍圍守之，遂重柴繞城，作高櫓，以勁弩下射之，又斷其水道。城中無水，殺牛飲血。閻晉，聲婦弟也，乃斬聲首出降。又以平蜀賊襲高之功，加伺廣威將軍，領竟陵內史。

時王敦欲用從弟廙代侃爲荊州，侃故將鄭攀、馬儁等乞侃於敦，敦不許。攀等以侃始滅大賊，人皆樂附，又以廙忌戾難事，謀共距之。遂屯結涓口，遣使告伺。伺外許之，而稱疾不赴。攀等遂進距廙。既而士衆疑阻，復散還橫桑口，欲入杜曾。時朱軌、趙誘、李桓率衆將擊之，攀等懼誅，以司馬孫景造謀距廙，因斬之，降軌等。

廙將西出，遣長史劉浚留鎭揚口壘。時杜曾請討第五猗於襄陽，伺謂廙曰：「曾是猾賊，外示西還，以疑衆心，欲誘引官軍使西，然後兼道襲揚口耳。宜大部分，未可便西。」廙性矜厲自用，兼以伺老怯難信，遂西行。曾等果馳還。廙乃遣伺歸，裁至壘，卽爲曾等所圍。劉浚以壘北門危，欲令伺守之。或說浚云：「伺與鄭攀同者。」乃轉守南門。賊知之，攻其北門。時鄭攀黨馬儁等亦來攻壘，儁妻子先在壘內，或請皮其面以示之。伺曰：「殺其妻子，未能解圍，但益其怒耳。」乃止。伺常所調弩忽噤不發，伺甚惡之。及賊攻陷北門，伺被傷退入船。初，浚開諸船底，以木掩之，名為船械。伺既入，賊舉鋋擿伺，伺逆接得鋋，反以擿賊。賊走上船屋，大喚云：「賊帥在此！」伺從船底沈行五十步，乃免。遇醫療，創小差。杜曾遣說伺云：「馬儁等感卿恩，妻孥得活。盡以卿家外內百口付儁，儁已盡心收視，卿可來也。」伺答曰：「賊無白首者，今吾年六十餘，不能復與卿作賊。吾死，當歸南，妻子付汝。」乃還甑山。時王廙與李桓、杜曾相持，累戰甑山下。軍士數驚喚云：「賊欲至！」伺驚創而卒。因葬甑山。

毛寶 子穆之　孫璩　安之　宗人德祖

毛寶字碩眞，滎陽陽武人也。王敦以為臨湘令。敦卒，為溫嶠平南參軍。蘇峻作逆，嶠將赴難，而征西將軍陶侃懷疑不從。嶠屢說不能迴，更遣使順侃意曰：「仁公且守，僕宜先下。」遣信已二日，會寶別使還，聞之，說嶠曰：「凡舉大事，當與天下共同，衆克在和，不聞有異。假令可疑，猶當外示不覺，況自作疑耶！便宜急追信，改舊書，說必應俱征。若不及前信，宜更遣使。」嶠意悟，卽追信改書，侃果共征峻。寶領千人為嶠前鋒，俱次茄子浦。

初，嶠以南軍習水，峻軍便步，欲以所長制之，宜令三軍，有上岸者死。時蘇峻送米萬斛餽祖約，約遣司馬桓撫等迎之。寶告其衆曰：「兵法，軍令有所不從，豈可不上岸邪！」乃設變力戰，悉獲其米，虜殺萬計，約用大飢。嶠嘉其勳，上爲廬江太守。

約遣祖煥、桓撫等欲襲湓口，陶侃將自擊之，寶曰：「義軍恃公，公不可動，寶請討之。」侃顧謂坐客曰：「此年少言可用也。」乃使寶行。先是，桓宣背約，南屯馬頭山，爲煥、撫所攻，求救於寶。寶衆以宣本是約黨，疑之。宣遣子戎重請，寶卽隨戎赴之。未至，而賊已與宣戰。寶軍懸兵少，器杖濫惡，大爲煥、撫所破。寶中箭，貫髀徹鞍，使人蹋鞍拔箭，血流滿鞾，夜奔船所百餘里，望星而行。到，先哭戰亡將士，洗瘡訖，夜還救宣。寶至宣營，而煥、撫亦退。寶進攻祖約，軍次東關，破合肥，尋召歸石頭。

陶侃、溫嶠未能破賊，侃欲率衆南還。寶謂嶠曰：「下官能留之。」乃往說侃曰：「公本應領蕪湖，爲南北勢援，前既已下，勢不可還。且軍政有進無退，非直整齊三軍，示衆必死而已，亦謂退無所據，終至滅亡。往者杜弢非不强盛，公竟滅之，何至於峻獨不可破邪！賊亦畏死，非皆勇健，公可試與寶兵，使上岸斷賊資糧，出其不意，使賊困蹙。若寶不立效，然後公去，人心不恨。」侃然之，加寶督護。寶燒峻句容、湖孰積聚，峻頗乏食，侃遂留不去。

峻既死，匡術以苑城降。侃使寶守南城，鄧嶽守西城。賊遣韓晃攻之，寶登城射殺數十人。晃問寶曰：「君是毛廬江邪？」寶曰：「是。」晃曰：「君名壯勇，何不出鬭！」寶曰：「君若健將，何不入鬭！」晃笑而退。賊平，封州陵縣開國侯，千六百戶。

庾亮西鎮，請爲輔國將軍、江夏相、督隨義陽二郡，鎮上明。又進南中郎。隨亮討郭默。默平，與亮司馬王愆期等救桓宣於章山，擊賊將石遇，破之，進征虜將軍。亮謀北伐，上疏解豫州，請以授寶。於是詔以寶監揚州之江西諸軍事、豫州刺史，將軍如故，與西陽太守樊峻以萬人守邾城。〔九〕石季龍惡之，乃遣其子鑒與其將夔安、李菟等五萬人來寇，張貉渡二萬騎攻邾城。〔一〇〕寶求救於亮，亮以城固，不時遣軍，城遂陷。寶、峻等率左右突圍出，赴江死者六千人，寶亦溺死。亮哭之慟，因發疾，遂薨。

詔曰：「寶之傾敗，宜在貶裁。然蘇峻之難，致力王室。今咎其過，故不加贈，祭之可也。」其後公卿言寶有重勳，加死王事，不宜奪爵。升平三年，乃下詔復本封。

初，寶在武昌，軍人有於市買得一白龜，長四五寸，養之漸大，放諸江中。邾城之敗，養龜人被鎧持刀，自投於水中，如覺墮一石上，視之，乃先所養白龜，長五六尺，送至東岸，遂得免焉。

寶二子：穆之、安之。

穆之字憲祖，小字武生，〔二〕名犯王靖后諱，故行字，後又以桓溫母名憲，乃更稱小字。穆之果毅有父風，安西將軍庾翼以爲參軍，襲爵州陵侯。翼等專威陝西，以子方之爲建武將軍，守襄陽。方之年少，翼選武將可信杖者爲輔弼，乃以穆之爲建武司馬。俄而翼薨，大將干瓚、戴羲等作亂，穆之與安西長史江虨、司馬朱燾等共平之。

桓溫代翼，復取爲參軍。從溫平蜀，以功賜次子都鄉侯。尋除揚威將軍、〔三〕潁川太守，隨溫平洛，入關。溫將旋師，以謝尚未至，留穆之以二千人衞山陵。升平初，遷督寧州諸軍事、揚威將軍、寧州刺史。以桓溫封南郡，徙穆之爲建安侯，復爲溫太尉參軍，加冠軍將軍，以所募兵配之。溫伐慕容暐，使穆之監鑿鉅野百餘里，引汶會于濟川。及溫焚舟步歸，使穆之督東燕四郡軍事，領東燕太守，本官如故。袁眞以壽陽叛，溫將征之。穆之以冠軍領淮南太守，守歷陽。眞平，餘黨分散，乃以穆之督揚州之江西軍事，復領陳郡太守。俄而徙督揚州之義成荆州五郡雍州之京兆軍事、襄陽義成河南三郡太守，將軍如故。尋進領梁州刺史。頃之，以疾解職，詔以冠軍徵還。

苻堅別將寇彭城，復以將軍假節、監江北軍事，鎭廣陵。遷右將軍、宣城內史、假節，鎭姑孰。穆之以爲戍在近畿，無復軍警，不宜加節，上疏辭讓，許之。苻堅別將圍襄陽，詔穆之就上明受桓沖節度。沖使穆之游軍沔中。穆之始至，而朱序陷沒，引軍還郡。堅衆又寇蜀漢，梁州刺史楊亮、益州刺史周仲孫奔退，沖使穆之督梁州之三郡軍事、右將軍、西蠻校尉、益州刺史、領建平太守、假節，戍巴郡。以子球爲梓潼太守。穆之與球伐堅，至于巴西郡，以糧運乏少，退屯巴東，病卒。追贈中軍將軍，謚曰烈。子珍嗣，位至天門太守。珍弟璩、球、璠、瑾、瑗，〔三〕璩最知名。

璩字叔璉。弱冠，右將軍桓豁以爲參軍。尋遭父憂。服闋，爲謝安衞將軍參軍，除尚書郎。安復請爲參軍，轉安子琰征虜司馬。淮肥之役，苻堅迸走，璩與田次之共躡堅，至中陽，不及而歸。遷寧朔將軍、淮南太守。尋補鎮北將軍、譙王恬司馬。海陵縣界地名青蒲，四面湖澤，皆是菰葑，逃亡所聚，威令不能及。璩建議率千人討之。時大旱，璩因放火，菰葑盡然，亡戶窘迫，悉出詣璩自首，近有萬戶，皆以補兵，朝廷嘉之。轉西中郎司馬、龍驤將軍、譙梁二郡內史。尋代郭銓爲建威將軍、益州刺史。

安帝初，進征虜將軍。及桓玄篡位，遣使加璩散騎常侍、左將軍。璩執留玄使，不受命。玄以桓希爲梁州刺史，王異據涪，郭法戍宕渠，師寂戍巴郡，周道子戍白帝以防之。璩傳檄遠近，列玄罪狀，遣巴東太守柳約之、建平太守羅述、征虜司馬甄季之擊破希等，仍率衆次於白帝。武陵王令曰：「益州刺史毛璩忠誠懃亮，自桓玄萌禍，常思躡其後。今若平殄兇逆，肅清荆郢者，便當即授上流之任。」

初，璩弟寧州刺史璠卒官，璩兄球孫祐之及參軍費恬以數百人送喪，葬江陵。會玄敗，謀奔梁州。璩弟瑾子脩之時爲玄屯騎校尉，誘玄使入蜀。既而脩之與祐之、費恬及漢嘉人馮遷共殺玄。約之等聞玄死，進軍到枝江，而桓振復攻沒江陵。劉毅等還尋陽，約之亦退。俄而季之、述皆病，〔一四〕約之詣振僞降，因欲襲振。事泄，被害。約之司馬時延祖、涪陵太守文處茂等撫其餘衆，保涪陵。振遣桓放之爲益州，屯西陵。處茂距擊，破之。振死，安帝反正，詔曰：「夫貞松標於歲寒，忠臣亮於國危。益州刺史璩體識弘正，誠契義旗，受命偏師，次于近畿，匡翼之勳，實感朕心。可進征西將軍，加散騎常侍，都督益梁秦涼寧五州軍事，行宜都、寧蜀太守。文處茂宣讚蕃牧，蒙險夷難，可輔國將軍、西夷校尉、巴西梓潼二郡太守。」又詔西夷校尉瑾爲持節、監梁秦二州軍事、征虜將軍、梁秦二州刺史、略陽武都太守。瑾弟蜀郡太守瑗爲輔國將軍、寧州刺史。

初，璩聞振陷江陵，率衆赴難，使瑾、瑗順外江而下，使參軍譙縱領巴西、梓潼二郡軍下涪水，當與璩軍會於巴郡。蜀人不樂東征，縱因人情思歸，於五城水口反，還襲涪，害瑾，瑾留府長史鄭純之自成都馳使告璩。璩時在略城，去成都四百里，遣參軍王瓊討反者，相距於廣漢。僰道令何林聚黨助縱，而璩下人受縱誘說，遂共害璩及瑗，并子姪之在蜀者，一時殄沒。璩子弘之嗣。

義熙中，時延祖爲始康太守，上疏訟璩兄弟，於是詔曰：「故益州刺史璩、西夷校尉瑾、蜀郡太守瑗勤王忠烈，事乖慮外。葬送日近，益懷惻愴。可皆贈先所授官，給錢三十萬、布三百匹。」論璩討桓玄功，追封歸鄉公，千五百戶。又以祐之斬玄功，封夷道縣侯。

自寶至璩三葉，擁旄開國者四人，將帥之家，與尋陽周氏爲輩，而人物不及也。

瑾子脩之，頻歷清顯，至右衞將軍，從劉裕平姚泓。後爲安西司馬，沒於魏。

安之字仲祖，亦有武幹，累遷撫軍參軍、魏郡太守。簡文輔政，委以爪牙。及登阼，安之領兵從駕，使止宿宮中。尋拜游擊將軍。時庾希入京口，朝廷震動，命安之督城門諸軍事。孝武卽位，妖賊盧悚突入殿廷。〔一五〕安之聞難，率衆直入雲龍門，手自奮擊。旣而左衞將軍殷康、領軍將軍桓祕等至，與安之并力，悚因剿滅。遷右衞將軍。定后崩，領將作大匠。卒官。追贈光祿勳。

四子：潭、泰、邃、遁。潭嗣爵，官至江夏相。泰歷太傅從事中郎、後軍諮議參軍，與邃俱爲會稽王父子所昵，乃追論安之討盧悚勳，賜爵平都子，命潭襲爵。元顯嘗宴泰家，旣而欲去，泰苦留之曰：「公若遂去，當取公腳。」元顯大怒，奮衣而出，遂與元顯有隙。及元顯敗，泰時爲冠軍將軍、堂邑太山二郡太守。邃爲游擊將軍，遁爲太傅主簿。桓玄得志，使泰收元顯，送于新亭，泰因宿恨，手加毆辱。俄並爲玄所殺，惟遁被徙廣州。義熙初，得還，至宜都太守。

德祖，璩宗人也。父祖並沒于賊中。德祖兄弟五人，相攜南渡，皆有武幹。荆州刺史劉道規以德祖爲建武將軍、始平太守，又徙涪陵太守。盧循之役，道規又以爲參軍，伐徐道覆於始興。尋遭母憂。

劉裕伐司馬休之，版補太尉參軍、義陽太守，賜爵遷陵縣侯，轉南陽太守。從劉裕伐姚泓，頻攻滎陽、扶風、南安、馮翊數郡，所在克捷。裕嘉之，以爲龍驤將軍、秦州刺史。裕留第二子義眞爲安西將軍、雍州刺史。以德祖爲中兵參軍，領天水太守，從義眞還。裕以德祖督河東平陽二郡軍事、輔國將軍、河東太守，代劉遵考守蒲坂。及河北覆敗，德祖全軍而歸。裕方欲蕩平關洛，先以德祖督九郡軍事、冠軍將軍、滎陽京兆太守，以前後功，賜爵灌陽縣男，〔一六〕尋遷督司雍幷三州諸軍事、冠軍將軍、司州刺史，戍武牢，爲魏所沒。

德祖次弟嶷，嶷弟辯，並有志節。嶷死於盧循之難，辯沒於魯宗之役，〔一七〕並奮不顧命，爲世所歎。

劉遐

劉遐字正長，廣平易陽人也。性果毅，便弓馬，開豁勇壯。值天下大亂，遐爲塢主，每擊賊，率壯士陷堅摧鋒，冀方比之張飛、關羽。鄉人冀州刺史邵續深器之，以女妻焉，遂壁于河濟之間，賊不敢逼。遐問道遣使受元帝節度，朝廷嘉之，璽書慰勉，以爲龍驤將軍、平原內史。建武初，元帝令曰：「遐忠勇果毅，義誠可嘉。以遐爲下邳內史，將軍如故。」

初，沛人周堅，一名撫，與同郡周默因天下亂，各爲塢主，以寇抄爲事。默降祖逖，撫怒，遂襲殺默，以彭城叛，石勒遣騎援之。詔遐領彭城內史，與徐州刺史蔡豹、太山太守徐龕共討撫，戰於寒山，撫敗走。詔徙遐爲臨淮太守。徐龕復反，事平，以遐爲北中郎將、兗州刺史。

太寧初，自彭城移屯泗口。王含反，遐與蘇峻俱赴京都。含敗，隨丹楊尹溫嶠追含至于淮南，遐頗放兵虜掠。嶠曰：「天道助順，故王含剿絕，不可因亂爲亂也。」遐深自陳而拜謝。事平，以功封泉陵公，遷散騎常侍、監淮北軍事、北中郎將、〔一八〕徐州刺史、假節，代王邃鎮淮陰。咸和元年卒，追贈安北將軍。

子肇年幼，成帝以徐州授郗鑒，以郭默爲北中郎將，領遐部曲。遐妹夫田防及遐故將史迭、卞咸、李龍等不樂他屬，共立肇，襲遐故位以叛。成帝遣郭默等率諸郡討之。默等始上道，而臨淮太守劉矯率將士數百掩襲遐營，迭等迸走，斬田防及督護卞咸等，追斬迭、龍于下邳，傳首詣闕。遐母妻子參佐將士悉還建康。

遐妻驍果有父風。遐嘗爲石季龍所圍，妻單將數騎，拔遐出於萬衆之中。及田防等欲爲亂，遐妻止之，不從，乃密起火燒甲杖都盡。

肇襲爵，官至散騎侍郎。肇卒，子舉嗣。卒，子遵之嗣。卒，子伯齡嗣。宋受禪，國除。

鄧嶽 子遐

鄧嶽字伯山，陳郡人也。本名岳，以犯康帝諱，改爲嶽，後竟改名爲岱焉。少有將帥才略，爲王敦參軍，轉從事中郎、西陽太守。王含構逆，嶽領兵隨含向京都。及含敗，嶽與周撫俱奔蠻王向蠶。後遇赦，與撫俱出。久之，司徒王導命爲從事中郎，後復爲西陽太守。

及蘇峻反，平南將軍溫嶠遣嶽與督護王愆期、鄱陽太守紀睦等率舟軍赴難。峻平，還郡。郭默之殺劉胤也，大司馬陶侃使嶽率西陽之衆討之。默平，遷督交廣二州軍事、建武將軍、領平越中郎將、廣州刺史、假節，錄前後勳，封宜城縣伯。咸康三年，〔一九〕嶽遣軍伐夜郎，破之，加督寧州，進征虜將軍，遷平南將軍。卒，子遐嗣。

遐字應遠。勇力絕人，氣蓋當時，時人方之樊噲。桓溫以爲參軍，數從溫征伐。歷冠軍將軍，數郡太守，號爲名將。襄陽城北沔水中有蛟，常爲人害，遐遂拔劍入水，蛟繞其足，遐揮劍截蛟數段而出。枋頭之役，溫既懷恥忿，且忌憚遐之勇果，因免遐官，尋卒。寧康中，追贈廬陵太守。

嶽弟逸，字茂山，亦有武幹。嶽卒後，以逸監交廣州、建威將軍、平越中郎將、廣州刺史、假節。

朱序

朱序字次倫，義陽人也。父燾，以才幹歷西蠻校尉、益州刺史。序世爲名將，累遷鷹揚將軍、江夏相。興寧末，梁州刺史司馬勳反，桓溫表序爲征討都護往討之，以功拜征虜將軍，封襄平子。

太和中，遷兗州刺史。時長城人錢弘聚黨百餘人，藏匿原鄉山。以序爲中軍司馬、吳興太守。序至郡，討擒之。事訖，還兗州。

寧康初，拜使持節、監沔中諸軍事、南中郎將、梁州刺史，鎮襄陽。是歲，苻堅遣其將苻丕等率衆圍序，序固守，賊糧將盡，率衆苦攻之。初，苻丕之來攻也，序母韓自登城履行，謂西北角當先受弊，遂領百餘婢幷城中女子於其角斜築城二十餘丈。賊攻西北角，果潰，衆便固新築城。丕遂引退。襄陽人謂此城爲夫人城。序累戰破賊，人情勞懈，又以賊退稍遠，疑未能來，守備不謹。督護李伯護密與賊相應，襄陽遂沒，序陷於苻堅。堅殺伯護徇之，以其不忠也。序欲逃歸，潛至宜陽，藏夏揆家。堅疑揆，收之，序乃詣苻暉自首，堅嘉而不問，以爲尚書。

太元中，苻堅南侵，謝石率衆距之。時堅大兵尚在項，苻融以三十萬衆先至。堅遣序說謝石，稱己兵威。序反謂石曰：「若堅百萬之衆悉到，莫可與敵。及其未會，擊之，可以得志。」於是石遣謝琰選勇士八千人涉肥水挑戰。堅衆小却，序時在其軍後，唱云：「堅敗！」衆遂大奔，序乃得歸。拜龍驤將軍、琅邪內史，轉揚州豫州五郡軍事、〔三〇〕豫州刺史，屯洛陽。

後丁零翟遼反，序遣將軍秦膺、童斌與淮泗諸郡共討之。又監兗青二州諸軍事、二州刺史，將軍如故，進鎮彭城。序求鎮淮陰，帝許焉。翟遼又使其子釗寇陳潁，序還遣秦膺討釗，走之，拜征虜將軍。表求運江州米十萬斛、布五千匹以資軍費，詔聽之。加都督司、雍、梁、秦四州軍事。帝遣廣威將軍、河南太守楊佺期，南陽太守趙睦，各領兵千人隸序。序又表求故荆州刺史桓石生府田百頃，幷穀八萬斛，給之。仍戍洛陽，衞山陵也。

其後慕容永率衆向洛陽，序自河陰北濟，與永僞將王次等相遇，乃戰於沁水，次敗走，斬其支將勿支首。參軍趙睦、江夏相桓不才追永，破之于太行。永歸上黨。時楊楷聚衆數千，在湖陝，聞永敗，遣任子詣序乞降。序追永至上黨之白水，與永相持二旬。聞翟遼欲向金墉，乃還，遂攻翟釗於石門，遣參軍趙蕃破翟遼於懷縣，遼宵遁。序退次洛陽，留鷹揚將軍朱黨戍石門。序仍使子略督護洛城，趙蕃爲助。序還襄陽。會稽王道子以序勝負相補，不加褒貶。

其後東羌校尉竇衝欲入漢川，安定人皇甫釗、京兆人周勳等謀納之。梁州刺史周瓊失巴西三郡，衆寡力弱，告急於序，序遣將軍皇甫貞率衆赴之。衝據長安東，釗、勳散走。序以老病，累表解職，不許。詔斷表，遂輒去任。數旬，歸罪廷尉，詔原不問。太元十八年卒，贈左將軍、散騎常侍。

史臣曰：晉氏淪喪，播遷江表，內難荐臻，外虞不息，經略之道，是所未弘，將帥之功，無聞焉爾。遜、豹、宣、胤服勤於太興之間，毛、鄧、劉、朱馳騖乎咸和之後。雖人不逮古，亦足列於當世焉。

贊曰：氣分淮海，災流瀍澗。覆類玄蚖，興微鴻雁。鼓鞞在聽，兔罝有作。赳赳羣英，勤茲王略。

校勘記

〔一〕姚崇　周校：明紀、李雄載記皆作「姚岳」。按：通鑑九二作「姚嶽」。蓋此人本名「岳」，或爲「嶽」。其後晉史臣避康帝諱，改其名爲「崇」。

〔二〕侯史旄　校文：此侯史光之孫也，光傳「旄」作「施」。

〔三〕王伏都　石勒載記作「王步都」。

〔四〕張㬎　石勒載記、通鑑九一作「張敬」。

〔五〕蘆洲　「洲」，各本均誤作「州」，今據御覽七五七引及通鑑九〇改。

〔六〕雅僉謂前數罵辱　校文：「雅」字衍文，御覽三二四引無。按：尋此文之意，謂樊雅之衆以曾罵辱祖逖而不敢降，非樊雅本意如此，删「雅」字爲是。又御覽引「辱」下有「逖」字，文意較明。

〔七〕祖煥　祖約傳、蘇峻傳及通鑑九四「煥」皆作「渙」。下毛寶傳同，不另出校。

〔八〕楊珉　石勒載記作「楊岠」。

〔九〕樊峻　成紀及水經江水注作「樊俊」。

〔一〇〕張狢渡　周校：成帝紀作「張貉」，石季龍載記作「張賀度」。斠注：水經江水注作「張格度」，實一人。

〔一一〕小字武生　李校：「武生」，宋書作「虎生」。按：通鑑一〇二亦作「虎生」。蓋本名「虎生」，唐人避諱改作「武生」。

〔一二〕尋除揚威將軍　周校：穆帝紀「揚威」作「揚武」。下文云「升平初還督寧州諸軍事、揚威將軍」，可知先除「揚武」，後進「揚威」，此當作「揚武」爲是。

〔一三〕珍弟璩球璠瑾瑗　李校：下云「璩兄球」，則「球」當在「璩」之上。

〔一四〕逑　「逑」，各本均作「逑之」，殿本删「之」字，考證云：上文云征虜將軍甄季之、建平太守羅逑，不應作「逑之」。按：通鑑一一三亦無「之」字，今從殿本與通鑑。

〔一五〕盧悚　見卷九校記。

〔一六〕賜爵灌陽縣男　李校：前已賜爵遷陵縣侯，此不當反賜男爵，疑有誤。斠注：魏書太宗紀作觀陽縣伯毛德祖。疑此「男」字當作「伯」。

〔一七〕詹宗之役　李校：當重「之」字。按：通志一二九重「之」字。

〔一八〕北中郎將　各本均作「北軍中郎將」。周校：「北」下衍「軍」字。按：成紀不衍「軍」字，今據删。

〔一九〕咸康三年　校文：帝紀在咸康二年。按：通鑑九五亦列事於二年，疑此「三」爲「二」之誤。

〔二〇〕轉揚州豫州五郡軍事　李校：「轉」下當脫一監字。

晉書卷八十二

列傳第五十二

陳壽

陳壽字承祚，巴西安漢人也。少好學，師事同郡譙周，仕蜀爲觀閣令史。宦人黃皓專弄威權，大臣皆曲意附之，壽獨不爲之屈，由是屢被譴黜。遭父喪，有疾，使婢丸藥，客往見之，鄉黨以爲貶議。及蜀平，坐是沈滯者累年。司空張華愛其才，以壽雖不遠嫌，原情不至貶廢，舉爲孝廉，除佐著作郎，出補陽平令。〔一〕撰蜀相諸葛亮集，奏之。除著作郎，領本郡中正。撰魏吳蜀三國志，凡六十五篇。時人稱其善敍事，有良史之才。夏侯湛時著魏書，見壽所作，便壞己書而罷。張華深善之，謂壽曰：「當以晉書相付耳。」其爲時所重如此。或云丁儀、丁廙有盛名於魏，壽謂其子曰：「可覓千斛米見與，當爲尊公作佳傳。」丁不與之，竟不爲立傳。壽父爲馬謖參軍，謖爲諸葛亮所誅，壽父亦坐被髡，諸葛瞻又輕壽。壽爲亮立傳，謂亮將略非長，無應敵之才，言瞻惟工書，名過其實。議者以此少之。

張華將舉壽爲中書郎，荀勖忌華而疾壽，遂諷吏部遷壽爲長廣太守。辭母老不就。杜預將之鎭，復薦之於帝，宜補黃散。由是授御史治書。以母憂去職。母遺言令葬洛陽，壽遵其志。又坐不以母歸葬，竟被貶議。初，譙周嘗謂壽曰：「卿必以才學成名，當被損折，亦非不幸也。宜深愼之。」壽至此，再致廢辱，皆如周言。後數歲，起爲太子中庶子，未拜。元康七年，病卒，時年六十五。梁州大中正、尙書郎范頵等上表曰：「昔漢武帝詔曰：『司馬相如病甚，可遣悉取其書。』使者得其遺書，言封禪事，天子異焉。臣等案：故治書侍御史陳壽作三國志，辭多勸誡，明乎得失，有益風化，雖文艷不若相如，而質直過之，願垂採錄。」於是詔下河南尹、洛陽令，就家寫其書。壽又撰古國志五十篇、益都耆舊傳十篇，餘文章傳於世。

王長文

王長文字德叡，廣漢郪人也。少以才學知名，而放蕩不羈，州府辟命皆不就。州辟別駕，乃微服竊出，舉州莫知所之。後於成都市中蹲踞齧胡餅。刺史知其不屈，禮遣之。閉門自守，不交人事。著書四卷，擬易，名曰通玄經，有文言、卦象，可用卜筮，時人比之揚雄

太玄。同郡馬秀曰：「揚雄作太玄，惟桓譚以爲必傳後世。晚遭陸績，玄道遂明。長文通玄經未遭陸績、君山耳。」〔三〕

太康中，蜀土荒饉，開倉振貸。長文居貧，貸多，後無以償。郡縣切責，送長文到州。刺史徐幹捨之，不謝而去。後成都王穎引爲江源令。或問：「前不降志，今何爲屈？」長文曰：「祿以養親，非爲身也。」梁王肜爲丞相，引爲從事中郎。在洛出行，輒著白旃小鄣以載車，當時異焉。後終於洛。

虞溥

虞溥字允源，高平昌邑人也。父祕，爲偏將軍，鎮隴西。溥從父之官，專心墳籍。時疆場閱武，人爭視之，溥未嘗寓目。郡察孝廉，除郎中，補尙書都令史。尙書令衞瓘、尙書褚䂮並器重之。溥謂瓘曰：「往者金馬啓符，大晉應天，宜復先王五等之制，以綏久長。不可承暴秦之法，遂漢魏之失也。」瓘曰：「歷代歎此，而終未能改。」

稍遷公車司馬令，除鄱陽內史。大修庠序，廣招學徒，移告屬縣曰：「學所以定情理性而積衆善者也。情定於內而行成於外，積善於心而名顯於敎，故中人之性隨敎而移，善積則習與性成。唐虞之時，皆比屋而可封，及其廢也，而云可誅，豈非化以成俗，敎移人心者哉！自漢氏失御，天下分崩，江表寇隔，久替王教，庠序之訓，廢而莫修。今四海一統，萬里同軌，熙熙兆庶，咸休息乎太和之中，宜崇尚道素，廣開學業，以讚協時雍，光揚盛化。」乃具爲條制。於是至者七百餘人。溥乃作誥以獎訓之，曰：

文學諸生皆冠帶之流，年盛志美，始涉學庭，講修典訓，此大成之業，立德之基也。夫聖人之道淡而寡味，故始學者不好也。及至朞月，所觀彌博，所習彌多，日聞所不聞，日見所不見，然後心開意朗，敬業樂羣，忽然不覺大化之陶己，至道之入神也。故學之染人，甚於丹青。丹青吾見其久而渝矣，未見久學而渝者也。

夫工人之染，先修其質，後事其色，質修色積，而染工畢矣。學亦有質，孝悌忠信是也。君子內正其心，外修其行，行有餘力，則以學文，文質彬彬，然後爲德。夫學者不患才不及，而患志不立，故曰希驥之馬，亦驥之乘，希顏之徒，亦顏之倫也。又曰鍥而舍之，朽木不知；鍥而不舍，金石可虧。斯非其效乎！

今諸生口誦聖人之典，體閑庠序之訓，比及三年，可以小成。而令名宣流，雅譽日新，朋友欽而樂之，朝士敬而歎之。於是州府交命，擇官而仕，不亦美乎！若乃含章舒藻，揮翰流離，稱述世務，探賾究奇，使楊班韜筆，仲舒結舌，亦惟才所居，固無常人也。然積一勺以成江河，累微塵以崇峻極，匪志匪勤，理無由濟也。諸生若絕人間之務，心專親學，累一以貫之，積漸以進之，則亦或遲或速，或先或後耳，何滯而不通，何遠而不至邪！

時祭酒求更起屋行禮，溥曰：「君子行禮，無常處也，故孔子射於矍相之圃，而行禮於大樹之下。況今學庭庠序，高堂顯敞乎！」

溥爲政嚴而不猛，風化大行，有白烏集于郡庭。注春秋經、傳，撰江表傳及文章詩賦數十篇。卒於洛，時年六十二。子勃，過江上江表傳於元帝，詔藏于祕書。

司馬彪

司馬彪字紹統，高陽王睦之長子也。出後宣帝弟敏。少篤學不倦，然好色薄行，爲睦所責，故不得爲嗣，雖名出繼，實廢之也。彪由此不交人事，而專精學習，故得博覽羣籍，終其綴集之務。初拜騎都尉。泰始中，爲祕書郎，轉丞。注莊子，作九州春秋。以爲「先王立史官以書時事，載善惡以爲沮勸，撮教世之要也。是以春秋不修，則仲尼理之；關雎既亂，則師摯修之。前哲豈好煩哉？蓋不得已故也。漢氏中興，訖于建安，忠臣義士亦以昭著，而時無良史，記述煩雜，譙周雖已刪除，然猶未盡，安順以下，亡缺者多」。彪乃討論衆書，綴其所聞，起于世祖，終于孝獻，編年二百，錄世十二，通綜上下，旁貫庶事，爲紀、志、傳凡八十篇，號曰續漢書。泰始初，武帝親祠南郊，彪上疏定議，語在郊祀志。〔三〕後拜散騎侍郎。惠帝末年卒，時年六十餘。

初，譙周以司馬遷史記書周秦以上，或採俗語百家之言，不專據正經，周於是作古史考二十五篇，皆憑舊典，以糾遷之謬誤。彪復以周爲未盡善也，條古史考中凡百二十二事爲不當，多據汲冢紀年之義，亦行於世。

王隱

王隱字處叔，陳郡陳人也。世寒素。父銓，歷陽令，少好學，有著述之志，每私錄晉事及功臣行狀，未就而卒。隱以儒素自守，不交勢援，博學多聞，受父遺業，西都舊事多所諳究。

建興中，過江，丞相軍諮祭酒涿郡祖納雅相知重。納好博弈，每諫止之。納曰：「聊用忘憂耳。」隱曰：「蓋古人遭時，則以功達其道；不遇，則以言達其才，故否泰不窮也。當今晉未有書，天下大亂，舊事蕩滅，非凡才所能立。君少長五都，游宦四方，華夷成敗皆在耳目，何不述而裁之！應仲遠作風俗通，崔子眞作政論，蔡伯喈作勸學篇，史游作急就章，猶行於世，便爲沒而不朽。當其同時，人豈少哉？而了無聞，皆由無所述作也。故君子疾沒世而無聞，易稱自强不息，況國史明乎得失之跡，何必博弈而後忘憂哉！」納喟然歎曰：「非不悅子之道，力不足也。」乃上疏薦隱。元帝以草創務殷，未遑史官，遂寢不報。

太興初，典章稍備，乃召隱及郭璞俱爲著作郎，令撰晉史。豫平王敦功，賜爵平陵鄉侯。時著作郎虞預私撰晉書，而生長東南，不知中朝事，數訪於隱，并借隱所著書竊寫之，所聞漸廣。是後更疾隱，形於言色。預既豪族，交結權貴，共爲朋黨，以斥隱，竟以謗免，黜歸于家。貧無資用，書遂不就，乃依征西將軍庾亮于武昌。亮供其紙筆，書乃得成，詣闕上之。隱雖好著述，而文辭鄙拙，蕪舛不倫。其書次第可觀者，皆其父所撰；文體混漫義不可解者，隱之作也。年七十餘，卒於家。

隱兄瑚，字處仲。少重武節，成都王穎舉兵向洛，以爲冠軍參軍，積功，累遷游擊將軍，與司隸滿奮、河南尹周馥等俱屯大司馬門，以衞宮掖。時上官巳縱暴，瑚與奮等共謀除之，反爲所害。

虞預

虞預字叔寧，徵士喜之弟也，本名茂，犯明穆皇后母諱，故改焉。預十二而孤，少好學，有文章。餘姚風俗，各有朋黨，宗人共薦預爲縣功曹，欲使沙汰穢濁。預書與其從叔父曰：「近或聞諸君以預入寺，使應委質，則當親事，不得徒已。然預下愚，過有所懷。邪黨互瞻，異同蜂至，一旦差跌，衆鼓交鳴。毫釐之失，差以千里，此古人之炯戒，而預所大恐也。」卒如預言，未半年，遂見斥退。

太守庾琛命爲主簿，預上記陳時政所失，曰：「軍寇以來，賦役繁數，兼值年荒，百姓失業，是輕繇薄斂，寬刑省役之時也。自頃長吏輕多去來，送故迎新，交錯道路。受迎者惟恐船馬之不多，見送者惟恨吏卒之常少。窮奢竭費謂之忠義，省煩從簡呼爲薄俗，轉相放效，流而不反，雖有常防，莫肯遵修。加以王塗未夷，所在停滯，送者經年，永失播植。一夫不耕，十夫無食，況轉百數，所妨不訾。愚謂宜勒屬縣，若令、尉先去官者，人船吏侍皆具條列，到當依法減省，使公私允當。又今統務多端，動加重制，每有特急，輒立督郵。計今直兼三十餘人，人船吏侍皆當出官，益不堪命，宜復減損，嚴爲之防。」琛善之，即皆施行。太守紀瞻到，預復爲主簿，轉功曹史。察孝廉，不行。安東從事中郎諸葛恢、參軍庾亮等薦預，召爲丞相行參軍兼記室。遭母憂，服竟，除佐著作郎。

太興二年，大旱，詔求讜言直諫之士。預上書諫曰：

大晉受命，于今五十餘載。自元康以來，王德始闕，戎翟及於中國，宗廟焚爲灰燼，千里無煙爨之氣，華夏無冠帶之人，自天地開闢，書籍所載，大亂之極未有若茲者也。

陛下以聖德先覺，超然遠鑒，作鎭東南，聲教遐被，上天眷顧，人神贊謀，雖云中興，其實受命，少康、宣王誠未足喩。然南風之歌可著，而陵遲之俗未改者，何也？臣愚謂爲國之要在於得才，得才之術在於抽引。苟其可用，讎賤必舉。高宗、文王思佐發夢，拔巖徒以爲相，載釣老而師之。下至列國，亦有斯事，故燕重郭隗而三士競至，魏式干木而秦兵退舍。今天下雖弊，人士雖寡，十室之邑，必有忠信，世不乏驥，求則可致。而束帛未賁於丘園，蒲輪頓轂而不駕，所以大化不洽而雍熙有闕者也。

預以寇賊未平，當須良將，又上疏曰：

臣聞承平之世，其敎先文，撥亂之運，非武不克；故牧野之戰，呂望杖鉞；淮夷作難，召伯專征；玁狁爲暴，衞霍長驅。故陰陽不和，擢士爲相；三軍不勝，拔卒爲將。漢帝旣定天下，猶思猛士以守四方；孝文志存鉅鹿，馮唐進說，魏尙復守。詩稱「赳赳武夫，公侯干城」，折衝之佐，豈可忽哉！況今中州荒弊，百無一存，牧守官長非戎貊之族類，卽寇竊之幸脫。陛下登阼，威暢四遠，故令此等反善向化。然狼子獸心，輕薄易動，羯虜未殄，益使難安。周撫、陳川相係背叛；徐龕驕黠，無所拘忌，放兵侵掠，罪已彰灼。

昔葛伯違道，湯獻之牛；吳濞失禮，錫以几杖，惡成罪著，方復加戮。龕之小醜，可不足滅。然豫備不虞，古之善教，矧乃有虞，可不爲防！爲防之術，宜得良將。將不素簡，難以應敵。壽春無鎮，祖逖孤立，前有勁虜，後無係援，雖有智力，非可持久。願陛下諮之羣公，博舉於衆。若當局之才，必允其任，則宜奬厲，使不顧命。旁料宂猥，或有可者，厚加寵待，足令忘身。昔英布見慢，恚欲自裁，出觀供置，然後致力。禮遇之恩，可不隆哉！

誠知山河之量非塵露可益，神鑒之慮非愚淺所測；然匹夫嫠婦猶有憂國之言，況臣得廁朝堂之末，蒙冠帶之榮者乎！

轉琅邪國常侍，遷祕書丞、著作郎。

咸和初，夏旱，詔衆官各陳致雨之意。預議曰：

臣聞天道貴信，地道貴誠。誠信者，蓋二儀所以生植萬物，人君所以保乂黎蒸。是以殺伐擬於震電，推恩象於雲雨。刑罰在於必信，慶賞貴於平均。臣聞間者以來，刑獄轉繁，多力者則廣牽連逮，以稽年月；無援者則嚴其櫝楚，期於入重。是以百姓嗷然，感傷和氣。臣愚以爲輕刑耐罪，宜速決遣，殊死重囚，重加以請。寬傜息役，務遵節儉，砥礪朝臣，使各知禁。

蓋老牛不犧，禮有常制，而自頃衆官拜授祖贈，轉相夸尙，屠殺牛犢，動有十數，醉酒流湎，無復限度，傷財敗俗，所虧不少。

昔殷宗修德以消桑穀之異，宋景善言以退熒惑之變，楚國無災，莊王是懼。盛德之君，未嘗無眚，應以信順，天祐乃隆。臣學見淺闇，言不足採。

從平王含，賜爵西鄉侯。蘇峻作亂，預先假歸家，太守王舒請爲諮議參軍。峻平，進爵平康縣侯，遷散騎侍郎，著作如故。除散騎常侍，仍領著作。以年老歸，卒于家。

預雅好經史，憎疾玄虛，其論阮籍裸袒，比之伊川被髮，所以胡虜遍於中國，以爲過衰周之時。著晉書四十餘卷、會稽典錄二十篇、諸虞傳十二篇，皆行於世。所著詩賦碑誄論難數十篇。

孫盛

孫盛字安國，太原中都人。祖楚，馮翊太守。父恂，潁川太守。恂在郡遇賊，被害。盛年十歲，避難渡江。及長，博學，善言名理。于時殷浩擅名一時，與抗論者，惟盛而已。盛嘗詣浩談論，對食，奮擲麈尾，毛悉落飯中，食冷而復暖者數四，至暮忘餐，理竟不定。盛又著醫卜及易象妙於見形論，浩等竟無以難之，由是遂知名。

起家佐著作郎，以家貧親老，求爲小邑，出補瀏陽令。太守陶侃請爲參軍。庾亮代侃，引爲征西主簿，轉參軍。時丞相王導執政，亮以元舅居外，南蠻校尉陶稱讒構其間，導、亮頗懷疑貳。盛密諫亮曰：「王公神情朗達，常有世外之懷，豈肯爲凡人事邪！此必佞邪之徒欲間內外耳。」亮納之。庾翼代亮，以盛爲安西諮議參軍，尋遷廷尉正。會桓溫代翼，留盛爲參軍，與俱伐蜀。軍次彭模，溫自以輕兵入蜀。盛領羸老輜重在後，賊數千忽至，衆皆遑遽。盛部分諸將，并力距之，應時敗走。蜀平，賜爵安懷縣侯，累遷溫從事中郎。從入關平洛，以功進封吳昌縣侯，出補長沙太守。以家貧，頗營資貨，部從事至郡察知之，服其高名而不劾之。盛與溫牋，而辭旨放蕩，稱州遣從事觀採風聲，進無威鳳來儀之美，退無鷹鸇搏擊之用，徘徊湘川，將爲怪鳥。溫得盛牋，復遣從事重案之，贓私狼籍，檻車收盛到州，捨而不罪。累遷祕書監，加給事中。年七十二卒。

盛篤學不倦，自少至老，手不釋卷。著魏氏春秋、晉陽秋，并造詩賦論難復數十篇。晉陽秋詞直而理正，咸稱良史焉。既而桓溫見之，怒謂盛子曰：「枋頭誠爲失利，何至乃如尊君所說！若此史遂行，自是關君門戶事。」其子遽拜謝，謂請删改之。時盛年老還家，性方嚴有軌憲，雖子孫班白，而庭訓愈峻。至此，諸子乃共號泣稽顙，請爲百口切計。盛大怒。諸子遂爾改之。盛寫兩定本，寄於慕容儁。〔四〕太元中，孝武帝博求異聞，始於遼東得之，以相考校，多有不同，書遂兩存。子潛、放。

潛字齊由，爲豫章太守。殷仲堪之討王國寶也，潛時在郡，仲堪逼以爲諮議參軍，固辭不就，以憂卒。

放字齊莊，幼稱令慧。年七八歲，在荆州，與父俱從庾亮獵，亮謂曰：「君亦來邪？」應聲答曰：「無小無大，從公于邁。」亮又問：「欲齊何莊邪？」放曰：「欲齊莊周。」亮曰：「不慕仲尼邪？」答曰：「仲尼生而知之，非希企所及。」亮大奇之，曰：「王輔嗣弗過也。」庾翼子爰客嘗候盛，〔五〕見放而問曰：「安國何在？」放答曰：「庾稚恭家。」爰客大笑曰：「諸孫太盛，有兒如此也！」放又曰：「未若諸庾翼翼。」既而語人曰：「我故得重呼奴父也。」終於長沙相。

干寶

干寶字令升，新蔡人也。祖統，吳奮武將軍、都亭侯。父瑩，丹楊丞。寶少勤學，博覽書記，以才器召爲著作郎。〔六〕平杜弢有功，賜爵關內侯。

中興草創，未置史官，中書監王導上疏曰：「夫帝王之迹，莫不必書，著爲令典，垂之無窮。宣皇帝廓定四海，武皇帝受禪於魏，至德大勳，等蹤上聖，而紀傳不存於王府，德音未被乎管絃。陛下聖明，當中興之盛，宜建立國史，撰集帝紀，上敷祖宗之烈，下紀佐命之勳，務以實錄，爲後代之準，厭率土之望，悅人神之心，斯誠雍熙之至美，王者之弘基也。宜備史官，敕佐著作郎干寶等漸就撰集。」元帝納焉。寶於是始領國史。以家貧，求補山陰令，遷始安太守。王導請爲司徒右長史，遷散騎常侍。著晉紀，自宣帝迄于愍帝五十三年，凡二十卷，奏之。其書簡略，直而能婉，咸稱良史。

性好陰陽術數，留思京房、夏侯勝等傳。寶父先有所寵侍婢，母甚妬忌，及父亡，母乃生推婢于墓中。寶兄弟年小，不之審也。後十餘年，母喪，開墓，而婢伏棺如生，載還，經日乃蘇。言其父常取飲食與之，恩情如生。在家中吉凶輒語之，考校悉驗，地中亦不覺爲惡。既而嫁之，生子。又寶兄嘗病氣絕，積日不冷，後遂悟，云見天地間鬼神事，如夢覺，不自知死。寶以此遂撰集古今神祇靈異人物變化，名爲搜神記，凡三十卷。以示劉惔，惔曰：「卿可謂鬼之董狐。」寶既博採異同，遂混虛實，因作序以陳其志曰：

雖考先志於載籍，收遺逸於當時，蓋非一耳一目之所親聞覩也，亦安敢謂無失實者哉！衞朔失國，二傳互其所聞；呂望事周，子長存其兩說，若此比類，往往有焉。從此觀之，聞見之難一，由來尚矣。夫書赴告之定辭，據國史之方策，猶尚若茲，況仰述千載之前，記殊俗之表，綴片言於殘闕，訪行事於故老，將使事不二迹，言無異塗，然後爲信者，固亦前史之所病。然而國家不廢注記之官，學士不絕誦覽之業，豈不以其所失者小，所存者大乎！今之所集，設有承於前載者，則非余之罪也。若使采訪近世之事，苟有虛錯，願與先賢前儒分其譏謗。及其著述，亦足以明神道之不誣也。

羣言百家不可勝覽，耳目所受不可勝載，今粗取足以演八略之旨，成其微說而已。

幸將來好事之士錄其根體，有以游心寓目而無尤焉。

寶又爲春秋左氏義外傳，注周易、周官凡數十篇，及雜文集皆行於世。

鄧粲

鄧粲，長沙人。少以高潔著名，與南陽劉驎之、南郡劉尙公同志友善，並不應州郡辟命。荆州刺史桓沖卑辭厚禮請粲爲別駕，粲嘉其好賢，乃起應召。驎之、尙公謂之曰：「卿道廣學深，衆所推懷，忽然改節，誠失所望。」粲笑答曰：「足下可謂有志於隱而未知隱。夫隱之爲道，朝亦可隱，市亦可隱。隱初在我，不在於物。」尙公等無以難之，然粲亦於此名譽減半矣。後患足疾，不能朝拜，求去職，不聽，令臥視事。後以病篤，乞骸骨，許之。粲以父騫有忠信言而世無知者，乃著元明紀十篇，注老子，並行於世。

謝沈

謝沈字行思，會稽山陰人也。曾祖斐，吳豫章太守。父秀，吳翼正都尉。沈少孤，事母至孝，博學多識，明練經史。郡命爲主簿、功曹，察孝廉，太尉郗鑒辟，並不就。會稽內史何充引爲參軍，以母老去職。平西將軍庾亮命爲功曹，征北將軍蔡謨版爲參軍，皆不就。閑居養母，不交人事，耕耘之暇，研精墳籍。康帝卽位，朝議疑七廟迭毁，乃以太學博士徵，以質疑滯。以母憂去職。服闋，除尚書度支郎。

何充、庾冰並稱沈有史才，遷著作郎，撰晉書三十餘卷。會卒，時年五十二。沈先著後漢書百卷及毛詩、漢書外傳，所著述及詩賦文論皆行於世。其才學在虞預之右云。

習鑿齒

習鑿齒字彥威，襄陽人也。宗族富盛，世爲鄉豪。鑿齒少有志氣，博學洽聞，以文筆著稱。荆州刺史桓溫辟爲從事，江夏相袁喬深器之，數稱其才於溫，轉西曹主簿，親遇隆密。時溫有大志，追蜀人知天文者至，夜執手問國家祚運修短。答曰：「世祀方永。」溫疑其難言，乃飾辭云：「如君言，豈獨吾福，乃蒼生之幸。然今日之語自可令盡，必有小小厄運，亦宜說之。」星人曰：「太微、紫微、文昌三宮氣候如此，決無憂虞。至五十年外不論耳。」溫不悅，乃止。異日，送絹一匹、錢五千文以與之。星人乃馳詣鑿齒曰：「家在益州，被命遠下，今受旨自裁，無由致其骸骨。緣君仁厚，乞爲標碣棺木耳。」鑿齒問其故，星人曰：「賜絹一匹，令僕自裁，惠錢五千，以買棺耳。」鑿齒曰：「君幾誤死！君嘗聞干知星宿有不覆之義乎？〔七〕此以絹戲君，以錢供道中資，是聽君去耳。」星人大喜，明便詣溫別。溫問去意，以鑿齒言答。溫笑曰：「鑿齒憂君誤死，君定是誤活。然徒三十年看儒書，不如一詣習主簿。」

累遷別駕。溫出征伐，鑿齒或從或守，所在任職，每處機要，莅事有績，善尺牘論議，溫甚器遇之。時清談文章之士韓伯、伏滔等並相友善，後使至京師，簡文亦雅重焉。既還，溫問：「相王何似？」答曰：「生平所未見。」〔八〕以此大忤溫旨，左遷戶曹參軍。時有桑門釋道安，俊辯有高才，自北至荆州，與鑿齒初相見。道安曰：「彌天釋道安。」鑿齒曰：「四海習鑿齒。」時人以爲佳對。

初，鑿齒與其二舅羅崇、羅友俱爲州從事。及遷別駕，以坐越舅右，屢經陳請。溫後激怒既盛，乃超拔其二舅，相繼爲襄陽都督，出鑿齒爲滎陽太守。

溫弟祕亦有才氣，素與鑿齒相親善。鑿齒既罷郡歸，與祕書曰：

吾以去五月三日來達襄陽，觸目悲感，略無歡情，痛惻之事，故非書言之所能具也。每定省家舅，從北門入，西望隆中，想臥龍之吟；東眺白沙，思鳳雛之聲；北臨樊墟，存鄧老之高；南眷城邑，懷羊公之風；縱目檀溪，念崔徐之友；肆睇魚梁，追二德之遠，未嘗不徘徊移日，惆悵極多，撫乘躊躇，慨爾而泣。曰若乃魏武之所置酒，〔九〕孫堅之所隕斃，裴杜之故居，繁王之舊宅，遺事猶存，星列滿目。瑣瑣常流，碌碌凡士，焉足以感其方寸哉！

夫芬芳起於椒蘭，清響生乎琳琅。命世而作佐者，必垂可大之餘風；高尚而邁德者，必有明勝之遺事。若向八君子者，千載猶使義想其爲人，況相去之不遠乎！彼一時也，此一時也，焉知今日之才不如曩辰，百年之後，吾與足下不並爲景升乎！

其風期俊邁如此。

是時溫覬覦非望，鑿齒在郡，著漢晉春秋以裁正之。起漢光武，終於晉愍帝。於三國之時，蜀以宗室爲正，魏武雖受漢禪晉，尚爲篡逆，至文帝平蜀，乃爲漢亡而晉始興焉。引世祖諱炎興而爲禪受，〔一〇〕明天心不可以勢力强也。凡五十四卷。後以腳疾，遂廢於里巷。及襄陽陷於苻堅，堅素聞其名，與道安俱輿而致焉。既見，與語，大悅之，賜遺甚厚。又以其蹇疾，與諸鎮書：「昔晉氏平吳，利在二陸；今破漢南，獲士裁一人有半耳。」俄以疾歸襄陽。尋而襄鄧反正，朝廷欲徵鑿齒，使典國史，會卒，不果。臨終上疏曰：

臣每謂皇晉宜越魏繼漢，不應以魏後爲三恪。而身微官卑，無由上達，懷抱愚情，三十餘年。今沈淪重疾，性命難保，遂嘗懷此，當與之朽爛，區區之情，切所悼惜，謹力疾著論一篇，寫上如左。願陛下考尋古義，求經常之表，超然遠覽，不以臣微賤廢其所言。論曰：

或問：「魏武帝功蓋中夏，文帝受禪於漢，而吾子謂漢終有晉，豈實理乎？且魏之見廢，晉道亦病，晉之臣子寧可以同此言哉！」

答曰：「此乃所以尊晉也。但絕節赴曲，非常耳所悲，見殊心異，雖奇莫察，請爲子言焉。

「昔漢氏失御，九州殘隔，三國乘間，鼎跱數世，干戈日尋，流血百載，雖各有偏平，而其實亂也。宣皇帝勢逼當年，力制魏氏，蠖屈從時，遂羈戎役，晦明掩耀，龍潛下位，俛首重足，鞠躬屏息，道有不容之難，躬蹈履霜之險，可謂危矣！魏武既亡，大難獲免，始南擒孟達，東蕩海隅，西抑勁蜀，旋撫諸夏，摧吳人入侵之鋒，掃曹爽見忌之黨，植靈根以跨中嶽，樹羣才以翼子弟，命世之志既恢，非常之業亦固。景文繼之，靈武冠世，克伐貳違，以定厥庸，席卷梁益，奄征西極，功格皇天，勳侔古烈，豐規顯祚，故以灼如也。至於武皇，遂并强吳，混一宇宙，乂清四海，同軌二漢。除三國之大害，靜漢末之交爭，開九域之蒙晦，定千載之盛功者，皆司馬氏也。而推魏繼漢，以晉承魏，比義唐虞，自託純臣，豈不惜哉！

「今若以魏有代王之德，則其道不足；有靜亂之功，則孫劉鼎立。道不足則不可謂制當年，當年不制於魏，則魏未曾爲天下之主；王道不足於曹，則曹未始爲一日之王矣。昔共工伯有九州，秦政奄平區夏，鞭撻華戎，專總六合，猶不見序於帝王，淪沒於戰國，何況暫制數州之人，威行境內而已，便可推爲一代者乎！

「若以晉嘗事魏，懼傷皇德，拘惜禪名，謂不可割，則惑之甚者也。何者？隗囂據隴，公孫帝蜀，蜀隴之人雖服其役，取之大義，於彼何有！且吳楚僭號，周室未亡，子文、延陵不見貶絕。宣皇帝官魏，逼於性命，舉非擇木，何虧德美，禪代之義，不同堯舜，校實定名，必彰於後，人各有心，事胡可掩！定空虛之魏以屈於己，孰若杖義而以貶魏哉！夫命世之人正情遇物，假之際會，必兼義勇。宣皇祖考立功於漢，世篤爾勞，思報亦深。魏武超越，志在傾主，德不素積，義險冰薄，宣帝與之，情將何重！雖形屈當年，意申百世，降心全己，憤慨於下，非道服北面，有純臣之節，畢命曹氏，忘濟世之功者也。

「夫成業者係於所爲，不係所藉；立功者言其所濟，不言所起。是故漢高稟命於懷王，劉氏乘斃於亡秦，超二僞以遠嗣，不論近而計功，考五德於帝典，不疑道於力政，季無承楚之號，漢有繼周之業，取之既美，而己德亦重故也。凡天下事有可借喻於古以曉於今，定之往昔而足爲來證者。當陽秋之時，吳楚二國皆僭號之王也，若使楚莊推鄢郢以尊有德，闔閭舉三江以奉命世，命世之君、有德之主或藉之以應天，或撫之而光宅，彼必自係於周室，不推吳楚以爲代明矣。況積勳累功，靜亂寧衆，數之所錄，衆之所與，不資於燕噲之授，不賴於因藉之力，長轡廟堂，吳蜀兩斃，運奇二紀而平定天下，服魏武之所不能臣，蕩累葉之所不能除者哉！

「自漢末鼎沸五六十年，吳魏犯順而強，蜀人杖正而弱，三家不能相一，萬姓曠而無主。夫有定天下之大功，爲天下之所推，孰如見推於闇人，受尊於微弱？配天而爲帝，方駕於三代，豈比俛首於曹氏，側足於不正？即情而恒實，〔一〕取之而無慚，何與詭事而託僞，開亂於將來者乎？是故故舊之恩可封魏後，三恪之數不宜見列。以晉承漢，功實顯然，正名當事，情體亦厭，又何爲虛尊不正之魏而虧我道於大通哉！

「昔周人詠祖宗之德，追述翦商之功；仲尼明大孝之道，高稱配天之義。然后稷勤於所職，聿來未以翦商，異於司馬氏仕乎曹族，三祖之寓於魏世矣。且夫魏自君之道不正，則三祖臣魏之義未盡。義未盡，故假塗以運高略；道不正，故君臣之節有殊。然則弘道不以輔魏而無逆取之嫌，高拱不勞汗馬而有靜亂之功者，蓋勳足以王四海，義可以登天位，雖我德慚於有周，而彼道異於殷商故也。

「今子不疑共工之不得列於帝王，不嫌漢之係周而不係秦，何至於一魏猶疑滯而不化哉！夫欲尊其君而不知推之於堯舜之道，欲重其國而反厝之於不勝之地，豈君子之高義！若猶未悟，請於是止矣。」

子辟强，才學有父風，位至驃騎從事中郎。

徐廣

徐廣字野民，東莞姑幕人，侍中邈之弟也。世好學，至廣尤爲精純，百家數術無不研覽。謝玄爲兗州，辟從事。譙王恬爲鎭北，補參軍。孝武世，除祕書郎，典校祕書省。增置省職，轉員外散騎侍郎，仍領校書。尚書令王珣深相欽重，舉爲祠部郎。會稽世子元顯時錄尚書，欲使百僚致敬，內外順之，使廣爲議，廣常以爲愧焉。元顯引爲中軍參軍，遷領軍長史。桓玄輔政，以爲大將軍文學祭酒。義熙初，奉詔撰車服儀注，除鎭軍諮議，領記室，封樂成侯，轉員外散騎常侍，領著作。尚書奏：「左史述言，右官書事，乘志顯於晉鄭，春秋著乎魯史。自聖代有造中興記者，道風帝典，煥乎史策。而太和以降，世歷三朝，玄風聖迹，儵爲疇古。臣等參詳，宜敕著作郎徐廣撰成國史。」於是敕廣撰集焉。遷驍騎將軍，領徐州大中正，轉正員常侍、大司農，仍領著作如故。十二年，勒成晉紀，凡四十六卷，表上之。因乞解史任，不許。遷祕書監。

初，桓玄篡位，帝出宮，廣陪列，悲動左右。及劉裕受禪，恭帝遜位，廣獨哀感，涕泗交流。謝晦見之，謂曰：「徐公將無小過也。」廣收淚而言曰：「君爲宋朝佐命，吾乃晉室遺老，憂喜之事固不同時。」乃更歔欷。因辭衰老，乞歸桑梓。性好讀書，老猶不倦。年七十四，卒于家。廣答禮問行於世。

史臣曰：古之王者咸建史臣，昭法立訓，莫近於此。若夫原始要終，紀情括性，其言微而顯，其義皎而明，然後可以茵藹緹油，〔三〕作程遐世者也。丘明既沒，班馬迭興，奮鴻筆於西京，騁直詞於東觀。自斯已降，分明競爽，可以繼明先典者，陳壽得之乎！江漢英靈，信有之矣。允源將率之子，篤志典墳；紹統戚藩之胤，研機載籍：咸能綜緝遺文，垂諸不朽，豈必克傳門業，方擅箕裘者哉！處叔區區，勵精著述，混淆蕪舛，良不足觀。叔寧寡聞，穿窬王氏，雖勒成一家，未足多尚。令升、安國有良史之才，而所著之書惜非正典。悠悠晉室，斯文將墜。鄧粲、謝沈祖述前史，葺宇重軒之下，施牀連榻之上，奇詞異義，罕見稱焉。習氏、徐公俱云筆削，彰善癉惡，以爲懲勸。夫蹈忠履正，貞士之心；背義圖榮，君子不取。而彥威跡淪寇壤，逡巡於僞國；野民運遭革命，流漣於舊朝。行不違言，廣得之矣。

贊曰：陳壽含章，巖巖孤峙。彪溥勵節，摛辭綜理。王恧雅才，虞慚惇史。干孫撫翰，前良可擬。鄧、謝懷鉛，異聞無紀。習亦研思，徐非絢美。咸被簡册，共傳遥祀。

校勘記

〔一〕出補陽平令　考異：泰始十年壽上表稱「平陽侯相」，此云「陽平令」，恐誤。斠注：華陽國志一一正作「平陽侯相」。

〔二〕君山　「山」，各本誤作「出」，今從殿本。御覽六〇一、册府八五四俱作「山」。

〔三〕語在郊祀志　周校：本書有禮志，無郊祀志。禮志亦不載彪議。

〔四〕寄於慕容儁　考異：枋頭之役在慕容暐時，儁已先死久矣。

〔五〕爰客　庾翼傳作「爰之」。

〔六〕召爲著作郎　周校：「著作」上脱「佐」字。按：下文王導疏可證。

〔七〕君嘗聞干知星宿有不覆之義乎　「干知」，殿本作「前知」，册府七八八作「干支」，通志一二九下作「子知」。

〔八〕生平所未見　「生平」，各本作「生年」，今從殿本。

〔九〕曰若乃魏武之所置酒　商榷：衍「曰」字。

〔一〇〕引世祖諱炎興而爲禪受　李校：語有脱落，當作「引世祖諱炎爲炎興，而後主諱禪爲禪受」，文義方明。

〔二〕卽情而恒實　「恒」疑「衡」字之誤。

〔三〕然後可以茵藹緹油　各本均無「後」字，今依殿本。

晉書卷八十三

列傳第五十三

顧和

顧和字君孝，侍中衆之族子也。曾祖容，吳荆州刺史。祖相，臨海太守。和二歲喪父，總角便有清操，族叔榮雅重之，曰：「此吾家麒麟，興吾宗者，必此子也。」時宗人球亦有令聞，爲州別駕，榮謂之曰：「卿速步，君孝超卿矣！」

王導爲揚州，辟從事。月旦當朝，未入，停車門外。周顗遇之，和方擇蝨，夷然不動。顗既過，顧指和心曰：「此中何所有？」和徐應曰：「此中最是難測地。」顗入，謂導曰：「卿州吏中有一令僕才。」導亦以爲然。和嘗詣導，導小極，對之疲睡。和欲叩會之，因謂同坐曰：「昔每聞族叔元公道公叶贊中宗，保全江表。體小不安，令人喘息。」導覺之，謂和曰：「卿珪璋特達，機警有鋒，不徒東南之美，實爲海內之俊。」由是遂知名。既而導遣八部從事之部，和爲下傳還，同時俱見，諸從事各言二千石官長得失，和獨無言。導問和：「卿何所聞？」答曰：「明公作輔，寧使網漏吞舟，何緣採聽風聞，以察察爲政。」導咨嗟稱善。永昌初，除司徒左曹掾。

累遷司徒掾。時東海王沖爲長水校尉，妙選僚屬，以沛國劉耽爲司馬，和爲主簿。永昌初，除司徒左曹掾。太寧初，王敦請爲主簿，遷太子舍人、車騎參軍、護軍長史。王導爲揚州，請爲別駕，所歷皆著稱。遷散騎侍郎、尚書吏部。司空郗鑒請爲長史，領晉陵太守。咸康初，拜御史中丞，劾奏尚書左丞戴抗贓汙百萬，付法議罪，并免尚書傅玩、郎劉傭官，百僚憚之。遷侍中。初，中興東遷，舊章多闕，而冕旒飾以翡翠珊瑚及雜珠等。和奏：「舊冕十有二旒，皆用玉珠，今用雜珠等，非禮。若不能用玉，可用白琁珠。」〔一〕成帝於是始下太常改之。先是，帝以保母周氏有阿保之勞，欲假其名號，內外皆奉詔。和獨上疏以爲「周保祐聖躬，不遺其勳，第舍供給擬於戚屬，恩澤所加已爲過隆。若假名號，記籍未見明比。惟漢靈帝以乳母趙嬈爲平氏君，此末代之私恩，非先代之令典。且君舉必書，將軌物垂則。書而不法，後嗣何觀」！帝從之。轉吏部尚書，頻徙領軍將軍、太常卿、國子祭酒。

康帝即位，將祀南北郊，和議以爲車駕宜親行。帝從之，皆躬親行禮。遷尚書僕射，以母老固辭，詔書敕喻，特聽暮出朝還，其見優遇如此。尋朝議以端右之副不宜處外，更拜銀青光祿大夫，領國子祭酒。頃之，母憂去職，居喪以孝聞。既練，衞將軍褚裒上疏薦和，起爲尚書令，遣散騎郎喻旨。和每見逼促，輒號咷慟絕，謂所親曰：「古人或有釋其憂服以祗王命，蓋以才足幹時，故不得不體國徇義。吾在常日猶不如人，況今中心荒亂，將何以補於萬分，祇足以示輕忘孝道，貽素冠之譏耳。」帝又下詔曰：「百揆務殷，端右總要，而曠職經久，甚以悒然。昔先朝政道休明，中夏隆盛，山賈諸公皆釋服從時，不獲遂其情禮。況今日艱難百王之弊，尚書令禮已過祥練，豈得聽不赴急疾而遂罔極之情乎！」和表疏十餘上，遂不起，服闋，然後視職。

時南中郎將謝尚領宣城內史，收涇令陳幹殺之，有司以尚違法糾黜，詔原之。和重奏曰：「尚先劾姦贓罪，入甲戌赦，聽自首減死。而尚近表云幹包藏姦猾，輒收行刑。幹事狀自郡，非犯軍戎，不由都督。案尚蒙親賢之舉，荷文武之任，不能爲國惜體，平心聽斷，內挾小慽，肆其威虐，遠近怪愕，莫不解體。尚忝外屬，宥之有典，至於下吏，宜正刑辟。」尚，皇太后舅，故寢其奏。時汝南王統、江夏公衞崇並爲庶母制服三年，和乃奏曰：「禮所以軌物成敎，故有國家者莫不崇正明本，以一其統，斯人倫之紀，不二之道也。爲人後者，降其所出，奪天屬之性，顯至公之義，降殺節文，著于周典。案汝南王統爲庶母居廬服重，江夏公衞崇本由疏屬，開國之緒，近喪所生，復行重制，違冒禮度，肆其私情。閭閻許其過厚，談者莫以爲非，則政道陵遲由乎禮廢，憲章穨替始於容違。若弗糾正，無以齊物。皆可下太常奪服。若不祗王命，應加貶黜。」詔從之。和居任多所獻納，雖權臣不苟阿撓。永和七年，以疾篤辭位，拜左光祿大夫、儀同三司，加散騎常侍，尙書令如故。其年卒，年六十四。追贈侍中、司空，謚曰穆。

子淳，歷尙書吏部郎、給事黃門侍郎、左衞將軍。

袁瓌 子喬 喬孫山松 瓌弟猷 從祖準 準孫耽 耽子質 質子湛 豹

袁瓌字山甫，陳郡陽夏人，魏郎中令渙之曾孫也。〔三〕祖、父並早卒。瓌與弟猷欲奉母避亂，求爲江淮間縣，拜呂令，轉江都，因南渡。元帝以爲丹楊令。中興建，拜奉朝請，遷治書御史。時東海王越尸旣爲石勒所焚，妃裴氏求招魂葬越，朝廷疑之。瓌與博士傅純議，以爲招魂葬是謂埋神，不可從也。帝然之，雖許裴氏招魂葬越，遂下詔禁之。尋除廬江太守。大將軍王敦引爲諮議參軍。俄爲臨川太守。敦平，爲鎭南將軍卞敦軍司。尋自解還都，游於會稽。蘇峻之難，與王舒共起義軍，以功封長合鄉侯，徵補散騎常侍，徙大司農。尋除國子祭酒。頃之，加散騎常侍。

于時喪亂之後，禮教陵遲，瓌上疏曰：

臣聞先王之教也，崇典訓以弘遠代，明禮樂以流後生，所以導萬物之性，暢爲善之道也。宗周既興，文史載煥，端委垂於南蠻，頌聲溢於四海，故延州聘魯，聞雅而歎；韓起適魯，觀易而美。何者？立人之道，於斯爲首。孔子恂恂以教洙泗，孟軻係之，誨誘無倦，是以仁義之聲于今猶存，禮讓之節時或有之。

嚋昔皇運陵替，喪亂屢臻，儒林之教漸頹，庠序之禮有闕，國學索然，墳籍莫啓，有心之徒抱志無由。昔魏武帝身親介冑，務在武功，猶尙廢鞍覽卷，投戈吟詠，況今陛下以聖明臨朝，百官以虔恭莅事，朝野無虞，江外謐靜，如之何泱泱之風漠然無聞，洋洋之美墜於聖世乎！古人有言，「詩書義之府，禮樂德之則」。實宜留心經籍，闡明學義，使諷誦之音盈於京室，味道之賢是則是詠，豈不盛哉！若得給其宅地，備其學徒，博士僚屬粗有其官，則臣之願也。

疏奏，成帝從之。國學之興，自瓌始也。以年在懸車，上疏告老，尋卒。追贈光祿大夫，謚曰恭。子喬嗣。

喬字彥叔。初拜佐著作郞。輔國將軍桓溫請爲司馬，除司徒左西屬，不就，拜尙書郞。桓溫鎭京口，復引爲司馬，領廣陵相。初，喬與褚裒友善，及康獻皇后臨朝，喬與裒書曰：「皇太后踐登正阼，臨御皇朝，將軍之於國，外姓之太上皇也。至於皇子近屬，咸有揖讓之禮，而況策名人臣，而交媟人父，天性攸尊，亦宜體國而重矣。故友之好，請於此辭。染絲之變，墨翟致懷，岐路之感，楊朱興歎，況與將軍游處少長，雖世譽先後而臭味同歸也。平昔之交，與禮數而降，箕踞之歡，隨時事而替，雖欲虛詠濠肆，脫落儀制，其能得乎！來物無停，變化遷代，豈惟寸晷，事亦有之。夫御器者神，制衆以約，願將軍怡情無事，以理勝爲任，親杖賢達，以納善爲大。執筆惆悵，不能自盡。」論者以爲得禮。〔三〕

遷安西諮議參軍、長沙相，不拜。尋督沔中諸戍江夏隨義陽三郡軍事、建武將軍、江夏相。時桓溫謀伐蜀，衆以爲不可，喬勸溫曰：「夫經略大事，故非常情所具，智者了於胸心，然後舉無遺算耳。今天下之難，二寇而已。蜀雖險固，方胡爲弱，將欲除之，先從易者。今泝流萬里，經歷天險，彼或有備，不必可克。然蜀人自以斗絕一方，恃其完固，不修攻戰之具，若以精卒一萬，輕軍速進，比彼聞之，我已入其險要，李勢君臣不過自力一戰，擒之必矣。論者恐大軍既西，胡必闚覦，此又似是而非。何者？胡聞萬里征伐，以爲內有重備，必不敢動。縱復越逸江渚，諸軍足以守境，此無憂矣。蜀土富實，號稱天府，昔諸葛武侯欲以抗衡中國。今誠不能爲害，然勢據上流，易爲寇盜。若襲而取之者，有其人衆，此國之大利也。」溫從之，使喬以江夏相領二千人爲軍鋒。師次彭模，去賊已近，議者欲兩道並進，以分賊勢。喬曰：「今深入萬里，置之死地，士無反顧之心，所謂人自爲戰者也。今分爲兩軍，軍力不一，萬一偏敗，則大事去矣。不如全軍而進，棄去釜甑，齎三日糧，勝可必矣。」溫以爲然，卽一時俱進。去成都十里，與賊大戰，前鋒失利，喬軍亦退，矢及馬首，左右失色。喬因麾而進，聲氣愈厲，遂大破之，長驅至成都。李勢既降，勢將鄧定、隗文以其屬反，衆各萬餘。溫自擊定，喬擊文，破之。進號龍驤將軍，封湘西伯。尋卒，年三十六，溫甚悼惜之。追贈益州刺史，謚曰簡。

喬博學有文才，注論語及詩，幷諸文筆皆行於世。

子方平嗣，亦以軌素自立，辟大司馬掾，歷義興、琅邪太守。卒，子山松嗣。

山松少有才名，博學有文章，著後漢書百篇。衿情秀遠，善音樂。舊歌有行路難曲，辭頗疏質，山松好之，乃文其辭句，婉其節制，每因酣醉縱歌之，聽者莫不流涕。初，羊曇善唱樂，桓伊能挽歌，及山松行路難繼之，時人謂之「三絕」。時張湛好於齋前種松柏，而山松每出游，好令左右作挽歌，人謂「湛屋下陳尸，山松道上行殯」。

山松歷顯位，爲吳郡太守。孫恩作亂，山松守滬瀆，城陷被害。

猷字申甫，少與瓌齊名。代瓌爲呂令，復相繼爲江都，由是俱渡江。瓌爲丹楊，猷爲武康，兄弟列宰名邑，論者美之。歷位侍中、衞尉卿。猷孫宏，見文苑傳。

準字孝尼，以儒學知名，注喪服經。官至給事中。準子沖，字景玄，光祿勳。沖子耽。

耽字彥道，少有才氣，俶儻不羈，爲士類所稱。桓溫少時游于博徒，資產俱盡，尚有負進，思自振之方，莫知所出，欲求濟於耽，而耽在艱，試以告焉。耽略無難色，遂變服懷布帽，隨溫與債主戲。耽素有藝名，債者聞之而不相識，謂之曰：「卿當不辦作袁彥道也。」遂就局，十萬一擲，直上百萬。耽投馬絕叫，探布帽擲地，曰：「竟識袁彥道不？」其通脫若此。

蘇峻之役，王導引爲參軍，隨導在石頭。初，路永、匡術、賈寧等皆峻心腹，聞祖約奔敗，懼事不立，迭說峻誅大臣。峻既不納，永等慮必敗，陰結於導。導使耽潛說路永，使歸順。峻平，封秭歸男，拜建威將軍、歷陽太守。

咸康初，石季龍游騎十餘匹至歷陽，耽上列不言騎少。時胡寇強盛，朝野危懼，王導以宰輔之重請自討之。既而賊騎不多，又已退散，導止不行。朝廷以耽失於輕妄，黜之。尋復爲導從事中郎，方加大任，會卒，時年二十五。子質。

質字道和。自渙至質五世，並以道素繼業，惟其父耽以雄豪著。及質，又以孝行稱。官歷琅邪內史、東陽太守。質子湛。

湛字士深。少有操植，以沖粹自立，而無文華，故不爲流俗所重。時謝混爲僕射，范泰贈湛及混詩云：「亦有後出儁，離羣頗騫翥。」湛恨而不答。自中書令爲僕射、左光祿大夫、晉寧男，卒於官。湛弟豹。

豹字士蔚。博學善文辭，有經國材，爲劉裕所知。後爲太尉長史、丹楊尹，卒。

江逌 從弟灌 灌子績

江逌字道載，陳留圉人也。曾祖蕤，譙郡太守。祖允，蕪湖令。父濟，安東參軍。逌少孤，與從弟灌共居，甚相友悌，由是獲當時之譽。避蘇峻之亂，屏居臨海，絕棄人事，翦茅結宇，耽翫載籍，有終焉之志。本州辟從事，除佐著作郎，並不就。征北將軍蔡謨命爲參軍，何充復引爲驃騎功曹。以家貧，求試守，爲太末令。縣界深山中，有亡命數百家，恃險爲阻，前後守宰莫能平。逌到官，召其魁帥，厚加撫接，諭以禍福，旬月之間，襁負而至，朝廷嘉之。州檄爲治中，轉別駕，遷吳令。

中軍將軍殷浩將謀北伐，請爲諮議參軍。浩甚重之，遷長史。浩方修復洛陽，經營荒梗，逌爲上佐，甚有匡弼之益，軍中書檄皆以委逌。時羌及丁零叛，浩軍震懼。姚襄去浩十里結營以逼浩，浩令逌擊之。逌進兵至襄營，謂將校曰：「今兵非不精，而衆少於羌，且其塹柵甚固，難與校力，吾當以計破之。」乃取數百雞以長繩連之，繫火於足。羣雞駭散，飛集襄營。襄營火發，因其亂，隨而擊之，襄遂小敗。及桓溫奏廢浩佐吏，逌遂免。頃之，除中書郎。

升平中，遷吏部郎，長兼侍中。

穆帝將修後池，起閣道，逌上疏曰：

臣聞王者處萬乘之極，享富有之大，必顯明制度以表崇高，盛其文物以殊貴賤。建靈臺，浚辟雍，立宮館，設苑囿，所以弘於皇之尊，彰臨下之義。前聖創其禮，後代遵其矩，當代之君咸營斯事。周宣興百堵之作，鴻雁歌安宅之歡；魯僖修泮水之宮，採芹有思樂之頌。蓋上之有爲非予欲是盈，下之奉上不以劬勞爲勤，此自古之令典，軌儀之大式也。

夫理無常然，三正相詭，司牧之體，與世而移。致飾則素，故賁返於剝；有大必盈，則受之以謙。損上益下，順兆庶之悅；享以二簋，用至約之義。是以唐虞流化於茅茨，夏禹垂美於卑室。過儉之陋，非中庸之制，然三聖行之以致至道。漢高祖當營建之始，怒宮庫之壯；孝文處既富之世，愛十家之產，亦以播惠當時，著稱來葉。

今者二虜未殄，神州荒蕪，舉江左之衆，經略艱難，漕揚越之粟，北餽河洛，兵不獲戢，運戍悠遠，倉庫內罄，百姓力竭。加春夏以來，水旱爲害，遠近之收普減常年，財傷人困，大役未已，軍國之用無所取給。方之往代，豐弊相懸。損之又損，實在今日。伏惟陛下聖質天縱，凝曠淸虛，闡日新之盛，茂欽明之量，無欲體於自然，沖素刑乎萬國。韶既盡美，則必盡善。宜養以玄虛，守以無爲，登覽不以臺觀，游豫不以苑沼，偃息畢於仁義，馳騁極於六藝，觀巍巍之隆，鑒二代之文，仰味羲農，俯尋周孔。其爲逍遙，足以尊道德之輔，親搢紳之秀。疇咨以時，顧問不倦，獻替諷諫，日月而聞，則庶績惟凝，六合咸熙，中興之盛邁於殷宗，休嘉之慶流乎無窮。

昔漢起德陽，鍾離抗言；魏營宮殿，陳羣正辭。臣雖才非若人，然職忝近侍，言不足採，而義在以聞。

帝嘉其言而止。復領本州大中正。升平末，遷太常，逌累讓，不許。

穆帝崩，山陵將用寶器，逌諫曰：「以宣皇顧命終制，山陵不設明器，以貽後則。景帝奉遵遺制。逮文明皇后崩，武皇帝亦承前制，無所施設，惟脯糒之奠，瓦器而已。昔康皇帝玄宮始用寶劍金舄，此蓋太妃罔已之情，實違先旨累世之法。今外欲以爲故事，臣請述先旨，停此二物。」書奏，從之。

哀帝以天文失度，欲依尚書洪祀之制，於太極前殿親執虔肅，冀以免咎，使太常集博士草其制。逌上疏諫曰：

臣尋史漢舊事，藝文志劉向五行傳，洪祀出於其中。然自前代以來，莫有用者。又其文惟說爲祀，而不載儀注。此蓋久遠不行之事，非常人所參校。案漢儀，天子所親之祠，惟宗廟而已。祭天於雲陽，祭地於汾陰，在於別宮遙拜，不詣壇所。其餘羣祀之所，必在幽靜，是以圓丘方澤列於郊野。今若於承明之庭，正殿之前，設羣神之坐，行躬親之禮，準之舊典，有乖常式。

臣聞妖眚之發，所以鑒悟時主，故侖畏上通，則宋災退度；德禮增修，則殷道以隆。此往代之成驗，不易之定理。頃者星辰頗有變異，陛下祗戒之誠達於天人，在予之懼，忘寢與食，仰虔玄象，俯凝庶政，嘉祥之應，實在今日。而猶乾乾夕惕，思廣茲道，誠實聖懷殷勤之至。然洪祀有書無儀，不行於世，詢訪時學，莫識其禮。且其文曰：「洪祀，大祀也。陽曰神，陰曰靈。舉國相率而行祀，順四時之序，無令過差。」今案文而言，皆漫而無適，不可得詳。若不詳而修，其失不小。

帝不納，逌又上疏曰：

臣謹更思尋，參之時事。今强戎據於關雍，桀狄縱於河朔，封豕四逸，虔劉神州，長旌不卷，鉦鼓日戒，兵疲人困，歲無休已。人事弊於下，則七曜錯於上，災沴之作，固其宜然。又頃者以來，無乃大異。彼月之蝕，義見詩人，星辰莫同，載於五行，故洪範不以爲沴。

陛下今以晷度之失同之六沴，引其輕變方之重眚，求己篤於禹湯，憂勤踰乎日昃，將修大祀，以禮神祇。傳曰：「外順天地時氣而祭其鬼神。」然則神必有號，祀必有義。案洪祀之文，惟神靈大略而無所祭之名，稱舉國行祀而無貴賤之阻，有赤黍之盛而無牲醴之奠，儀法所用，闕略非一。若率文而行，則舉義皆闕；有所施補，則不統其源。漢侍中盧植，時之達學，受法不究，則不敢厝心。誠以五行深遠，神道幽昧，探賾之求難以常思，錯綜之理不可一數。臣非至精，孰能與此！

帝猶敕撰定，逌又陳古義，帝乃止。

逌在職多所匡諫。著阮籍序贊、逸士箴及詩賦奏議數十篇行於世。〔四〕病卒，時年五十八。子蔚，吳興太守。

灌字道羣。父曹，尚書郎。灌少知名，才識亞于逌。州辟主簿，舉秀才，爲治中，轉別駕，歷司徒屬、北中郎長史，領晉陵太守。簡文帝引爲撫軍從事中郎，後遷吏部郎。時謝奕爲尚書，銓敍不允，灌每執正不從，奕託以他事免之，受黜無怨色。頃之，簡文帝又以爲撫軍司馬，甚相賓禮。遷御史中丞，轉吳興太守。

灌性方正，視權貴蔑如也，爲大司馬桓溫所惡。溫欲中傷之，徵拜侍中，以在郡時公事有失，追免之。後爲祕書監，尋復解職。時溫方執權，朝廷希旨，故灌積年不調。溫末年，以爲諮議參軍。會溫薨，遷尚書、中護軍，復出爲吳郡太守，加秩中二千石，未拜，卒。子績。

績字仲元，有志氣，除祕書郎。以父與謝氏不穆，故謝安之世辟召無所從，論者多之。安薨，始爲會稽王道子驃騎主簿，多所規諫。歷諮議參軍，出爲南郡相。會荆州刺史殷仲堪舉兵以應王恭，仲堪要績與南蠻校尉殷顗同行，並不從。仲堪等屢以爲言，績終不爲之屈。顗慮績及禍，乃於仲堪坐和解之。績曰：「大丈夫何至以死相脅！江仲元行年六十，但未知獲死所耳。」一坐皆爲之懼。仲堪憚其堅正，以楊佺期代之。朝廷聞而徵績爲御史中丞，奏劾無所屈撓。

會稽世子元顯專政，夜開六門，績密啓會稽王道子，欲以奏聞，道子不許。車胤亦曰：「元顯驕縱，宜禁制之。」道子默然。元顯聞而謂衆曰：「江績、車胤間我父子。」遣人密讓之。俄而績卒，朝野悼之。

車胤

車胤字武子，南平人也。曾祖浚，吳會稽太守。父育，郡主簿。太守王胡之名知人，見胤於童幼之中，謂胤父曰：「此兒當大興卿門，可使專學。」胤恭勤不倦，博學多通。家貧不常得油，夏月則練囊盛數十螢火以照書，以夜繼日焉。及長，風姿美劭，機悟敏速，甚有鄉曲之譽。桓溫在荆州，辟爲從事，以辯識義理深重之。引爲主簿，稍遷別駕、征西長史，遂顯於朝廷。時惟胤與吳隱之以寒素博學知名於世。又善於賞會，當時每有盛坐而胤不在，皆云：「無車公不樂。」謝安游集之日，輒開筵待之。

寧康初，以胤爲中書侍郎、關內侯。孝武帝嘗講孝經，僕射謝安侍坐，尚書陸納侍講，侍中卞眈執讀，黃門侍郎謝石、吏部郎袁宏執經，胤與丹楊尹王混擿句，時論榮之。累遷侍中。太元中，增置太學生百人，以胤領國子博士。其後年，議郊廟明堂之事，胤以「明堂之制既甚難詳，且樂主於和，禮主於敬，故質文不同，音器亦殊。既茅茨廣廈不一其度，何必守其形範而不弘本順時乎！九服咸寧，四野無塵，然後明堂辟雍可光而修之」。時從其議。又遷驃騎長史、太常，進爵臨湘侯，以疾去職。俄爲護軍將軍。時王國寶諂於會稽王道子，諷八坐啓以道子爲丞相，加殊禮。胤曰：「此乃成王所以尊周公也。今主上當陽，非成王之地，〔三〕相王在位，豈得爲周公乎！望實二三，並不宜爾，必大忤上意。」乃稱疾不署其事。疏奏，帝大怒，而甚嘉胤。

隆安初，爲吳興太守，秩中二千石，辭疾不拜。加輔國將軍、丹楊尹。頃之，遷吏部尚書。元顯有過，胤與江績密言於道子，將奏之，事泄，元顯逼令自裁。俄而胤卒，朝廷傷之。

殷顗

殷顗字伯通，陳郡人也。祖融，太常卿。父康，吳興太守。顗性通率，有才氣，少與從弟仲堪俱知名。太元中，以中書郎擢爲南蠻校尉，莅職清明，政績肅舉。

及仲堪得王恭書，將興兵內伐，告顗，欲同舉。顗不平之，曰：「夫人臣之義，愼保所守。朝廷是非，宰輔之務，豈藩屏之所圖也。晉陽之事，宜所不豫。」仲堪要之轉切，顗怒曰：「吾進不敢同，退不敢異。」仲堪甚以爲恨。猶密諫仲堪，辭甚切至。仲堪旣貴，素情亦殊，而志望無厭，謂顗言爲非。顗見江績亦以正直爲仲堪所斥，知仲堪當逐異己，樹置所親，因出行散，託疾不還。仲堪聞其病，出省之，謂顗曰：「兄病殊爲可憂。」顗曰：「我病不過身死，但汝病在滅門，幸熟爲慮，勿以我爲念也。」仲堪不從，卒與楊佺期、桓玄同下。顗遂以憂卒。隆安中，詔曰：「故南蠻校尉殷顗忠績未融，奄焉隕喪，可贈冠軍將軍。」弟仲文、叔獻別有傳。〔六〕

王雅

王雅字茂達，東海郯人，魏衞將軍肅之曾孫也。祖隆，後將軍。父景，大鴻臚。雅少知名，州檄主簿，舉秀才，除郎中，出補永興令，以幹理著稱。累遷尙書左右丞，歷廷尉、侍中、左衞將軍、丹楊尹，領太子左衞率。雅性好接下，敬愼奉公，孝武帝深加禮遇，雖在外職，侍見甚數，朝廷大事多參謀議。帝每置酒宴集，雅未至，不先擧觴，其見重如此。然任遇有過其才，時人被以佞幸之目。帝起淸暑殿於後宮，開北上閤，出華林園，與美人張氏同游止，惟雅與焉。

會稽王道子領太子太傅，以雅爲太子少傅。時王珣兒婚，賓客車騎甚衆，會聞雅拜少傅，迴詣雅者過半。時風俗穨弊，無復廉恥。然少傅之任，朝望屬珣，珣亦頗以自許。及中詔用雅，衆遂赴雅焉。將拜，遇雨，請以繖入。王珣不許之，因冒雨而拜。雅旣貴倖，威權甚震，門下車騎常數百，而善應接，傾心禮之。

帝以道子無社稷器幹，慮晏駕之後皇室傾危，乃選時望以爲藩屏，將擢王恭、殷仲堪等，先以訪雅。雅以恭等無當世之才，不可大任，乃從容曰：「王恭風神簡貴，志氣方嚴，既居外戚之重，當親賢之寄，然其稟性峻隘，無所苞容，執自是之操，無守節之志。仲堪雖謹於細行，以文義著稱，亦無弘量，且幹略不長。若委以連率之重，據形勝之地，今四海無事，足能守職，若道不常隆，必爲亂階矣。」帝以恭等爲當時秀望，謂雅疾其勝己，故不從。二人皆被升用，其後竟敗，有識之士稱其知人。

遷領軍、尙書、散騎常侍，方大崇進之，將參副相之重，而帝崩，倉卒不獲顧命。雅素被優遇，一旦失權，又以朝廷方亂，內外攜離，但愼默而已，無所辯正。雖在孝武世，亦不能犯顏廷爭，凡所謀謨，唯唯而已。尋遷左僕射。隆安四年卒，時年六十七。追贈光祿大夫、儀同三司。

長子準之，散騎侍郎。次協之，黃門。次少卿，侍中。並有士操，立名於世云。

史臣曰：爰在中興，玄風滋扇，溺王綱於拱默，撓國步於淸虛，骨骾蹇諤之風蓋亦微矣。而君孝固情禮而違顯命，山甫獻誠讜而振頹風，彥叔之兵謀，道載之正諫，洋洋盈耳，有足可稱。灌不屈節於權臣，續敢危言於賊將，道子殊物之禮，車胤沮之無懼心，仲堪反常之舉，殷顗折之以正色，〔七〕求諸古烈，何以加焉！山松悅哀挽於軒冕之辰，彥道歡博徒於衰經之日，天心已喪，其能濟乎！旋及於促齡，俄致於非命，宜哉！

贊曰：顧生軌物，屢申誠讜。袁子崇儒，拯斯積喪。逌續剛蹇，車殷忠壯。晞言遺直，莫之能尙。

校勘記

〔一〕可用白琁珠　原無「珠」字。斠注：書鈔五八、御覽六八六引中興書「琁」下有「珠」字。按：本書輿服志、通典五七、通志四七皆有「珠」字，今據補。

〔二〕魏郎中令渙　「渙」，各本均作「煥」。斠注：魏志本傳及隸釋二七引袁渙碑、世說文學注引袁氏世紀均作「渙」。下文質傳下卽作「渙」。按：世說任誕注引袁氏家傳、元和姓纂、通鑑九五及胡注並作「渙」，今據改。

〔三〕論者以爲得禮　通志一二九下「禮」作「體」。

〔四〕逸士箴　斠注：類聚三六引作「逸民箴」。按：疑本作「逸民」，語出論語。唐人避李世民二名改「民」爲「士」。

〔五〕非成王之地　冊府四〇六「地」作「比」，疑是。

〔六〕弟仲文叔獻別有傳　斠注：本書無叔獻傳，蓋誤襲佚晉書舊文也。

〔七〕殷顗折之以正色　「顗」，各本誤作「覬」，今據本傳改。

晉書卷八十四

列傳第五十四

王恭

王恭字孝伯，光祿大夫蘊子，定皇后之兄也。少有美譽，清操過人，自負才地高華，恆有宰輔之望。與王忱齊名友善，慕劉惔之爲人。謝安常曰：「王恭人地可以爲將來伯舅。」嘗從其父自會稽至都，忱訪之，見恭所坐六尺簟，忱謂其有餘，因求之。恭輒以送焉，遂坐薦上。忱聞而大驚，恭曰：「吾平生無長物。」其簡率如此。

起家爲佐著作郎，歎曰：「仕宦不爲宰相，才志何足以騁！」因以疾辭。俄爲祕書丞，轉中書郎，未拜，遭父憂。服闋，除吏部郎，歷建威將軍。太元中，代沈嘉爲丹楊尹，遷中書令，領太子詹事。

孝武帝以恭后兄，深相欽重。時陳郡袁悅之以傾巧事會稽王道子，〔一〕恭言之於帝，遂誅之。道子嘗集朝士，置酒於東府，尚書令謝石因醉爲委巷之歌，恭正色曰：「居端右之重，集藩王之第，而肆淫聲，欲令羣下何所取則！」石深銜之。淮陵內史虞珧子妻裴氏有服食之術，常衣黃衣，狀如天師，道子甚悅之，令與賓客談論，時人皆爲降節。恭抗言曰：「未聞宰相之坐有失行婦人。」坐賓莫不反側，道子甚愧之。其後帝將擢時望以爲藩屏，乃以恭爲都督兗青冀幽幷徐州晉陵諸軍事、平北將軍、兗青二州刺史、假節，鎭京口。初，都督以「北」爲號者，累有不祥，故桓沖、王坦之、刁彝之徒不受鎭北之號。恭表讓軍號，以超受爲辭，而實惡其名，於是改號前將軍。慕容垂入青州，恭遣偏師禦之，失利，降號輔國將軍。

及帝崩，會稽王道子執政，寵昵王國寶，委以機權。恭每正色直言，道子深憚而忿之。及赴山陵，罷朝，歎曰：「榱棟雖新，便有黍離之歎矣。」時國寶從弟緖說國寶，因恭入覲相王，伏兵殺之，國寶不許。而道子亦欲輯和內外，深布腹心於恭，冀除舊惡。恭多不順，每言及時政，輒厲聲色。道子知恭不可和協，王緖之說遂行，於是國難始結。或勸恭因入朝以兵誅國寶，而庾楷黨於國寶，士馬甚盛，恭憚之，不敢發，遂還鎭。臨別，謂道子曰：「主上諒闇，冢宰之任，伊周所難，願大王親萬機，納直言，遠鄭聲，放佞人。」辭色甚厲，故國寶等愈懼。以恭爲安北將軍，不拜。乃謀誅國寶，遣使與殷仲堪、桓玄相結，仲堪僞許之。恭得書，大喜，乃抗表京師曰：「後將軍國寶得以姻戚頻登顯列，不能感恩效力，以報時施，而專寵肆威，將危社稷。先帝登遐，夜乃犯閤叩扉，欲矯遺詔。賴皇太后聰明，相王神武，故逆謀不果。又割東宮見兵以爲己府，讒疾二昆甚於讎敵。與其從弟緒同黨凶狡，共相扇動。此不忠不義之明白也。以臣忠誠，必亡身殉國，是以譖臣非一。賴先帝明鑒，浸潤不行。昔趙鞅興甲，誅君側之惡，臣雖駑劣，敢忘斯義！」表至，內外戒嚴。國寶及緒惶懼不知所爲，用王珣計，請解職。道子收國寶，賜死，斬緒于市，深謝愆失，恭乃還京口。

恭之初抗表也，慮事不捷，乃版前司徒左長史王廞爲吳國內史，令起兵於東。會國寶死，令廞解軍去職。廞怒，以兵伐恭。恭遣劉牢之擊滅之，上疏自貶，詔不許。譙王尚之復說道子以藩伯強盛，宰相權弱，宜多樹置以自衞。道子然之，乃以其司馬王愉爲江州刺史，割庾楷豫州四郡使愉督之。由是楷怒，遣子鴻說恭曰：「尚之兄弟專弄相權，欲假朝威貶削方鎭，懲警前事，勢轉難測。及其議未成，宜早圖之。」恭以爲然，復以謀告殷仲堪、桓玄。玄等從之，推恭爲盟主，剋期同赴京師。

時內外疑阻，津邏嚴急，仲堪之信因庾楷達之，以斜絹爲書，內箭簳中，合鏑漆之，楷送於恭。恭發書，絹文角戾，不復可識，謂楷爲詐。又料仲堪去年已不赴盟，今無動理，乃先期舉兵。司馬劉牢之諫曰：「將軍今動以伯舅之重，執忠貞之節，相王以姬旦之尊，時望所係，昔年已戮寶、緒，送王廞書，是深伏將軍也。頃所授用，雖非皆允，未爲大失。割庾楷四郡以配王愉，於將軍何損！晉陽之師，其可再乎！恭不從，乃上表以討王愉、司馬尚之兄弟爲辭。朝廷使元顯及王珣、謝琰等距之。

恭夢牢之坐其處，旦謂牢之曰：「事克，即以卿爲北府。」遣牢之率帳下督顏延先據竹里。元顯使說牢之，啗以重利，牢之乃斬顏延以降。是日，牢之遣其壻高雅之、子敬宣，因恭曜軍，輕騎擊恭。恭敗，將還，雅之已閉城門，恭遂與弟履單騎奔曲阿。恭久不騎乘，髀生瘡，不復能去。曲阿人殷確，恭故參軍也，以船載之，藏於葦席之下，將奔桓玄。至長塘湖，遇商人錢强，强宿憾於確，以告湖浦尉。尉收之，以送京師。道子聞其將至，欲出與語，面折之，而未之殺也。時桓玄等已至石頭，懼其有變，即於建康之倪塘斬之。恭五男及弟爽、爽兄子祕書郎和及其黨孟璞、張恪等皆殺之。

恭性抗直，深存節義，讀左傳至「奉王命討不庭」，每輟卷而歎。爲性不弘，以闇於機會，自在北府，雖以簡惠爲政，然自矜貴，與下殊隔。不閑用兵，尤信佛道，調役百姓，修營佛寺，務在壯麗，士庶怨嗟。臨刑，猶誦佛經，自理鬚鬢，神無懼容，謂監刑者曰：「我闇於信人，所以致此，原其本心，豈不忠於社稷！但令百代之下知有王恭耳。」家無財帛，唯書籍而已，爲識者所傷。

恭美姿儀，人多愛悅，或目之云：「濯濯如春月柳。」嘗被鶴氅裘，涉雪而行，孟昶窺見之，歎曰：「此眞神仙中人也！」初見執，遇故吏戴耆之爲湖孰令，恭私告之曰：「我有庶兒未舉，在乳母家，卿爲我送寄桓南郡。」耆之遂送之於夏口。桓玄撫養之，爲立喪庭弔祭焉。及玄執政，上表理恭，詔贈侍中、太保，謚曰忠簡。爽贈太常，和及子簡並通直散騎郎，殷確散騎侍郎。腰斬湖浦尉及錢强等。恭庶子曇亨，義熙中爲給事中。〔三〕

庾楷

庾楷，征西將軍亮之孫，會稽內史羲小子也。初拜侍中，代兄準爲西中郎將、豫州刺史、假節，鎭歷陽。隆安初，進號左將軍。時會稽王道子憚王恭、殷仲堪等擅兵，故出王愉爲江州，督豫州四郡，以爲形援。楷上疏以江州非險塞之地，而西府北帶寇戎，不應使愉分督，詔不許。時楷懷恨，使子鴻說王恭，以譙王尙之兄弟復握機權，勢過國寶。恭亦素忌尙之，遂連謀舉兵，事在恭傳。詔使尙之討楷。楷遣汝南太守段方逆尙之，戰于慈湖，方大敗，被殺，楷奔于桓玄。及玄等盟于柴桑，連名上疏自理，詔赦玄等而不赦恭、楷，楷遂依玄，玄用爲武昌太守。楷後懼玄必敗，密遣使結會稽世子元顯：「若朝廷討玄，當爲內應。」及玄得志，楷以謀泄，爲玄所誅。

劉牢之 子敬宣

劉牢之字道堅，彭城人也。曾祖羲，以善射事武帝，歷北地、鴈門太守。父建，有武幹，爲征虜將軍。世以壯勇稱。牢之面紫赤色，鬚目驚人，而沈毅多計畫。太元初，謝玄北鎮廣陵，時苻堅方盛，玄多募勁勇，牢之與東海何謙、〔三〕琅邪諸葛侃、樂安高衡、東平劉軌、西河田洛及晉陵孫無終等以驍猛應選。玄以牢之爲參軍，領精銳爲前鋒，百戰百勝，號爲「北府兵」，敵人畏之。及堅將句難南侵，〔四〕玄率何謙等距之。牢之破難輜重於盱眙，獲其運船，遷鷹揚將軍、廣陵相。

時車騎將軍桓沖擊襄陽，宣城內史胡彬率衆向壽陽，以爲沖聲援。牢之領卒二千，爲彬後繼。淮肥之役，苻堅遣其弟融及驍將張蚝攻陷壽陽，謝玄使彬與牢之距之。師次硤石，不敢進。堅將梁成又以二萬人屯洛澗，玄遣牢之以精卒五千距之。去賊十里，成阻澗列陣。牢之率參軍劉襲、諸葛求等直進渡水，臨陣斬成及其弟雲，又分兵斷其歸津。賊步騎崩潰，爭赴淮水，殺獲萬餘人，盡收其器械。堅尋亦大敗，歸長安，餘黨所在屯結。牢之進平譙城，使安豐太守戴寶戍之。遷龍驤將軍、彭城內史，以功賜爵武岡縣男，食邑五百戶。牢之進屯鄄城，討諸未服，河南城堡承風歸順者甚衆。

時苻堅子丕據鄴，爲慕容垂所逼，請降，牢之引兵救之。垂聞軍至，出新城北走。〔五〕牢之與沛郡太守田次之追之，〔六〕行二百里，至五橋澤中，爭趣輜重，稍亂，爲垂所擊，牢之敗績，士卒殲焉。牢之策馬跳五丈澗，得脫。會丕救至，因入臨漳，集亡散，兵復少振。牢之以軍敗徵還。頃之，復爲龍驤將軍，守淮陰。後進戍彭城，復領太守。祅賊劉黎僭尊號於皇丘，牢之討滅之。苻堅將張遇遣兵擊破金鄉，圍太山太守羊邁，牢之遣參軍向欽之擊走之。會慕容垂叛將翟釗救遇，牢之引還。釗還，牢之進平太山，追釗於鄄城，釗走河北，因獲張遇以歸之彭城。祅賊司馬徽聚黨馬頭山，牢之遣參軍竺朗之討滅之。時慕容氏掠廩丘，高平太守徐含遠告急，牢之不能救，坐畏懦免。

及王恭將討王國寶，引牢之爲府司馬，領南彭城內史，加輔國將軍。恭使牢之討破王廞，以牢之領晉陵太守。恭本以才地陵物，及檄至京師，朝廷戮國寶、王緒，自謂威德已著，雖杖牢之爲爪牙，但以行陣武將相遇，禮之甚薄。牢之負其才能，深懷恥恨。及恭之後舉，元顯遣廬江太守高素說牢之使叛恭，事成，當卽其位號，牢之許焉。恭參軍何澹之以其謀告恭。牢之與澹之有隙，故恭疑而不納。乃置酒請牢之於衆中，拜牢之爲兄，精兵利器悉以配之，使爲前鋒。行至竹里，牢之背恭歸朝廷。恭旣死，遂代恭爲都督兗、青、冀、幽、幷、徐、揚州、晉陵軍事。牢之本自小將，一朝據恭位，衆情不悅，乃樹用腹心徐謙之等以自強。時楊佺期、桓玄將兵逼京師，上表理王恭，求誅牢之。牢之率北府之衆馳赴京師，次于新亭。玄等受詔退兵，牢之還鎮京口。

及孫恩攻陷會稽，牢之遣將桓寶率師救三吳，復遣子敬宣爲寶後繼。比至曲阿，吳郡內史桓謙已棄郡走，牢之乃率衆東討，拜表輒行。至吳，與衞將軍謝琰擊賊，屢勝，殺傷甚衆，徑臨浙江。進拜前將軍、都督吳郡諸軍事。時謝琰屯烏程，遣司馬高素助牢之。牢之率衆軍濟浙江，恩懼，逃于海。牢之還鎮，恩復入會稽，害謝琰。牢之進號鎮北將軍、都督會稽五郡，率衆東征，屯上虞，分軍戍諸縣。恩復攻破吳國，殺內史袁山松。牢之使參軍劉裕討之，恩復入海。頃之，恩浮海奄至京口，戰士十萬，樓船千餘。牢之在山陰，使劉裕自海鹽赴難，牢之率大衆而還。裕兵不滿千人，與賊戰，破之。恩聞牢之已還京口，乃走郁洲，〔七〕又爲敬宣、劉裕等所破。及恩死，牢之威名轉振。

元興初，朝廷將討桓玄，以牢之爲前鋒都督、征西將軍，領江州事。元顯遣使以討玄事諮牢之。牢之以玄少有雄名，杖全楚之衆，懼不能制，又慮平玄之後功蓋天下，必不爲元顯所容，深懷疑貳，不得已率北府文武屯洌洲。桓玄遣何穆說牢之曰：「自古亂世君臣相信者有燕昭樂毅、玄德孔明，然皆勳業未卒而二主早世，設使功成事遂，未保二臣之禍也。鄙語有之：『高鳥盡，良弓藏；狡兎殫，獵犬亨。』故文種誅於句踐，韓白戮於秦漢。彼皆英雄霸王之主，猶不敢信其功臣，況凶愚凡庸之流乎！自開闢以來，戴震主之威，挾不賞之功，以見容於闇世者而誰？至如管仲相齊，雍齒侯漢，則往往有之，況君見與無射鉤屢逼之仇邪！今君戰敗則傾宗，戰勝亦覆族，欲以安歸乎？〔八〕孰若翻然改圖，保其富貴，則身與金石等固，名與天壤無窮，孰與頭足異處，身名俱滅，爲天下笑哉！惟君圖之。」牢之自謂握强兵，才能算略足以經綸江表，時譙王尚之已敗，人情轉沮，乃頗納穆說，遣使與玄交通。其甥何無忌與劉裕固諫之，並不從。俄令敬宣降玄。玄大喜，與敬宣置酒宴集，陰謀誅之，陳法書畫圖與敬宣共觀，以安悦其志。敬宣不之覺，玄佐吏莫不相視而笑。

元顯既敗，玄以牢之爲征東將軍、會稽太守，牢之乃歎曰：「始爾，便奪我兵，禍將至矣！」時玄屯相府，敬宣勸牢之襲玄，猶豫不決，移屯班瀆，將北奔廣陵相高雅之，欲據江北以距玄，集衆大議。參軍劉襲曰：「事不可者莫大於反，而將軍往年反王兗州，近日反司馬郎君，今復欲反桓公。一人而三反，豈得立也。」語畢，趨出，佐吏多散走。而敬宣先還京口拔其家，失期不到。牢之謂其爲劉襲所殺，乃自縊而死。俄而敬宣至，不遑哭，奔于高雅之。將吏共殯斂牢之，喪歸丹徒。桓玄令斲棺斬首，暴尸於市。及劉裕建義，追理牢之，乃復本官。

敬宣，牢之長子也。智略不及父，而技藝過之。孫恩之亂，隨父征討，所向有功。爲元顯從事中郎，又爲桓玄諮議參軍。牢之敗，與廣陵相高雅之俱奔慕容超，〔九〕夢丸土而服之，既覺，喜曰：「丸者桓也，丸既吞矣，我當復本土也。」旬日而玄敗，遂與司馬休之還京師。拜輔國將軍、晉陵太守。與諸葛長民破桓歆於芍陂，遷建威將軍、江州刺史，鎮尋陽。又擊桓亮、苻宏於湘中，所在有功。

安帝反政，徵拜冠軍將軍、宣城內史，領襄城太守。譙縱反，以敬宣督征蜀諸軍事、假節，與寧朔將軍臧喜西伐。〔一〇〕敬宣入自白帝，所攻皆克。軍次黃獸，〔一一〕與僞將譙道福相持六十餘日，遇癘疫，又以食盡，班師，爲有司所劾，免官。頃之，爲中軍諮議，加冠軍將軍，尋遷鎮蠻護軍、安豐太守、梁國內史。會盧循反，以冠軍將軍從大軍南討。循平，遷左衞將軍、散騎常侍，又遷征虜將軍、青州刺史。尋改鎮冀州，爲其參軍司馬道賜所害。

殷仲堪

殷仲堪，陳郡人也。祖融，太常、吏部尚書。父師，驃騎諮議參軍、晉陵太守、沙陽男。仲堪能清言，善屬文，每云三日不讀道德論，便覺舌本間强。其談理與韓康伯齊名，士咸愛慕之。

調補佐著作郎。冠軍謝玄鎮京口，請爲參軍。除尚書郎，不拜。玄以爲長史，厚任遇之。仲堪致書於玄曰：

胡亡之後，中原子女鬻於江東者不可勝數，骨肉星離，荼毒終年，怨苦之氣，感傷和理，誠喪亂之常，足以懲戒，復非王澤廣潤，愛育蒼生之意也。當世大人既慨然經略，將以救其塗炭，而使理至於此，良可歎息！願節下弘之以道德，運之以神明，隱心以及物，垂理以禁暴，使足踐晉境者必無懷慼之心，枯槁之類莫不同漸天潤，仁義與干戈並運，德心與功業俱隆，實所期於明德也。

頃聞抄掠所得，多皆採梠飢人，壯者欲以救子，少者志在存親，行者傾筐以顧念，居者吁嗟以待延。而一旦幽縶，生離死絕，求之於情，可傷之甚。昔孟孫獵而得麑，使秦西以之歸，其母隨而悲鳴，不忍而放之，孟孫赦其罪以傅其子。禽獸猶不可離，況於人乎！夫飛鴞，惡鳥也，食桑葚，猶懷好音。雖曰戎狄，其無情乎！苟感之有物，非難化也。必使邊界無貪小利，强弱不得相陵，德音一發，必聲振沙漠，二寇之黨，將靡然向風，何憂黃河之不濟，函谷之不開哉！

玄深然之。

領晉陵太守，居郡禁產子不舉，久喪不葬，錄父母以質亡叛者，所下條教甚有義理。父病積年，仲堪衣不解帶，躬學醫術，究其精妙，執藥揮淚，遂眇一目。居喪哀毀，以孝聞。服闋，孝武帝召爲太子中庶子，甚相親愛。仲堪父嘗患耳聰，聞牀下蟻動，謂之牛鬭。帝素聞之而不知其人。至是，從容問仲堪曰：「患此者爲誰？」仲堪流涕而起曰：「臣進退惟谷。」帝有愧焉。復領黃門郎，寵任轉隆。帝嘗示仲堪詩，乃曰：「勿以己才而笑不才。」帝以會稽王非社稷之臣，擢所親幸以爲藩捍，乃授仲堪都督荆益寧三州軍事、振威將軍、荆州刺史、假節，鎭江陵。將之任，又詔曰：「卿去有日，使人酸然。常謂永爲廊廟之寶，而忽爲荆楚之珍，良以慨恨！」其恩狎如此。

仲堪雖有英譽，議者未以分陝許之。既受腹心之任，居上流之重，朝野屬想，謂有異政。及在州，綱目不舉，而好行小惠，夷夏頗安附之。先是，仲堪游於江濱，見流棺，接而葬焉。旬日間，門前之溝忽起爲岸。其夕，有人通仲堪，自稱徐伯玄，云：「感君之惠，無以報也。」仲堪因問：「門前之岸是何祥乎？」對曰：「水中有岸，其名爲洲，君將爲州。」言終而沒。至是，果臨荆州。桂陽人黃欽生父沒已久，詐服衰麻，言迎父喪。府曹先依律詐取父母卒棄市，仲堪乃曰：「律詐取父母寧依敺詈法棄市。原此之旨，當以二親生存而橫言死沒，情事悖逆，忍所不當，故同之敺詈之科，正以大辟之刑。今欽生父實終沒，墓在舊邦，積年久遠，方詐服迎喪，以此爲大妄耳。比之於父存言亡，相殊遠矣。」遂活之。又以異姓相養，禮律所不許，子孫繼親族無後者，唯令主其蒸嘗，不聽別籍以避役也。佐史咸服之。

時朝廷徵益州刺史郭銓，犍爲太守卞苞於坐勸銓以蜀反，仲堪斬之以聞。朝廷以仲堪事不預察，降號鷹揚將軍。尚書下以益州所統梁州三郡人丁一千番戍漢中，益州未肯承遣。仲堪乃奏之曰：

夫制險分國，各有攸宜，劍閣之隘，實蜀之關鍵。巴西、梓潼、宕渠三郡去漢中遼遠，在劍閣之內，成敗與蜀爲一，而統屬梁州，蓋定鼎中華，慮在後伏，所以分斗絕之勢，開荷戟之路。自皇居南遷，守在岷邛，衿帶之形，事異曩昔。是以李勢初平，割此三郡配隸益州，將欲重複上流爲習坎之防。事經英略，歷年數紀。梁州以統接曠遠，求還得三郡，忘王侯設險之義，背地勢內外之實，盛陳事力之寡弱，飾哀矜之苦言。今華陽乂清，汧隴順軌，關中餘燼，自相魚肉，梁州以論求三郡，益州以本統有定，更相牽制，莫知所從。致令巴、宕二郡爲羣獠所覆，城邑空虛，士庶流亡，要害膏腴皆爲獠有。今遠慮長規，宜保全險塞。又蠻獠熾盛，兵力寡弱，如遂經理乖謬，號令不一，則劍閣非我保，醜類轉難制。此乃藩扞之大機，上流之至要。

昔三郡全實，正差文武三百，以助梁州。今俘沒蠻獠，十不遺二，加逐食鳥散，資生未立，苟順符指以副梁州，恐公私困弊，無以堪命，則劍閣之守無擊柝之儲，號令選用不專於益州，虛有監統之名，而無制御之用，懼非分位之本旨，經國之遠術。謂今正可更加梁州文武五百，合前爲一千五百，自此之外，一仍舊貫。設梁州有急，蜀當傾力救之。

書奏，朝廷許焉。

桓玄在南郡，論四皓來儀漢庭，孝惠以立。而惠帝柔弱，呂后凶忌，此數公者，觸彼埃塵，欲以救弊。二家之中，各有其黨，奪彼與此，其讐必興。不知匹夫之志，四公何以逃其患？素履終吉，隱以保生者，其若是乎！以其文贈仲堪。仲堪乃答之曰：

隱顯默語，非賢達之心，蓋所遇之時不同，故所乘之塗必異。道無所屈而天下以之獲寧，仁者之心未能無慼。若夫四公者，養志巖阿，道高天下，秦網雖虐，游之而莫懼，漢祖雖雄，請之而弗顧，徒以一理有慼，汎然而應，事同賓客之禮，言無是非之對，孝惠以之獲安，莫由報其德，如意以之定藩，無所容其怨。且爭奪滋生，主非一姓，則百姓生心；祚無常人，則人皆自賢。況夫漢以劍起，人未知義，式遏姦邪，特宜以正順爲寶。天下，大器也，苟亂亡見懼，則滄海橫流。原夫若人之振策，豈爲一人之廢興哉！苟可以暢其仁義，與夫伏節委質可榮可辱者，道迹懸殊，理勢不同，君何疑之哉！

又謂諸呂强盛，幾危劉氏，如意若立，必無此患。夫禍福同門，倚伏萬端，又未可斷也。于時天下新定，權由上制，高祖分王子弟，有磐石之固，社稷深謀之臣，森然比肩，豈瑣瑣之祿產所能傾奪之哉！此或四公所預，于今亦無以辯之，但求古賢之心，宜存之遠大耳。端本正源者，雖不能無危，其危易持。苟啓競津，雖未必不安，而其安難保。此最有國之要道，古今賢哲所同惜也。

玄屈之。

仲堪自在荆州，連年水旱，百姓饑饉，仲堪食常五椀，盤無餘肴，飯粒落席間，輒拾以噉之，雖欲率物，亦緣其性眞素也。每語子弟云：「人物見我受任方州，謂我豁平昔時意，今吾處之不易。貧者士之常，焉得登枝而捐其本？爾其存之！」其後蜀水大出，漂浮江陵數千家。以隄防不嚴，復降爲寧遠將軍。安帝卽位，進號冠軍將軍，固讓不受。

初，桓玄將應王恭，乃說仲堪，推恭爲盟主，共興晉陽之舉，立桓文之功，仲堪然之。仲堪以王恭在京口，去都不盈二百，自荆州道遠連兵，勢不相及，乃僞許恭，而實不欲下。聞恭已誅王國寶等，始抗表興師，遣龍驤將軍楊佺期次巴陵。會稽王道子遣書止之，仲堪乃還。

初，桓玄棄官歸國，仲堪憚其才地，深相交結。玄亦欲假其兵勢，誘而悅之。國寶之役，仲堪既納玄之誘，乃外結雍州刺史郄恢，內要從兄南蠻校尉顗、南郡相江績等。恢、顗、績並不同之，乃以楊佺期代績，顗自遜位。〔二〕

會王恭復與豫州刺史庾楷舉兵討江州刺史王愉及譙王尚之等，仲堪因集議，以爲朝廷去年自戮國寶，王恭威名已震，今其重舉，勢無不克。而我去年緩師，已失信於彼，今可整棹晨征，參其霸功。於是使佺期舟師五千爲前鋒，桓玄次之，仲堪率兵二萬，相繼而下。佺期、玄至湓口，王愉奔于臨川，玄遣偏軍追獲之。佺期等進至橫江，庾楷敗奔於玄，譙王尚之等退走，尚之弟恢之所領水軍皆沒。玄等至石頭，仲堪至蕪湖，忽聞王恭已死，劉牢之反恭，領北府兵在新亭，玄等三軍失色，無復固志，乃迴師屯于蔡洲。〔三〕

時朝廷新平恭、楷，且不測西方人心，仲堪等擁衆數萬，充斥郊畿，內外憂逼。玄從兄脩告會稽王道子曰：「西軍可說而解也。脩知其情矣。若許佺期以重利，無不倒戈於仲堪者。」道子納之，乃以玄爲江州，佺期爲雍州，黜仲堪爲廣州，以桓脩爲荊州，遣仲堪叔父太常茂宣詔迴軍。仲堪恚被貶退，以王恭雖敗，己衆亦足以立事，令玄等急進軍。玄等喜於寵授，並欲順朝命，猶豫未決。會仲堪弟遹爲佺期司馬，夜奔仲堪，說佺期受朝命，納桓脩。仲堪遑遽，卽於蕪湖南歸，使徇於玄等軍曰：「若不各散而歸，大軍至江陵，當悉戮餘口。」仲堪將劉系先領二千人隸于佺期，輒率衆而歸。玄等大懼，狼狽追仲堪，至尋陽，及之。於是仲堪失職，倚玄爲援，玄等又資仲堪之兵，雖互相疑阻，亦不得異。仲堪與佺期以子弟交質，遂於尋陽結盟，玄爲盟主，臨壇歃血，並不受詔，申理王恭，求誅劉牢之、譙王尙之等。朝廷深憚之，於是詔仲堪曰：「間以將軍憑寄失所，朝野懷憂。然既往之事，宜其兩忘，用乃班師迴旆，祗順朝旨，所以改授方任，蓋隨時之宜。將軍大義，誠感朕心，今還復本位，卽撫所鎭，釋甲休兵，則內外寧一，故遣太常茂具宣乃懷。」仲堪等並奉詔，各旋所鎭。

頃之，桓玄將討佺期，先告仲堪云：「今當入沔討除佺期，已頓兵江口。若見與無貳，可殺楊廣；若其不然，便當率軍入江。」仲堪乃執玄兄偉，遣從弟遹等水軍七千至江西口。〔四〕玄使郭銓、苻宏擊之，遹等敗走。玄頓巴陵，而館其穀。玄又破楊廣於夏口。仲堪既失巴陵之積，又諸將皆敗，江陵震駭。城內大饑，以胡麻爲廩。仲堪急召佺期。佺期率衆赴之，直濟江擊玄，爲玄所敗，走還襄陽。仲堪出奔酇城，爲玄追兵所獲，逼令自殺，死于柞溪，弟子道護、參軍羅企生等並被殺。仲堪少奉天師道，又精心事神，不吝財賄，而怠行仁義，嗇於周急，及玄來攻，猶勤請禱。然善取人情，病者自爲診脉分藥，而用計倚伏煩密，少於鑒略，以至於敗。

子簡之，載喪下都，葬于丹徒，遂居墓側。義旗建，率私僮客隨義軍躡桓玄。玄死，簡之食其肉。桓振之役，義軍失利，簡之沒陣。弟曠之，有父風，仕至剡令。

楊佺期

楊佺期，弘農華陰人，漢太尉震之後也。曾祖準，太常。自震至準，七世有名德。祖林，少有才望，值亂沒胡。父亮，少仕僞朝，後歸國，終於梁州刺史，以貞幹知名。佺期沈勇果勁，而兄廣及弟思平等皆強獷粗暴。自云門戶承籍，江表莫比，有以其門地比王珣者，猶恚恨，而時人以其晚過江，婚宦失類，每排抑之，恆慷慨切齒，欲因事際以逞其志。

佺期少仕軍府。咸康中，〔一五〕領衆屯成固。苻堅將潘猛距守康回壘，佺期擊走之，其衆悉降，拜廣威將軍、河南太守，戍洛陽。苻堅將竇衝率衆攻平陽太守張元熙於皇天塢，佺期擊走之。佺期自湖城入潼關，累戰皆捷，斬獲千計，降九百餘家，歸於洛陽，進號龍驤將軍。以病，改爲新野太守，領建威司馬。遷唐邑太守，〔一六〕督石頭軍事，以疾去職。荆州刺史殷仲堪引爲司馬，代江績爲南郡相。

仲堪與桓玄舉衆應王恭、庾楷，仲堪素無戎略，軍旅之事一委佺期兄弟，以兵五千人爲前鋒，與桓玄相次而下。至石頭，恭死，楷敗，朝廷未測玄軍，乃以佺期代郗恢爲都督梁雍秦三州諸軍事、雍州刺史，仲堪、玄皆有遷換，於是俱還尋陽，結盟不奉詔。俄而朝廷復仲堪本職，乃各還鎭。

初，玄未奉詔，欲自爲雍州，以郗恢爲廣州。恢懼玄之來，問於衆，咸曰：「佺期來者，誰不勠力！若桓玄來，恐難與爲敵。」既知佺期代己，乃謀於南陽太守閭丘羨，稱兵距守。佺期慮事不濟，乃聲言玄來入沔，而佺期爲前驅。恢衆信之，無復固志。恢軍散請降，佺期入府斬閭丘羨，放恢還都，撫將士，恤百姓，繕修城池，簡練甲卒，甚得人情。

佺期、仲堪與桓玄素不穆，佺期屢欲相攻，仲堪每抑止之。玄以是告執政，求廣其所統。朝廷亦欲成其釁隙，故以桓偉爲南蠻校尉。佺期內懷忿懼，勒兵建牙，聲云援洛，欲與仲堪襲玄。仲堪雖外結佺期，內疑其心，苦止之，又遣從弟遹屯北塞以駐之。佺期勢不獨舉，乃解兵。

隆安三年，桓玄遂舉兵討佺期，先攻仲堪。初，仲堪得玄書，急召佺期。佺期曰：「江陵無食，當何以待敵？可來見就，共守襄陽。」仲堪自以保境全軍，無緣棄城逆走，憂佺期不赴，乃紿之曰：「比來收集，已有儲矣。」佺期信之，乃率衆赴焉。步騎八千，精甲耀日。既至，仲堪唯以飯餉其軍。佺期大怒曰：「今茲敗矣！」乃不見仲堪。時玄在零口，佺期與兄廣擊玄。玄畏佺期之銳，乃渡軍馬頭。明日，佺期率殷道護等精銳萬人乘艦出戰，玄距之，不得進。佺期乃率其麾下數十艦，直濟江，徑向玄船。俄而迴擊郭銓，殆獲銓，會玄諸軍至，佺期退走，餘衆盡沒，單馬奔襄陽。玄追軍至，佺期與兄廣俱死之，傳首京都，梟於朱雀門。

弟思平，從弟尚保、孜敬，俱逃于蠻。劉裕起義，始歸國，歷位州郡。孜敬爲人剽銳，果於行事。昔與佺期勸殷仲堪殺殷顗，仲堪不從，孜敬拔刃而起，欲自出取之，仲堪苦禁乃止。及爲梁州刺史，常怏怏不滿其志。經襄陽，見魯宗之侍衞皆佺期之舊也，孜敬愈憤，見於辭色。宗之參軍劉千期於座面折之，因大發怒，抽劍刺千期立死。宗之表而斬之。思平、尙保後亦以罪誅，楊氏遂滅。

史臣曰：生靈道斷，忠貞路絕，棄彼弊冠，崇茲新屨。牢之事非其主，抑亦不臣，功多見疑，勢陵難信，而投兵散地，二三之甚。若夫司牧居愆，方隅作戾，口順勤王，心乖抗節。王恭鯁言時政，有昔賢之風。國寶就誅，而晉陽猶起。是以仲堪僥倖，佺期無狀，雅志多隙，佳兵不和，足以亡身，不足以靜亂也。

贊曰：孝伯懷功，牢之總戎。王因起釁，劉亦慚忠。殷楊乃武，抽旆爭雄。庾君含怨，交鬬其中。猗歟羣采，道睽心異。是曰亂階，非關臣事。

校勘記

〔一〕袁悅之　各本作「袁悅」，今從宋本，與本傳合。

〔二〕義熙中　各本「義熙」上衍一「宋」字，今據通志一二九下刪。

〔三〕何謙　苻堅載記上作「何謙之」。

〔四〕句難　見卷九校記。

〔五〕新城　各本均作「新興城」，衍「興」字，今據地理志上、慕容垂載記及通鑑一〇六刪。

〔六〕田次之　校文：孝武紀作「沛郡太守周次」。

〔七〕郁洲　各本均作「郁州」。斠注：當從安紀、孫恩傳作「郁洲」。御覽一二八引徐爰宋書亦作「郁洲」。按：通鑑一一二亦作「郁洲」，今據改。

〔八〕欲以安歸乎　「以」下通鑑一一二有「此」字，御覽四六二引晉中興書有「是」字。

〔九〕慕容超　諸史考異：以載記及桓玄傳考之，「慕容超」當作「慕容德」。按：宋書、南史劉敬宣傳俱作「慕容德」。

〔一〇〕臧喜　宋書、南史朱齡石傳、通鑑一一三「喜」均作「熹」。

〔一一〕黃獸　考異：宋書，「次遂寧郡之黃虎」。按：通鑑一一四亦作「黃虎」。此作「獸」，唐人避諱改。

〔一二〕顗自遜位　「顗」，各本作「覬」，今依上文及本傳改。下同。

〔一三〕蔡洲　各本作「蔡州」，通志一二九下及通鑑一一〇作「蔡洲」，今據改。

〔一四〕江西口　通鑑一一一作「西江口」，胡注引水經江水注云「夏浦俗謂之西江口」。

〔一五〕咸康中 「咸康」當爲「寧康」之誤。若咸康中，恐楊佺期尚未生。

〔一六〕唐邑 周校：「堂邑」誤作「唐邑」。

晉書卷八十五

列傳第五十五

劉毅 兄邁

劉毅字希樂，彭城沛人也。曾祖距，廣陵相。叔父鎮，左光祿大夫。毅少有大志，不修家人產業，仕爲州從事，桓弘以爲中兵參軍屬。

桓玄篡位，毅與劉裕、何無忌、魏詠之等起義兵，密謀討玄，毅討徐州刺史桓脩於京口、青州刺史桓弘於廣陵。裕率毅等至竹里，玄使其將皇甫敷、吳甫之北距義軍，遇之於江乘，臨陣斬甫之，進至羅落橋，又斬敷首。玄大懼，使桓謙、何澹之屯覆舟山。毅等軍至蔣山，裕使羸弱登山，多張旗幟，玄不之測，益以危懼。謙等士卒多北府人，素慴伏裕，莫敢出鬬。裕與毅等分爲數隊，進突謙陣，皆殊死戰，無不一當百。時東北風急，義軍放火，煙塵張天，鼓譟之音震駭京邑，謙等諸軍一時奔散。

玄既西走，裕以毅爲冠軍將軍、青州刺史，與何無忌、劉道規躡玄。玄逼帝及琅邪王西上，毅與道規及下邳太守孟懷玉等追及玄，戰於峥嶸洲。毅乘風縱火，盡銳爭先，玄衆大潰，燒輜重夜走。玄將郭銓、劉雅等襲陷尋陽，〔一〕毅遣武威將軍劉懷肅討平之。

及玄死，桓振、桓謙復聚衆距毅於靈溪。玄將馮該以兵會於振，毅進擊，爲振所敗，退次尋陽，坐免官，尋原之。劉裕命何無忌受毅節度，無忌以督攝爲煩，輒便解統。毅疾無忌專擅，免其琅邪內史，以輔國將軍攝軍事，無忌遂與毅不平。毅唯自引咎，時論韙之。毅復與道規發尋陽。桓亮自號江州刺史，遣劉敬宣擊走之。毅軍次夏口。時振黨馮該戍大岸，孟山圖據魯城，桓山客守偃月壘，〔二〕衆合萬人，連艦二岸，水陸相援。毅督衆軍進討，未至夏口，遇風飄沒千餘人。毅與劉懷肅、索邈等攻魯城，道規攻偃月壘，何無忌與檀祗列艦於中流，以防越逸。毅躬貫甲冑，陵城半日而二壘俱潰，生擒山客，而馮該遁走。毅進平巴陵。以毅爲使持節、兗州刺史，將軍如故。毅號令嚴整，所經墟邑，百姓安悅。南陽太守魯宗之起義，襲襄陽，破桓蔚。毅等諸軍次江陵之馬頭。振擁乘輿，出營江津。宗之又破僞將溫楷，振自擊宗之。毅因率無忌、道規等諸軍破馮該於豫章口，推鋒而進，遂入江陵。振聞城陷，與謙北走，乘輿反正，毅執玄黨卞範之、羊僧壽、夏侯崇之、桓道恭等，皆斬之。桓振復與苻宏自鄖城襲陷江陵，與劉懷肅相持。毅遣部將擊振，殺之，并斬僞輔國將軍桓珍。毅又攻拔遷陵，斬玄太守劉叔祖於臨嶂。其餘擁衆假號以十數，皆討平之。二州既平，以毅爲撫軍將軍。時刁預等作亂，屯於湘中，毅遣將分討，皆滅之。

初，毅丁憂在家，及義旗初興，遂墨絰從事。至是，軍役漸寧，上表乞還京口，以終喪禮，曰：「弘道爲國者，理盡於仁孝。訴窮歸天者，莫甚於喪親。但臣凡庸，本無感概，不能隕越，故其宜耳。往年國難滔天，故志竭愚忠，靦然苟存。去春鑾駕迴軫，而狂狡未滅，雖姦凶時梟，餘燼竄伏，威懷寡方，文武勞弊，微情未申，顧景悲憤。今皇威遐肅，海內清蕩，臣窮毒艱穢，亦已具於聖聽。兼羸患滋甚，衆疾互動，如今寢頓無復人理。臣之情也，本不甘生；語其事也，亦可以沒。乞賜餘骸，終其丘墳，庶幾忠孝之道獲宥於聖世。」不許。詔以毅爲都督豫州揚州之淮南歷陽廬江安豐堂邑五郡諸軍事、〔三〕豫州刺史，持節、將軍、常侍如故，本府文武悉令西屬。以匡復功，封南平郡開國公，兼都督宣城軍事，給鼓吹一部。梁州刺史劉稚反，毅遣將討擒之。初，桓玄於南州起齋，悉畫盤龍於其上，號爲盤龍齋。毅小字盤龍，至是，遂居之。俄進拜衞將軍、開府儀同三司。

及何無忌爲盧循所敗，賊軍乘勝而進，朝廷震駭。毅具舟船討之，將發，而疾篤，內外失色。朝議欲奉乘輿北就中軍劉裕，會毅疾瘳，將率軍南征，裕與毅書曰：「吾往與妖賊戰，曉其變態。今修船垂畢，將居前撲之。克平之日，上流之任皆以相委。」又遣毅從弟藩往止之。毅大怒，謂藩曰：「我以一時之功相推耳，汝便謂我不及劉裕也！」投書於地。遂以舟師二萬發姑孰。徐道覆聞毅將至建鄴，〔四〕報盧循曰：「劉毅兵重，成敗繫此一戰，宜併力距之。」循乃引兵發巴陵，與道覆連旗而下。毅次于桑落洲，與賊戰，敗績，棄船，以數百人步走，餘衆皆爲賊所虜，輜重盈積，皆棄之。毅走，經涉蠻晉，飢困死亡，至者十二三。參軍羊邃竭力營護之，僅而獲免。劉裕深慰勉之，復其本職。毅乃以邃爲諮議參軍。及裕討循，詔毅知內外留事。毅以喪師，乞解任，降爲後將軍。尋轉衞將軍、開府儀同三司、江州都督。毅上表曰：

臣聞天以盈虛爲運，政以損益爲道。時否而政不革，人凋而事不損，則無以救急病於已危，拯塗炭於將絕。自頃戎車屢駭，干戈溢境，所統江州，以一隅之地當逆順之衝，自桓玄以來，驅蹙殘敗，至乃男不被養，女無匹對，逃亡去就，不避幽深，自非財殫力竭，無以至此。若不曲心矜理，有所釐改，則靡遺之歎奄焉必及。

夫設官分職，軍國殊用，牧養以息務爲大，武略以濟事爲先。兼而領之，蓋出於權事，因藉既久，遂似常體。江州在腹心之內，憑接揚豫，藩屏所倚，實爲重複。昔胡寇縱逸，朔馬臨江，抗禦之宜，蓋權爾耳。今江左區區，戶不盈數十萬，地不踰數千里，而統旅鱗次，未獲減息，大而言之，足爲國恥。況乃地在無虞，而猶置軍府文武將佐，資費非要，豈所謂經國大情，揚湯去火者哉！自州郡邊江，〔五〕百姓遼落，加郵亭險閡，畏阻風波，轉輸往復，恒有淹廢，又非所謂因其所利以濟其弊者也。愚謂宜解軍府，移鎭豫章，處十郡之中，厲簡惠之政，比及數年，可有生氣。且屬縣凋散，示有所存，而役調送迎不得止息，亦謂應隨宜幷合以簡衆費。刺史庾悅，自臨莅以來，甚有恤隱之誠，但綱維不革，自非綱目所理。尋陽接蠻，宜示有遏防，可卽州府千兵以助郡戍。」於是解悅，毅移鎭豫章，遣其親將趙恢領千兵守尋陽。〔六〕俄進毅爲都督荆寧秦雍四州之河東河南廣平揚州之義成四郡諸軍事、〔七〕衞將軍、開府儀同三司、荆州刺史，持節、公如故。毅表荆州編戶不盈十萬，器械索然。廣州雖凋殘，猶出丹漆之用，請依先準。於是加督交、廣二州。

毅至江陵，乃輒取江州兵及豫州西府文武萬餘，留而不遣，又告疾困，請藩爲副。劉裕以毅貳于己，乃奏之。安帝下詔曰：「劉毅傲很凶戾，履霜日久，中間覆敗，宜卽顯戮。晉法含弘，復蒙寵授。曾不思愆內訟，怨望滋甚。賴宰輔藏疾，特加遵養，遂復推轂陝西，寵榮隆泰，庶能洗心感遇，革音改意。而長惡不悛，志爲姦宄，陵上虐下，縱逸無度。既解督任，江州非復所統，而輒徙兵衆，略取軍資，驅斥舊戍，厚樹親黨。西府二局，文武盈萬，悉皆割留，曾無片言。肆心恣欲，罔顧天朝。又與從弟藩遠相影響，招聚剽狡，繕甲阻兵，外託省疾，實規伺隙，同惡相濟，圖會荆郢。尙書左僕射謝混憑藉世資，超蒙殊遇，而輕佻躁脫，職爲亂階，扇動內外，連謀萬里，是而可忍，孰不可懷！」乃誅藩、混。

劉裕自率衆討毅，命王弘、王鎭惡、蒯恩等率軍至豫章口，〔六〕於江津燔舟而進。毅參軍朱顯之逢鎭惡，以所統千人赴毅。鎭惡等攻陷外城，毅守內城，精鋭尙數千人，戰至日昃，鎭惡以裕書示城內，毅怒，不發書而焚之。毅冀有外救，督士卒力戰。衆知裕至，莫有鬭心。旣暮，鎭惡焚諸門，齊力攻之，毅衆乃散。毅自北門單騎而走，去江陵二十里而縊。經宿，居人以告，乃斬於市，子姪皆伏誅。毅兄模奔於襄陽，魯宗之斬送之。

毅剛猛沈斷，而專肆很愎，與劉裕協成大業，而功居其次，深自矜伐，不相推伏。及居方嶽，常怏怏不得志，裕每柔而順之。毅驕縱滋甚，每覽史籍，至藺相如降屈於廉頗，輒絕歎以爲不可能也。嘗云：「恨不遇劉項，與之爭中原。」又謂郗僧施曰：「昔劉備之有孔明，猶魚之有水。今吾與足下雖才非古賢，而事同斯言。」衆咸惡其陵傲不遜。及敗於桑落，知物情去已，彌復憤激。初，裕征盧循，凱歸，帝大宴於西池，有詔賦詩。毅詩云：「六國多雄士，正始出風流。」自知武功不競，故示文雅有餘也。後於東府聚摴蒱大擲，一判應至數百萬，餘人並黑犢以還，唯劉裕及毅在後。毅次擲得雉，大喜，褰衣繞牀，叫謂同坐曰：「非不能盧，不事此耳。」裕惡之，因挼五木久之，曰：「老兄試爲卿答。」旣而四子俱黑，其一子轉躍未定，裕厲聲喝之，卽成盧焉。毅意殊不快，然素黑，其面如鐵色焉，而乃和言曰：「亦知公不能以此見借！」旣出西藩，雖上流分陝，而頓失內權，又頗自嫌事計，故欲擅其威强，伺隙圖裕，以至於敗。

初，江州刺史庾悅，隆安中爲司徒長史，曾至京口。毅時甚屯窶，先就府借東堂與親故出射。而悅後與僚佐徑來詣堂，毅告之曰：「毅輩屯否之人，合一射甚難。君於諸堂並可，望以今日見讓。」悅不許。射者皆散，唯毅留射如故。旣而悅食鵝，毅求其餘，悅又不答，毅常銜之。義熙中，故奪悅豫章，解其軍府，使人微示其旨，悅忿懼而死。毅之褊躁如此。

邁字伯羣。少有才榦，爲殷仲堪中兵參軍。桓玄之在江陵，甚豪橫，士庶畏之，過於仲堪。玄曾於仲堪廳事前戲馬，以矟擬仲堪。邁時在坐，謂玄曰：「馬矟有餘，精理不足。」玄自以才雄冠世，而心知外物不許之。仲堪爲之失色。玄出，仲堪謂邁曰：「卿乃狂人也！玄夜遣殺卿，我豈能相救！」邁以正辭折仲堪，而不以爲悔。仲堪使邁下都以避之。玄果令追之，邁僅而免禍。後玄得志，邁詣門稱謁，玄謂邁曰：「安知不死而敢相見？」邁對曰：「射鉤、斬袪，與邁爲三，故知不死。」玄甚喜，以爲刑獄參軍。後爲竟陵太守。及毅與劉裕等同謀起義，邁將應之，事泄，爲玄所害。

諸葛長民

諸葛長民，琅邪陽都人也。有文武榦用，然不持行檢，無鄉曲之譽。桓玄引爲參軍平西軍事，〔九〕尋以貪刻免。及劉裕建義，與之定謀，爲揚武將軍。從裕討桓玄，以功拜輔國將軍、宣城內史。于時桓歆聚衆向歷陽，長民擊走之，又與劉敬宣破歆于芍陂，封新淦縣公，食邑二千五百戶，以本官督淮北諸軍事，鎮山陽。義熙初，慕容超寇下邳，長民遣部將徐琰擊走之，進位使持節、督青揚二州諸軍事、青州刺史，領晉陵太守，鎮丹徒，本號及公如故。

及何無忌爲徐道覆所害，賊乘勝逼京師，朝廷震駭，長民率衆入衞京都，因表曰：「妖賊集船伐木，〔一〇〕而南康相郭澄之隱蔽經年，又深相保明，屢欺無忌，罪合斬刑。」詔原澄之。及盧循之敗劉毅也，循與道覆連旗而下，京都危懼，長民勸劉裕權移天子過江。裕不聽，令長民與劉毅屯于北陵，以備石頭。事平，轉督豫州揚州之六郡諸軍事、豫州刺史，領淮南太守。

及裕討毅，以長民監太尉留府事，詔以甲杖五十人入殿。長民驕縱貪侈，不恤政事，多聚珍寶美色，營建第宅，不知紀極，所在殘虐，爲百姓所苦。自以多行無禮，恒懼國憲。及劉毅被誅，長民謂所親曰：「昔年醢彭越，前年殺韓信，禍其至矣！」謀欲爲亂，問劉穆之曰：「人間論者謂太尉與我不平，其故何也？」穆之曰：「相公西征，老母弱弟委之將軍，何謂不平！」長民弟黎民輕狡好利，固勸之曰：「黥彭異體而勢不偏全，劉毅之誅，亦諸葛氏之懼，可因裕未還以圖之。」長民猶豫未發，既而歎曰：「貧賤常思富貴，富貴必履機危。今日欲爲丹徒布衣，豈可得也！」裕深疑之，駱驛繼遣輜重兼行而下，前剋至日，百司於道候之，輒差其期。既而輕舟徑進，潛入東府。明旦，長民聞之，驚而至門，裕伏壯士丁旿於幔中，引長民進語，素所未盡皆說焉。長民悅，旿自後拉而殺之，輿尸付廷尉。使收黎民，黎民驍勇絕人，與捕者苦戰而死。小弟幼民爲大司馬參軍，逃于山中，追擒戮之。諸葛氏之誅也，士庶咸恨正刑之晚，若釋桎梏焉。

初，長民富貴之後，常一月中輒十數夜眠中驚起，跳踉，如與人相打。毛脩之嘗與同宿，見之駭愕，問其故。長民答曰：「正見一物，甚黑而有毛，脚不分明，奇健，非我無以制之。」其後來轉數。屋中柱及椽桷間，悉見有蛇頭，令人以刀懸斫，應刃隱藏，去輒復出。又擣衣杵相與語如人聲，不可解。於壁見有巨手，長七八尺，臂大數圍，令斫之，豁然不見。未幾伏誅。

何無忌

何無忌，東海郯人也。少有大志，忠亮任氣，人有不稱其心者，輒形於言色。州辟從事，轉太學博士。鎮北將軍劉牢之，卽其舅也，時鎮京口，每有大事，常與參議之。會稽世子元顯子彥章封東海王，〔二〕以無忌爲國中尉，加廣武將軍。及桓玄害彥章於市，無忌入市慟哭而出，時人義焉。隨牢之南征桓玄。牢之將降於玄也，無忌屢諫，辭旨甚切，牢之不從。及玄篡位，無忌與玄吏部郎曹靖之有舊，請莅小縣。靖之白玄，玄不許，無忌乃還京口。

初，劉裕嘗爲劉牢之參軍，與無忌素相親結。至是，因密共圖玄。劉毅家在京口，與無忌素善，言及興復之事，無忌曰：「桓氏强盛，其可圖乎？」毅曰：「天下自有强弱，雖强易弱，正患事主難得耳！」無忌曰：「天下草澤之中非無英雄也。」毅曰：「所見唯有劉下邳。」無忌笑而不答，還以告裕，因共要毅，與相推結，遂共舉義兵，襲京口。無忌僞著傳詔服，稱敕使，城中無敢動者。

初，桓玄聞裕等及無忌之起兵也，甚懼。其黨曰：「劉裕烏合之衆，勢必無成，願不以爲慮。」玄曰：「劉裕勇冠三軍，當今無敵。劉毅家無儋石之儲，摴蒱一擲百萬。何無忌，劉牢之之甥，酷似其舅。共舉大事，何謂無成！」其見憚如此。及玄敗走，武陵王遵承制以無忌爲輔國將軍、琅邪內史，以會稽王道子所部精兵悉配之，南追桓玄，與振武將軍劉道規俱受冠軍將軍劉毅節度。玄留其龍驤將軍何澹之、前將軍郭銓、江州刺史郭昶之守湓口。無忌等次桑落洲，澹之等率軍來戰。澹之常所乘舫旌旗甚盛，無忌曰：「賊帥必不居此，欲詐我耳，宜亟攻之。」衆咸曰：「澹之不在其中，其徒得之無益。」無忌謂道規曰：「今衆寡不敵，戰無全勝。澹之雖不居此舫，取則易獲，因縱兵騰之，可以一鼓而敗也。」道規從之，遂獲賊舫，因傳呼曰：「已得何澹之矣！」賊中驚擾，無忌之衆亦謂爲然。道規乘勝徑進，無忌又鼓譟赴之，澹之遂潰。進據尋陽，遣使奉送宗廟主祏及武康公主、琅邪王妃還京都。又與毅、道規破走玄於峥嶸洲。無忌進據巴陵。玄從兄謙、從子振乘間陷江陵，無忌、道規進攻謙於馬頭，攻桓蔚於龍泉，皆破之。既而爲桓振所敗，退還尋陽。無忌與毅、道規復進討振，克夏口三城，遂平巴陵，進次馬頭。桓謙請割荆、江二州，奉送天子，無忌不許。進軍破江陵，謙等敗走。無忌侍衞安帝還京師，以無忌督豫州揚州淮南廬江安豐歷陽堂邑五郡軍事、右將軍、豫州刺史、加節，甲杖五十人入殿，未之職。還會稽內史、督江東五郡軍事，持節、將軍如故，給鼓吹一部。義熙二年，遷都督江荆二州江夏隨義陽綏安豫州西陽新蔡汝南潁川八郡軍事、江州刺史，將軍、持節如故。以興復之功，封安成郡開國公，〔三〕食邑三千戶，增督司州之弘農揚州之松滋，加散騎侍郎，進鎭南將軍。盧循遣別帥徐道覆順流而下，舟艦皆重樓。無忌將率衆距之，長史鄧潛之諫曰：「今以神武之師抗彼逆衆，迴山壓卵，未足爲譬。然國家之計在此一舉。聞其舟艦大盛，勢居上流。蜂蠆之毒，邾魯成鑒。宜決破南塘，守二城以待之，其必不敢捨我遠下。蓄力俟其疲老，然後擊之。若棄萬全之長策，而決成敗於一戰，如其失利，悔無及矣。」無忌不從，遂以舟師距之。既及，賊令强弩數百登西岸小山以邀射之，而薄于山側。俄而西風暴急，無忌所乘小艦被飄東岸，賊乘風以大艦逼之，衆遂奔敗，無忌尙厲聲曰：「取我蘇武節來！」節至，乃躬執以督戰。賊衆雲集，登艦者數十人。無忌辭色無撓，遂握節死之。詔曰：「無忌秉哲履正，忠亮明允，亡身殉國，則契協英謨；經綸屯昧，則重氛載廓。及敷政方夏，實播風惠。妖寇搆亂，侵擾邦畿，投袂致討，志清王略。而事出慮外，臨危彌厲，握節隕難，誠貫古賢，朕用傷慟于厥懷。其贈侍中、司空，本官如故，謚曰忠肅。」子邕嗣。

初，桓玄克京邑，劉裕東征，無忌密至裕軍所，潛謀舉義，勸裕於山陰起兵。裕以玄大逆未彰，恐在遠舉事，克濟爲難。若玄遂竊天位，然後於京口圖之，事未晚也。無忌乃還。及義師之舉，參贊大勳，皆以算略攻取爲效，而此舉敗於輕脫，朝野痛之。

檀憑之

檀憑之字慶子，高平人也。少有志力。閨門邕肅，爲世所稱。從兄子韶兄弟五人，皆稚弱而孤，憑之撫養若己所生。初爲會稽王驃騎行參軍，轉桓脩長流參軍，領東莞太守，加寧遠將軍。與劉裕有州閭之舊，又數同東討，情好甚密。義旗之建，憑之與劉毅俱以私艱，墨經而赴。雖才望居毅之後，而官次及威聲過之，故裕以爲建武將軍。

裕將義舉也，嘗與何無忌、魏詠之同會憑之所。會善相者晉陵韋叟見憑之，大驚曰：「卿有急兵之厄，其候不過三四日耳。且深藏以避之，不可輕出。」及桓玄將皇甫敷之至羅落橋也，憑之與裕各領一隊而戰，軍敗，爲敷軍所害。贈冀州刺史。義熙初，詔曰：「夫旌善紀功，有國之通典，沒而不朽，節義之篤行。故冀州刺史檀憑之忠烈果毅，亡身爲國，既義敦其情，故臨危授命。考諸心迹，古人無以遠過，近者之贈，意猶恨焉。可加贈散騎常侍，本官如故。既隕身王事，亦宜追論封賞。可封曲阿縣公，邑三千戶。」

魏詠之

魏詠之字長道，任城人也。家世貧素，而躬耕爲事，好學不倦。生而兔缺。有善相者謂之曰：「卿當富貴。」年十八，聞荆州刺史殷仲堪帳下有名醫能療之，貧無行裝，謂家人曰：「殘醜如此，用活何爲！」遂齎數斛米西上，以投仲堪。既至，造門自通。仲堪與語，嘉其盛意，召醫視之。醫曰：「可割而補之，但須百日進粥，不得語笑。」詠之曰：「半生不語，而有半生，亦當療之，況百日邪！」仲堪於是處之別屋，令醫善療之。詠之遂閉口不語，唯食薄粥，其厲志如此。及差，仲堪厚資遣之。

初爲州主簿，嘗見桓玄。既出，玄鄙其精神不儁，謂坐客曰：「庸神而宅偉幹，不成令器。」竟不調而遣之。詠之早與劉裕游款，及玄篡位，協贊義謀。玄敗，授建威將軍、豫州刺史。桓歆寇歷陽，詠之率衆擊走之。義熙初，進征虜將軍、吳國內史，尋轉荆州刺史、持節、都督六州，領南蠻校尉。詠之初在布衣，不以貧賤爲恥；及居顯位，亦不以富貴驕人。始爲殷仲堪之客，未幾竟踐其位，論者稱之。尋卒于官。詔曰：「魏詠之器宇弘劭，識局貞隱，同獎之誠，實銘王府；敷績之效，垂惠在人。奄致隕喪，惻愴于心。可贈太常，加散騎常侍。」其後錄其贊義之功，追封江陵縣公，食邑二千五百戶，謚曰桓。弟順之至琅邪內史。

史臣曰：臣觀自古承平之化，必杖正人；非常之業，莫先奇士。當衰晉陵夷之際，逆玄僭擅之秋，外乏桓文，內無平勃，不有雄傑，安能濟之哉！此數子者，氣足以冠時，才足以經世，屬大亨數窮之運，乘義熙天啓之資，建大功若轉圜，翦羣兇如拉朽，勢傾百辟，祿極萬鍾，斯亦丈夫之盛也。然希樂陵傲而速禍，諸葛驕淫以成釁，造宋而乖同德，復晉而異純臣，謀之不臧，自取夷滅。無忌挾功名之大志，挺文武之良才，追舊而慟感時人，率義而響震勍敵，因機效捷，處死不懾，比乎向時之輩，豈同日而言歟！

贊曰：劉生剛愎，葛侯凶恣。患結滿盈，禍生疑貳。安成英武，體茲忠烈。捨家殉義，忘生存節。檀實棱威，身隕名飛。魏終協契，效績揚輝。

校勘記

〔一〕玄將郭銓劉雅等襲陷尋陽　周校：玄傳「郭銓劉稚」作「劉統馮雅」。郭銓時已歸降，當從玄傳。按：通鑑一一三與玄傳同，周校是。

〔二〕桓山客　斠注：宋書劉道規、劉懷肅傳「山客」均作「仙客」。按：通鑑一一三亦作「仙客」。

〔三〕淮南歷陽廬江安豐堂邑五郡　宋本、殿本皆無「堂邑」二字，惟局本有，蓋據通志一二九下及下何無忌傳增入。今從之。

〔四〕將至建鄴　李校：「建鄴」疑「建昌」之誤。

〔五〕自州郡邊江　李校：「自」當從宋書作「其」。

〔六〕於是解悅毅移鎮豫章遣其親將趙恢領千兵守尋陽　李校：宋書庾悅傳作「解悅都督、將軍官，移鎮豫章」，移鎮乃悅非毅。按：李校是。「毅」字當在「遣」字上，通鑑一一六可證。

〔七〕假進毅爲都督荆寧秦雍四州之河東河南廣平揚州之義成四郡諸軍事　考異云：桓沖傳稱「司州之河東」，宋書劉道規傳稱「司州之河南」，則此四州下當脫「司州」二字。

〔八〕蒯恩　「恩」，各本誤作「思」。今據宋書蒯恩傳及通鑑一一六改。

〔九〕參軍平西軍事　李校：上「軍」字衍。

〔一〇〕集船伐木　各本作「伐船集木」，今從殿本。

〔一一〕彥章　安紀、元四王傳作「彥璋」。

〔一二〕安成郡　「安成」，各本作「安城」。周校：安紀及本傳贊俱作「安成」，與地理志合。按：通鑑一一四亦作「安成」，今據改。

晉書卷八十六

列傳第五十六

張軌 子寔 寔弟茂 寔子駿 駿子重華 華子耀靈 靈伯父祚 靈弟玄靚 靚叔天錫

張軌字士彥，安定烏氏人，漢常山景王耳十七代孫也。家世孝廉，以儒學顯。父溫，爲太官令。軌少明敏好學，有器望，姿儀典則，與同郡皇甫謐善，隱于宜陽女几山。泰始初，受叔父錫官五品。中書監張華與軌論經義及政事損益，甚器之，謂安定中正爲蔽善抑才，乃美爲之談，以爲二品之精。衞將軍楊珧辟爲掾，除太子舍人，累遷散騎常侍、征西軍司。

軌以時方多難，陰圖據河西，筮之，遇泰之觀，乃投筴喜曰：「霸者兆也。」於是求爲涼州。公卿亦舉軌才堪御遠。永寧初，出爲護羌校尉、涼州刺史。于時鮮卑反叛，寇盜從橫，軌到官，卽討破之，斬首萬餘級，遂威著西州，化行河右。以宋配、陰充、氾瑗、陰澹爲股肱謀主，徵九郡胄子五百人，立學校，始置崇文祭酒，位視別駕，春秋行鄉射之禮。祕書監繆世徵、少府摯虞夜觀星象，相與言曰：「天下方亂，避難之國唯涼土耳。張涼州德量不恒，殆其人乎！」及河間、成都二王之難，遣兵三千，東赴京師。初，漢末金城人陽成遠殺太守以叛，郡人馮忠赴尸號哭，嘔血而死。張掖人吳詠爲護羌校尉馬賢所辟，後爲太尉龐參掾，參、賢相誣，罪應死，各引詠爲證，詠計理無兩直，遂自刎而死。參、賢慚悔，自相和釋。軌皆祭其墓而旌其子孫。永興中，鮮卑若羅拔能皆爲寇，軌遣司馬宋配擊之，斬拔能，俘十餘萬口，威名大震。惠帝遣加安西將軍，封安樂鄉侯，邑千戶。於是大城姑臧。其城本匈奴所築也，南北七里，東西三里，地有龍形，故名臥龍城。初，漢末博士敦煌侯瑾謂其門人曰：「後城西泉水當竭，有雙闕起其上，與東門相望，中有霸者出焉。」至魏嘉平中，郡官果起學館，築雙闕于泉上，與東門正相望矣。至是，張氏遂霸河西。

永嘉初，會東羌校尉韓稚殺秦州刺史張輔，〔一〕軌少府司馬楊胤言於軌曰：「今稚逆命，擅殺張輔，明公杖鉞一方，宜懲不恪，此亦春秋之義，諸侯相滅亡，桓公不能救，則桓公恥之。」軌從焉，遣中督護氾瑗率衆二萬討之，先遺稚書曰：「今王綱紛撓，牧守宜勠力勤王。適得雍州檄，云卿稱兵內侮。吾董任一方，義在伐叛，武旅三萬，駱驛繼發，伐木之感，心豈可言！古之行師，全國爲上，卿若單馬軍門者，當與卿共平世難也。」稚得書而降。遣主簿令狐亞聘南陽王模，模甚悅，遺軌以帝所賜劍，謂軌曰：「自隴以西，征伐斷割悉以相委，如此劍矣。」俄而王彌寇洛陽，軌遣北宮純、張纂、馬魴、陰濬等率州軍擊破之，又敗劉聰于河東，京師歌之曰：「涼州大馬，橫行天下。涼州鴟苕，寇賊消；鴟苕翩翩，怖殺人。」帝嘉其忠，進封西平郡公，不受。張掖臨松山石有「金馬」字，磨滅粗可識，而「張」字分明，又有文曰：「初祚天下，西方安萬年。」姑臧又有玄石，白點成二十八宿。于時天下既亂，所在使命莫有至者，軌遣使貢獻，歲時不替。朝廷嘉之，屢降璽書慰勞。

軌後患風，口不能言，使子茂攝州事。酒泉太守張鎮潛引秦州刺史賈龕以代軌，密使詣京師，請尚書侍郎曹祛爲西平太守，圖爲輔車之勢。軌別駕麴晁欲專威福，又遣使詣長安，告南陽王模，稱軌廢疾，以請賈龕，而龕將受之。其兄讓龕曰：「張涼州一時名士，威著西州，汝何德以代之！」龕乃止。更以侍中爰瑜爲涼州刺史。〔三〕治中楊澹馳詣長安，割耳盤上，訴軌之被誣，模乃表停之。

晉昌張越，涼州大族，讖言張氏霸涼，自以才力應之。從隴西內史遷梁州刺史。越志在涼州，遂託病歸河西，陰圖代軌，乃遣兄鎮及曹祛、麴佩移檄廢軌，以軍司杜耽攝州事，使耽表越爲刺史。軌令曰：「吾在州八年，不能綏靖區域，又值中州兵亂，秦隴倒懸，加以寢患委篤，實思斂迹避賢。但負荷任重，未便輒遂。不圖諸人橫興此變，是不明吾心也。吾視去貴州如脫屣耳！」欲遣主簿尉髦奉表詣闕，便速脂轄，將歸老宜陽。長史王融、參軍孟暢蹋折鎮檄，排閤入諫曰：「晉室多故，人神塗炭，實賴明公撫寧西夏。張鎮兄弟敢肆凶逆，宜聲其罪而戮之，不可成其志也。」軌嘿然。融等出而戒嚴。武威太守張琠遣子坦馳詣京，表曰：「魏尚安邊而獲戾，充國盡忠而被譴，皆前史之所譏，今日之明鑒也。順陽之思劉陶，守闕者千人。〔三〕刺史之莅臣州，若慈母之於赤子，百姓之愛臣軌，若旱苗之得膏雨。伏聞信惑流言，當有遷代，民情嗷嗷，如失父母。今戎夷猾夏，不宜擾動一方。」尋以子寔為中督護，率兵討鎮。遣鎮外甥太府主簿令狐亞前喻鎮曰：「舅何不審安危，明成敗？主公西河著德，兵馬如雲，此猶烈火已焚，待江漢之水，溺於洪流，望越人之助，其何及哉！今數萬之軍已臨近境，今唯全老親，存門戶，輸誠歸官，必保萬全之福。」鎮流涕曰：「人誤我也！」乃委罪功曹魯連而斬之，詣寔歸罪。南討曹祛，走之。張坦至自京師，帝優詔勞軌，依模所表，命誅曹祛。軌大悅，赦州內殊死已下。命寔率尹員、宋配步騎三萬討祛，別遣從事田迴、王豐率騎八百自姑臧西南出石驢，據長寧。祛遣麴晁距戰于黃阪。寔詭道出浩亹，戰于破羌。軌斬祛及牙門田囂。

遣治中張閬送義兵五千及郡國秀孝貢計、器甲方物歸于京師。令有司可推詳立州已來清貞德素，嘉遁遺榮；高才碩學，著述經史；臨危殉義，殺身為君；忠諫而嬰禍，專對而釋患；權智雄勇，爲時除難；諂佞誤主，傷陷忠賢；具狀以聞。州中父老莫不相慶。光祿傅祗、太常摯虞遺軌書，告京師飢匱，軌卽遣參軍杜勳獻馬五百匹、毯布三萬匹。帝遣使者進拜鎭西將軍、都督隴右諸軍事，封霸城侯，進車騎將軍、開府辟召、儀同三司。策未至，而王彌遂逼洛陽，軌遣將軍張斐、北宮純、郭敷等率精騎五千來衞京都。及京都陷，斐等皆沒於賊。中州避難來者日月相繼，分武威置武興郡以居之。太府主簿馬魴言於軌曰：「四海傾覆，乘輿未反，明公以全州之力徑造平陽，必當萬里風披，有征無戰。未審何憚不爲此舉？」軌曰：「是孤心也。」又聞秦王入關，乃馳檄關中曰：「主上遘危，遷幸非所，普天分崩，率土喪氣。秦王天挺聖德，神武應期。世祖之孫，王今爲長。凡我晉人，食土之類，龜筮克從，幽明同款。宜簡令辰，奉登皇位。今遣前鋒督護宋配步騎二萬，徑至長安，翼衞乘輿，折衝左右。西中郞寔中軍三萬，武威太守張琠胡騎二萬，駱驛繼發，仲秋中旬會于臨晉。」

俄而秦王爲皇太子，遣使拜軌爲驃騎大將軍、儀同三司，固辭。秦州刺史裴苞、東羌校尉貫與據險斷使，命宋配討之。西平王叔與曹袪餘黨麴儒等劫前福祿令麴恪爲主，執太守趙彝，東應裴苞。寔迴師討之，斬儒等。左督護陰預與苞戰狹西，大敗之，苞奔桑凶塢。是歲，北宮純降劉聰。皇太子遣使重申前授，固辭。左司馬竇濤言於軌曰：「曲阜周旦弗辭，營丘齊望承命，所以明國憲，厲殊勳。天下崩亂，皇輿遷幸，州雖僻遠，不忘匡衞，故朝廷傾懷，嘉命屢集。宜從朝旨，以副羣心。」軌不從。

初，寔平麴儒，徙元惡六百餘家。治中令狐瀏曰：「夫除惡人，猶農夫之去草，令絕其本，勿使能滋。今宜悉徙，以絕後患。」寔不納。儒黨果叛，寔進平之。

愍帝卽位，進位司空，固讓。太府參軍索輔言於軌曰：「古以金貝皮幣爲貨，息穀帛量度之秏。二漢制五銖錢，通易不滯。泰始中，河西荒廢，遂不用錢，裂匹以爲段數。縑布既壞，市易又難，徒壞女工，不任衣用，弊之甚也。今中州雖亂，此方安全，宜復五銖以濟通變之會。」軌納之，立制準布用錢，錢遂大行，人賴其利。是時劉曜寇北地，軌又遣參軍麴陶領三千人衞長安。帝遣大鴻臚辛攀拜軌侍中、太尉、涼州牧、西平公，軌又固辭。

在州十三年，寢疾，遺令曰：「吾無德於人，今疾病彌留，殆將命也。文武將佐咸當弘盡忠規，務安百姓，上思報國，下以寧家。素棺薄葬，無藏金玉。善相安遜，以聽朝旨。」表立子寔爲世子。卒年六十。謚曰武公。

寔字安遜，學尚明察，敬賢愛士，以秀才爲郎中。永嘉初，固辭驍騎將軍，請還涼州，許之，改授議郎。及至姑臧，以討曹祛功，封建武亭侯。尋遷西中郎將，進爵福祿縣侯。建興初，除西中郎將，領護羌校尉。軌卒，州人推寔攝父位。愍帝因下策書曰：「維乃父武公，著動西夏。頃胡賊狡猾，侵逼近甸，義兵銳卒，萬里相尋，方貢遠珍，府無虛歲。方委專征，蕩清九域，昊天不弔，凋余藩后，朕用悼厥心。維爾雋劭英毅，宜世表西海。今授持節、都督涼州諸軍事、西中郎將、涼州刺史、領護羌校尉、西平公。往欽哉！其闡弘先緒，俾屏王室。」

蘭池長趙奭上軍士張冰得璽，文曰「皇帝璽」。羣僚上慶稱德，寔曰：「孤常忿袁本初擬肘，諸君何忽有此言！」因送于京師。下令國中曰：「忝紹前蹤，庶幾刑政不爲百姓之患，而比年飢旱，殆由庶事有缺。竊慕箴誦之言，以補不逮。自今有面刺孤罪者，酬以束帛；翰墨陳孤過者，答以筐篚；謗言於市者，報以羊米。」賊曹佐高昌隗瑾進言曰：「聖王將舉大事，必崇三訊之法，朝置諫官以匡大理，疑承輔弼以補闕拾遺。〔四〕今事無巨細，盡決聖慮，興軍布令，朝中不知，若有謬闕，則下無分謗。竊謂宜偃聰塞智，開納羣言，政刑大小，與衆共之。若恒內斷聖心，則羣僚畏威而面從矣。善惡專歸於上，雖賞千金，終無言也。」寔納之，增位三等，賜帛四十匹。遣督護王該送諸郡貢計，獻名馬方珍、經史圖籍于京師。

會劉曜逼長安，寔遣將軍王該率衆以援京城。帝嘉之，拜都督陝西諸軍事。及帝將降于劉曜，下詔于寔曰：「天步厄運，禍降晉室，京師傾陷，先帝晏駕賊庭。朕流漂宛許，爰暨舊京。羣臣以宗廟無主，歸之於朕，遂以沖眇之身託于王公之上。自踐寶位，四載于茲，不能翦除巨寇以救危難，元元兆庶仍遭塗炭，皆朕不明所致。羯賊劉載僭稱大號，禍加先帝，肆殺藩王，深惟仇恥，枕戈待旦。劉曜自去年九月率其蟻衆，乘虛深寇，劫質羌胡，攻沒北地。麴允總戎在外，六軍敗績，侵逼京城，矢流宮闕。胡崧等雖赴國難，殿而無效，圍塹十重，外救不至，糧盡人窮，遂爲降虜。仰慚乾靈，俯痛宗廟。君世篤忠亮，勳隆西夏，四海具瞻，朕所憑賴。今進君大都督、涼州牧、侍中、司空，承制行事。琅邪王宗室親賢，遠在江表。今朝廷播越，社稷倒懸，朕以詔王，時攝大位。君其挾贊琅邪，共濟艱運。若不忘主，宗廟有賴。明便出降，故夜見公卿，屬以後事，密遣黃門郎史淑、侍御史王沖齎詔假授。臨出寄命，公其勉之！」寔以天子蒙塵，沖讓不拜。

建威將軍、西海太守張肅，寔叔父也，以京師危逼，請爲先鋒擊劉曜。寔以肅年老，弗許。肅曰：「狐死首丘，心不忘本；鍾儀在晉，楚弁南音。肅受晉寵，剖符列位。羯逆滔天，朝廷傾覆，肅宴安方裔，難至不奮，何以爲人臣！」寔曰：「門戶受重恩，自當闔宗效死，忠衞社稷，以申先公之志。但叔父春秋已高，氣力衰竭，軍旅之事非耆耄所堪。」乃止。既而聞京師陷沒，肅悲憤而卒。

寔知劉曜逼遷天子，大臨三日。遣太府司馬韓璞、滅寇將軍田齊、撫戎將軍張閬、前鋒督護陰預步騎一萬，東赴國難。命討虜將軍陳安、故太守賈騫、〔五〕隴西太守吳紹各統郡兵爲璞等前驅。戒璞曰：「前遣諸將多違機信，所執不同，致有乖阻。且內不和親，焉能服物！今遣卿督五將兵事，當如一體，不得令乖異之問達孤耳也。」復遣南陽王保書曰：「王室有事，不忘投軀。孤州遠域，首尾多難，是以前遣賈騫，瞻望公舉。中被符命，敕騫還軍。會忽聞北地陷沒，寇逼長安，胡崧不進，麴允持金五百請救於崧，是以決遣騫等進軍度嶺。會聞朝廷傾覆，爲忠不達於主，遣兵不及於難，痛慨之深，死有餘責。今更遣韓璞等，唯公命是從。」及璞次南安，諸羌斷軍路，相持百餘日，糧竭矢盡。璞殺駕牛饗軍，泣謂衆曰：「汝曹念父母乎？」曰：「念。」「念妻子乎？」曰：「念。」「欲生還乎？」曰：「欲。」「從我令乎？」曰：「諾。」乃鼓譟進戰。會張閬率金城軍繼至，夾擊，大敗之，斬級數千。

時焦崧、陳安寇隴右，東與劉曜相持，雍秦之人死者十八九。初，永嘉中，長安謠曰：「秦川中，血沒腕，惟有涼州倚柱觀。」至是，謠言驗矣。焦崧、陳安逼上邽，南陽王保遣使告急。以金城太守竇濤爲輕車將軍，率威遠將軍宋毅及和苞、張閬、宋輯、辛韜、張選、董廣步騎二萬赴之。軍次新陽，會愍帝崩問至，素服舉哀，大臨三日。

時南陽王保謀稱尊號，破羌都尉張詵言於寔曰：「南陽王忘莫大之恥，而欲自尊，天不受其圖籙，〔六〕德不足以應運，終非濟時救難者也。晉王明德暱藩，先帝憑屬，宜表稱聖德，勸卽尊號，傳檄諸藩，副言相府，則欲競之心息，未合之徒散矣。」從之。於是馳檄天下，推崇晉王爲天子，遣牙門蔡忠奉表江南，勸卽尊位。是歲，元帝卽位于建鄴，改年太興，寔猶稱建興六年，不從中興之所改也。

保聞愍帝崩，自稱晉王，建元，署置百官，遣使拜寔征西大將軍、儀同三司，增邑三千戶。俄而保爲陳安所叛，氐羌皆應之。保窘迫，遂去上邽，遷祁山，寔遣將韓璞步騎五千赴難。陳安退保緜諸，保歸上邽。未幾，保復爲安所敗，使詣寔乞師。寔遣宋毅赴之，而安退。會保爲劉曜所逼，遷于桑城，將謀奔寔。寔以其宗室之望，若至河右，必動物情，遣其將陰監逆保，聲言翼衞，實禦之也。會保薨，其衆散奔涼州者萬餘人。寔自恃險遠，頗自驕恣。

初，寔寢室梁間有人像，無頭，久而乃滅，寔甚惡之。京兆人劉弘者，挾左道，客居天梯第五山，然燈懸鏡於山穴中爲光明，以惑百姓，受道者千餘人，寔左右皆事之。帳下閻沙、牙門趙仰皆弘鄉人，弘謂之曰：「天與我神璽，應王涼州。」沙、仰信之，密與寔左右十餘人謀殺寔，奉弘爲主。寔潛知其謀，收弘殺之。沙等不之知，以其夜害寔。在位六年。私謚曰昭公，元帝賜謚曰元。子駿，年幼，弟茂攝事。

茂字成遜，虛靖好學，不以世利嬰心。建興初，南陽王保辟從事中郎，又薦爲散騎侍郎、中壘將軍，皆不就。二年，徵爲侍中，以父老固辭。尋拜平西將軍、秦州刺史。太興三年，寔既遇害，州人推茂爲大都督、太尉、涼州牧，茂不從，但受使持節、平西將軍、涼州牧。乃誅閻沙及黨與數百人，赦其境內。復以兄子駿爲撫軍將軍、武威太守、西平公。

歲餘，茂築靈鈞臺，周輪八十餘堵，基高九仞。武陵人閻曾夜叩門呼曰：「武公遣我來，曰：何故勞百姓而築臺乎？」姑臧令辛巖以曾妖妄，請殺之。茂曰：「吾信勞人。曾稱先君之令，何謂妖乎！」太府主簿馬魴諫曰：「今世難未夷，唯當弘尙道素，不宜勞役崇飾臺榭。且比年已來，轉覺衆務日奢於往，每所經營，輕違雅度，實非士女所望於明公。」茂曰：「吾過也，吾過也！」命止作役。

明年，劉曜遣其將劉咸攻韓璞於冀城，呼延寔攻寧羌護軍陰鑒于桑壁。臨洮人翟楷、石琮等逐令長，以縣應曜，河西大震。參軍馬岌勸茂親征，長史氾禕怒曰：「亡國之人復欲干亂大事，宜斬岌以安百姓。」岌曰：「氾公書生糟粕，刺舉近才，不惟國家大計。且朝廷旰食有年矣，今大賊自至，不煩遠師，遐邇之情，實繫此州，事勢不可以不出。且宜立信勇之驗，以副秦隴之望。」茂曰：「馬生之言得之矣。」乃出次石頭。茂謂參軍陳珍曰：「劉曜以乘勝之聲握三秦之銳，繕兵積年，士卒習戰，若以精騎奄克南安，席卷河外，長驅而至者，計將何出？」珍曰：「曜雖乘威怙衆，恩德未結於下，又其關東離貳，內患未除，精卒寡少，多是氐羌烏合之衆，終不能近舍關東之難，增隴上之戍，曠日持久與我爭衡也。若二旬不退者，珍請爲明公率弊卒數千以擒之。」茂大悅，以珍爲平虜護軍，率卒騎一千八百救韓璞。曜陰欲引歸，聲言要先取隴西，然後迴滅桑壁。珍募發氐羌之衆，擊曜走之，克復南安。茂深嘉之，拜折衝將軍。

未幾，茂復大城姑臧，修靈鈞臺，別駕吳紹諫曰：「伏惟修城築臺，蓋是懲旣往之事。愚以爲恩德未洽於近侍，雖處層樓，適所以疑諸下，徒見不安之意而失士民繫託之本心，示怯弱之形，乖匡霸之勢。遐方異境窺我之齷齪也，必有乘人之規。嘗願止役省勞，與下休息。而更興功動衆，百姓豈所望於明君哉！」茂曰：「亡兄怛然失身於物。王公設險，武夫重閉，亦達人之至戒也。且忠臣義士豈不欲盡節義於亡兄哉？直以危機密發，雖有賁、育之勇，無所復施。今事未靖，不可以拘繫常言，以太平之理責人於迍邅之世。」紹無以對。

茂雅有志節，能斷大事。涼州大姓賈摹，寔之妻弟也，勢傾西土。先是，謠曰：「手莫頭，圖涼州。」茂以爲信，誘而殺之，於是豪右屛跡，威行涼域。永昌初，茂使將軍韓璞率衆取隴西南安之地，以置秦州。

太寧三年卒，臨終，執駿手泣曰：「昔吾先人以孝友見稱。自漢初以來，世執忠順。今雖華夏大亂，皇輿播遷，汝當謹守人臣之節，無或失墜。吾遭擾攘之運，承先人餘德，假攝此州，以全性命，上欲不負晉室，下欲保完百姓。然官非王命，位由私議，苟以集事，豈榮之哉！氣絕之日，白帢入棺，無以朝服，以彰吾志焉。」年四十八。在位五年。私謚曰成。茂無子，駿嗣位。

駿字公庭，幼而奇偉。建興四年，封霸城侯。十歲能屬文，卓越不羈，而淫縱過度，常夜微行于邑里，國中化之。及統任，年十八。先是，愍帝使人黃門侍郎史淑在姑臧，左長史氾禕、右長史馬謨等諷淑，令拜駿使持節、大都督、大將軍、涼州牧、領護羌校尉、西平公。赦其境內，置左右前後四率官，繕南宮。劉曜又使人拜駿涼州牧、涼王。

時辛晏阻兵於枹罕，駿讌羣僚于閑豫堂，命竇濤等進討辛晏。從事劉慶諫曰：「霸王不以喜怒興師，不以乾沒取勝，必須天時人事，然後起也。辛晏父子安忍凶狂，其亡可待，奈何以饑年大舉，猛寒攻城！昔周武迴戈以須亡殷之期，曹公緩袁氏使自斃，何獨殿下以旋兵爲恥乎！」駿納之。

遣參軍王騭聘于劉曜。曜謂之曰：「貴州必欲追蹤竇融，款誠和好，卿能保之乎？」騭曰：「不能。」曜侍中徐邈曰：「君來和同，而云不能，何也？」騭曰：「齊桓貫澤之盟，憂心兢兢，諸侯不召自至。葵丘之會，驕而矜誕，叛者九國。趙國之化，常如今日可也，若政教陵遲，尚未能察邇者之變，況鄙州乎！」曜顧謂左右曰：「此涼州高士，使乎得人！」禮而遣之。

太寧元年，駿猶稱建興十二年，駿親耕藉田。尋承元帝崩問，駿大臨三日。會有黃龍見于揟次之嘉泉，右長史氾禕言於駿曰：「案建興之年，是少帝始起之號。帝以凶終，理應改易。朝廷越在江南，音問隔絕，宜因龍改號，以章休徵。」不從。初，駿之立也，姑臧謠曰：「鴻從南來雀不驚，誰謂孤鶵尾翅生，高舉六翮鳳皇鳴。」至是而復收河南之地。

咸和初，駿遣武威太守竇濤、金城太守張閬、武興太守辛巖、揚烈將軍宋輯等率衆東會韓璞，攻討秦州諸郡。曜遣其將劉胤來距，屯于狄道城。韓璞進度沃干嶺。辛巖曰：「我握衆數萬，藉氐羌之銳，宜速戰以滅之，不可以久，久則變生。」璞曰：「自夏末以來，太白犯月，辰星逆行，白虹貫日，皆變之大者，不可以輕動。輕動而不捷，爲禍更深。吾將久而斃之。且曜與石勒相攻，胤亦不能久也。」積七十餘日，軍糧竭，遣辛巖督運於金城。胤聞之，大悅，謂其將士曰：「韓璞之衆十倍於吾，羌胡皆叛，不爲之用。吾糧廩將懸，難以持久。今虜分兵運糧，可謂天授吾也。若敗辛巖，璞等自潰。彼衆我寡，宜以死戰。戰而不捷，當無匹馬得還，宜厲爾戈矛，竭汝智力。」衆咸奮。於是率騎三千，襲巖于沃干嶺，敗之，璞軍遂潰，死者二萬餘人。面縛歸罪，駿曰：「孤之罪也，將軍何辱！」皆赦之。胤乘勝追奔，濟河，攻陷令居，入據振武，河西大震。駿遣皇甫該禦之，赦其境內。

會劉曜東討石生，長安空虛。大蒐講武，將襲秦雍，理曹郎中索詢諫曰：「曜雖東征，胤猶守本。險阻路遙，爲主人甚易。胤若輕騎憑氐羌以距我者，則奔突難測；輟彼東合而逆戰者，則寇我未已。頃年頻出，戎馬生郊，外有飢羸，內資虛秏，豈是殿下子物之謂邪！」駿曰：「每患忠言不獻，面從背違，吾政教缺然而莫我匡者。卿盡辭規諫，深副孤之望也。」以羊酒禮之。

西域諸國獻汗血馬、火浣布、犎牛、孔雀、巨象及諸珍異二百餘品。西域長史李柏請擊叛將趙貞，爲貞所敗。議者以柏造謀致敗，請誅之。駿曰：「吾每以漢世宗之殺王恢，不如秦穆之赦孟明。」竟以減死論，羣心咸悅。駿觀兵新鄉，狩于北野，因討軻沒虜，破之。下令境中曰：「昔鯀殛而禹興，芮誅而缺進，唐帝所以殄洪災，晉侯所以成五霸。法律犯死罪，朞親不得在朝。今盡聽之，唯不宜內參宿衞耳。」於是刑清國富，羣僚勸駿稱涼王，領秦、涼二州牧，置公卿百官，如魏武、晉文故事。駿曰：「此非人臣所宜言也。敢有言此者，罪在不赦。」然境內皆稱之爲王。羣僚又請駿立世子，駿不從。中堅將軍宋輯言於駿曰：「禮急儲君者，蓋重宗廟之故。周成、漢昭立於繦褓，誠以國嗣不可曠，儲宮當素定也。昔武王始有國，元王作儲君。建興之初，先王在位，殿下正名統，況今社稷彌崇，聖躬介立，大業遂殷，繼貳闕然哉！臣竊以爲國有累卵之危，而殿下以爲安踰泰山，非所謂也。」駿納之，遂立子重華爲世子。

先是，駿遣傅穎假道于蜀，通表京師。李雄弗許。駿又遣治中從事張淳稱藩于蜀，託以假道焉。雄大悅。雄又有憾於南氐楊初，淳因說曰：「南氐無狀，屢爲邊害，宜先討百頃，次平上邽。二國并勢，席卷三秦，東清許洛，掃氛燕趙，拯二帝梓宮於平陽，反皇輿於洛邑，此英霸之舉，千載一時。寡君所以遣下臣冒險通誠，不遠萬里者，以陛下義聲遠播，必能愍寡君勤王之志。天下之善一也，惟陛下圖之。」雄怒，僞許之，將覆淳於東峽。蜀人橋贊密以告淳。淳言於雄曰：「寡君使小臣行無迹之地、通百蠻之域、萬里表誠者，誠以陛下義矜勠力之臣，能成人之美節故也。若欲殺臣者，當顯於都市，宣示衆目，云涼州不忘舊義，通使琅邪，爲表忠誠，假途於我，主聖臣明，發覺殺之。當令義聲遠著，天下畏威。今盜殺江中，威刑不顯，何足以揚休烈，示天下也！」雄大驚曰：「安有此邪！當相放還河右耳。」雄司隸校尉景騫言於雄曰：「張淳壯士，宜留任之。」雄曰：「壯士豈爲人留，且可以卿意觀之。」騫謂淳曰：「卿體大，暑熱，可且遣下吏，少住須涼。」淳曰：「寡君以皇輿幽辱，梓宮未反，天下之恥未雪，蒼生之命倒懸，故遣淳來，表誠大國。所論事重，非下吏能傳。若下吏所了者，則淳本亦不來。雖有火山湯海，無所辭難，豈寒暑之足避哉！」雄曰：「此人矯矯，不可得用也。」厚禮遣之。謂淳曰：「貴主英名蓋世，土險兵盛，何不稱帝自娛一方？」淳曰：「寡君以乃祖乃父世濟忠良，未能雪天人之大恥，解衆庶之倒懸，日昃忘食，枕戈待旦。以琅邪中興江東，故萬里翼戴，將成桓文之事，何言自娛邪！」雄有慚色，曰：「我乃祖乃父亦是晉臣，往與六郡避難此都，爲同盟所推，遂有今日。琅邪若能中興大晉於中州者，亦當率衆輔之。」淳還至龍鶴，募兵通表，後皆達京師，朝廷嘉之。

駿議欲嚴刑峻制，衆咸以爲宜。參軍黃斌進曰：「臣未見其可。」駿問其故。斌曰：「夫法制所以經綸邦國，篤俗齊物，既立必行，不可窪隆也。若尊者犯令，則法不行矣。」駿屏机改容曰：「夫法唯上行，制無高下。且微黃君，吾不聞過矣。黃君可謂忠之至也。」於坐擢爲敦煌太守。駿有計略，於是厲操改節，勤修庶政，總御文武，咸得其用，遠近嘉詠，號曰積賢君。自軌據涼州，屬天下之亂，所在征伐，軍無寧歲。至駿，境內漸平。又使其將楊宣率衆越流沙，伐龜茲、鄯善，於是西域並降。鄯善王元孟獻女，號曰美人，立賓遐觀以處之。焉耆前部、于寘王並遣使貢方物。得玉璽於河，其文曰「執萬國，建無極」。

時駿盡有隴西之地，士馬强盛，雖稱臣於晉，而不行中興正朔。舞六佾，建豹尾，所置官僚府寺擬於王者，而微異其名。又分州西界三郡置沙州，東界六郡置河州。二府官僚莫不稱臣。又於姑臧城南築城，起謙光殿，畫以五色，飾以金玉，窮盡珍巧。殿之四面各起一殿，東曰宜陽青殿，以春三月居之，章服器物皆依方色；南曰朱陽赤殿，夏三月居之；西曰政刑白殿，秋三月居之；北曰玄武黑殿，冬三月居之。其傍皆有直省內官寺署，一同方色。及末年，任所遊處，不復依四時而居。

咸和初，懼爲劉曜所逼，使將軍宋輯、魏纂將兵徙隴西南安人二千餘家于姑臧，使聘於李雄，修鄰好。及曜攻枹罕，護軍辛晏告急，駿使韓璞、辛巖率步騎二萬擊之，戰于臨洮，大爲曜軍所敗，璞等退走，追至令居，駿遂失河南之地。初，戊己校尉趙貞不附于駿，至是，駿擊擒之，以其地爲高昌郡。及石勒殺劉曜，駿因長安亂，復收河南地，至于狄道，置武衞、〔七〕石門、候和、漒川、甘松五屯護軍，與勒分境。勒遣使拜駿官爵，駿不受，留其使。後懼勒强，遣使稱臣於勒，兼貢方物，遣其使歸。

駿境內嘗大饑，穀價踊貴，市長譚詳請出倉穀與百姓，秋收三倍徵之。從事陰據諫曰：「昔西門豹宰鄴，積之於人；解扁莅東封之邑，計入三倍。文侯以豹有罪而可賞，扁有功而可罰。今詳欲因人之饑，以要三倍，反裘傷皮，未足喻之。」駿納之。

初，建興中，敦煌計吏耿訪到長安，既而遇賊，不得反，奔漢中，因東渡江，以太興二年至京都，屢上書，以本州未知中興，宜遣大使，乞爲鄉導。時連有內難，許而未行。至是，始以訪守治書御史，拜駿鎮西大將軍，校尉、刺史、公如故，選西方人隴西賈陵等十二人配之。訪停梁州七年，以驛道不通，召還。訪以詔書付賈陵，託爲賈客。到長安，不敢進，以咸和八年始達涼州。駿受詔，遣部曲督王豐等報謝，幷遣陵歸，上疏稱臣，而不奉正朔，猶稱建興二十一年。九年，復使訪隨豐等齎印板進駿大將軍。自是每歲使命不絕。後駿遣參軍麴護上疏曰：

東西隔塞，踰歷年載，夙承聖德，心繫本朝。而江吳寂蔑，餘波莫及，雖肆力修塗，同盟靡恤。奉詔之日，悲喜交幷。天恩光被，褒崇輝渥，卽以臣爲大將軍、都督陝西雍秦涼州諸軍事。休寵振赫，萬里懷戴，嘉命顯至，銜感屛營。

伏惟陛下天挺岐嶷，堂構晉室，遭家不造，播幸吳楚，宗廟有黍離之哀，園陵有殄廢之痛，普天咨嗟，含氣悲傷。臣專命一方，職在斧鉞，遐域僻陋，勢極秦隴。勒雄既死，人懷反正，謂季龍、李期之命曾不崇朝，而皆篡繼凶逆，鴟目有年。東西遼曠，聲援不接，遂使桃蟲鼓翼，四夷諠譁，向義之徒更思背誕，鉛刀有干將之志，螢燭希日月之光。是以臣前章懇切，欲齊力時討。而陛下雍容江表，坐觀禍敗，懷目前之安，替四祖之業，馳檄布告，徒設空文，臣所以宵吟荒漠，痛心長路者也。且兆庶離主，漸冉經世，先老消落，後生靡識，忠良受梟懸之罰，羣凶貪縱橫之利，懷君戀故，日月告流。雖時有尙義之士，畏逼首領，哀歎窮廬。

臣聞少康中興，由於一旅，光武嗣漢，衆不盈百，祀夏配天，不失舊物，況以荆揚慓悍，臣州突騎，吞噬遺羯，在於掌握哉！願陛下敷弘臣慮，永念先績，敕司空鑒、征西亮等汎舟江沔，使首尾俱至也。

自後駿遣使多爲季龍所獲，不達。後駿又遣護羌參軍陳㝢、從事徐虓、華馭等至京師，征西大將軍亮上疏言陳㝢等冒險遠至，宜蒙銓敍，詔除㝢西平相，虓等爲縣令。永和元年，以世子重華爲五官中郎將、涼州刺史。酒泉太守馬岌上言：「酒泉南山，卽崑崙之體也。周穆王見西王母，樂而忘歸，卽謂此山。此山有石室玉堂，珠璣鏤飾，煥若神宮。宜立西王母祠，以裨朝廷無疆之福。」駿從之。

駿在位二十二年卒，時年四十。私諡曰文公，穆帝追諡曰忠成公。

重華字泰臨，駿之第二子也。寬和懿重，沈毅少言。父卒，時年十六。以永和二年自稱持節、大都督、太尉、護羌校尉、涼州牧、西平公、假涼王，赦其境內。尊其母嚴氏爲太王太后，居永訓宮；所生母馬氏爲王太后，居永壽宮。輕賦斂，除關稅，省園囿，以恤貧窮。遣使奉章於石季龍。季龍使王擢、麻秋、孫伏都等侵寇不輟。金城太守張沖降于秋。於是涼州振動。重華掃境內，使其征南將軍裴恒禦之。恒壁于廣武，欲以持久弊之。牧府相司馬張耽言於重華曰：「臣聞國以兵爲强，以將爲主。主將者，存亡之機，吉凶所繫。故燕任樂毅，克平全齊，及任騎劫，喪七十城之地。是以古之明君靡不愼于將相也。今之所要，在於軍師。然議者舉將多推宿舊，未必妙盡精才也。且韓信之舉，非舊名也；穰苴之信，非舊將也；呂蒙之進，非舊勳也；魏延之用，非舊德也。蓋明王之舉，舉無常人，才之所能，則授以大事。今强寇在郊，諸將不進，人情騷動，危機稍逼。主簿謝艾，兼資文武，明識兵略，若授以斧鉞，委以專征，必能折衝禦侮，殲殄凶類。」重華召艾，問以討寇方略。艾曰：「昔耿弇不欲以賊遺君父，黃權願以萬人當寇。乞假臣兵七千，爲殿下呑王擢、麻秋等。」重華大悅，以艾爲中堅將軍，配步騎五千擊秋。引師出振武，夜有二梟鳴于牙中，艾曰：「梟，邀也，六博得梟者勝。今梟鳴牙中，克敵之兆。」於是進戰，大破之，斬首五千級。重華封艾爲福祿伯，善待之。諸寵貴惡其賢，共毁譖之，乃出爲酒泉太守。

季龍又令麻秋進陷大夏，大夏護軍梁式執太守宋晏，以城應秋。秋遣晏以書誘宛戍都尉宋矩。宋矩謂秋曰：「辭父事君，當立功義；功義不立，當守名節。矩終不背主偷生於世。」於是先殺妻子，自刎而死。

是月，有司議遣司兵趙長迎秋西郊。謝艾以春秋之義，國有大喪，省蒐狩之禮，宜待踰年。別駕從事索遐議曰：「禮，天子崩，諸侯薨，未殯，五祀不行，既殯而行之。魯宣三年，天王崩，不廢郊祀。今聖上統承大位，百揆惟新，宜在璿璣玉衡以齊七政。立秋，萬物將成，殺氣之始，其於王事，杖麾誓衆，釁鼓禮神，所以討逆除暴，成功濟務，寧宗廟社稷，致天下之福，不可廢也。」重華從之。

俄而麻秋進攻枹罕，時晉陽太守郎坦以城大難守，〔八〕宜棄外城。武城太守張悛曰：〔九〕「棄外城則大事去矣，不可以動衆心。」寧戎校尉張璩從之，固守大城。秋率衆八萬，圍塹數重，雲梯雹車，地突百道，皆通於內。城中亦應之，殺傷秋衆巳數萬。季龍復遣其將劉渾等率步騎二萬會之。郎坦恨言之不從，教軍士李嘉潛與秋通，引賊千餘人上城西北隅。璩使宋脩、張弘、辛挹、郭普距之，短兵接戰，斬二百餘人，賊乃退。璩戮李嘉以徇，燒其攻具。秋退保大夏，謂諸將曰：「我用兵於五都之間，攻城略地，往無不捷。及登秦隴，謂有征無戰。豈悟南襲仇池，破軍殺將；築城長最，西馬不歸；及攻此城，傷兵挫鋭。殆天所贊，非人力也。」季龍聞而歎曰：「吾以偏師定九州，今以九州之力困於枹罕，眞所謂彼有人焉，未可圖也。」

重華以謝艾爲使持節、軍師將軍，率步騎三萬，進軍臨河。秋以三萬衆距之。艾乘軺車，冠白帢，鳴鼓而行。秋望而怒曰：「艾年少書生，冠服如此，輕我也。」命黑矟龍驤三千人馳擊之。艾左右大擾。左戰帥李偉勸艾乘馬，艾不從，乃下車踞胡牀，指麾處分。賊以爲伏兵發也，懼不敢進。張瑁從左南緣河而截其後，秋軍乃退。艾乘勝奔擊，遂大敗之，斬秋將杜勳、汲魚，俘斬一萬三千級，秋西馬奔大夏。重華論功，以謝艾爲太府左長史，進封福祿縣伯，〔一〇〕邑五千戶，帛八千匹。

麻秋又據枹罕，有衆十二萬，進屯河內，遣王擢略地晉興、廣武，越洪池嶺，至于曲柳，姑臧大震。重華議欲親出距之，謝艾固諫以爲不可。別駕從事索遐進曰：「賊衆甚盛，漸逼京畿。君者，國之鎮也，不可以親動。左長史謝艾，文武兼資，國之方邵，宜委以推轂之任。殿下居中作鎮，授以算略，小賊不足平也。」重華納之，於是以艾爲使持節、都督征討諸軍事、行衞將軍，遐爲軍正將軍，率步騎二萬距之。艾建牙旗，盟將士，有西北風吹旌旗東南指。遐曰：「風爲號令，今能令旗指之，天所贊也，破之必矣。」軍次神鳥，王擢與前鋒戰，敗，遁還河南。還討叛虜斯骨眞萬餘落，破之，斬首千餘級，俘擒二千八百，獲牛羊十餘萬頭。

重華自以連破勍敵，頗怠政事，希接賓客。司直索遐諫曰：「殿下承四聖之基，當升平之會，荷當今之任，憂率土之塗炭，宜躬親萬機，開延英乂，夙夜乾乾，勉於庶政。自頃內外囂然，皆云去賊投誠者應卽撫慰，而彌日不接。國老朝賢，當虛己引納，詢訪政事，比多經旬積朔，不留意接之。文奏入內，歷月不省，廢替見務，注情於棋弈之間，繾綣左右小臣之娛，不存將相遠大之謀。至使親臣不言，朝吏杜口，愚臣所以迴惶忘寢與食也。今王室如燬，百姓倒懸，正是殿下銜膽茹辛厲心之日。深願垂心朝政，延納直言，周爰五美，以成六德，捐彼近習，弭塞外聲，修政聽朝，使下觀而化。」重華覽之大悅，優文答謝，然不之改也。

詔遣侍御史俞歸拜重華護羌校尉、涼州刺史、假節。是時石季龍西中郎將王擢屯結隴上，爲苻雄所破，奔重華。重華厚寵之，以爲征虜將軍、秦州刺史、假節，使張弘、宗悠率步騎萬五千配擢，〔一〕伐苻健。健遣苻碩禦之，〔二〕戰于龍黎。擢等大敗，單騎而還，弘、悠皆沒。重華痛之，素服爲戰亡吏士舉哀號慟，各遣弔問其家。復授擢兵，使攻秦州，克之。遣使上疏曰：「季龍自斃，遺燼游魂，取亂侮亡，覩機則發。臣今遣前鋒都督裴恒步騎七萬，逕出隴上，以俟聖朝赫然之威。山東騷擾不足厝懷，長安膏腴，宜速平蕩。臣守任西荒，山川悠遠，大誓六軍，不及聽受之末，猛將鷹揚，不豫告成之次。瞻雲望日，孤憤義傷，彈劍慷慨，中情蘊結。」於是康獻皇后詔報，遣使進重華爲涼州牧。

是時御史俞歸至涼州，重華方謀爲涼王，不肯受詔，使親信人沈猛謂歸曰：「我家主公奕世忠於晉室，而不如鮮卑矣。臺加慕容皝燕王，今甫授州主大將軍，何以加勸有功忠義之臣乎！〔三〕明臺今宜移河右，共勸州主爲涼王。大夫出使，苟利社稷，專之可也。」歸對曰：「王者之制，異姓不得稱王，九州之內，重爵不得過公。漢高一時王異姓，尋皆誅滅，蓋權時之宜，非舊體也。故王陵曰：『非劉氏而王，天下共伐之。』至於戎狄，不從此例。春秋時吳楚稱王，而諸侯不以爲非者，蓋蠻夷畜之也。假令齊魯稱王，諸侯豈不伐之！故聖上以貴公忠賢，是以爵以上公，位以方伯，鮮卑北狄，豈足爲比哉！子失問也。且吾又聞之，有殊勳絕世者亦有不世之賞，若今便以貴公爲王者，設貴公以河右之衆南平巴蜀，東掃趙魏，修復舊都，以迎天子，天子復以何爵何位可以加賞？幸三思之。」猛具宣歸言，重華遂止。

重華好與羣小游戲，屢出錢帛以賜左右。徵事索振諫曰：「先王寢不安席，志平天下，故繕甲兵，積資實。大業未就，懷恨九泉。殿下遭巨寇於諒闇之中，賴重餌以挫勍敵。今遺燼尙廣，倉帑虛竭，金帛之費，所宜愼之。昔世祖卽位，躬親萬機，章奏詣闕，報不終日，故能隆中興之業，定萬世之功。今章奏停滯，動經時月，下情不得上達，哀窮困於囹圄，蓋非明主之事，臣竊未安。」重華善之。

將受詔，未及而卒，時年二十七。在位十一年。私謚曰昭公，後改曰桓公，穆帝賜謚曰敬烈。子耀靈嗣。

耀靈字元舒。〔四〕年十歲嗣事，稱大司馬、校尉、刺史、西平公。伯父長寧侯祚性傾巧，善承內外，初與重華寵臣趙長、尉緝等結異姓兄弟。長等矯稱重華遺令，以祚爲持節、督中外諸軍、撫軍將軍，輔政。長等議以耀靈沖幼，時難未夷，宜立長君。祚先烝重華母馬氏，馬氏遂從緝議，命廢耀靈爲涼寧侯而立祚。祚尋使楊秋胡害耀靈於東苑，埋之於沙坑，私謚曰哀公。

祚字太伯，博學雄武，有政事之才。既立，自稱大都督、大將軍、涼州牧、涼公。淫暴不道，又通重華妻裴氏，自閤內媵妾及駿、重華未嫁子女，無不暴亂，國人相目，咸賦牆茨之詩。

永和十年，祚納尉緝、趙長等議，僭稱帝位，立宗廟，舞八佾，置百官，下書曰：「昔金行失馭，戎狄亂華，胡、羯、氐、羌咸懷竊璽。我武公以神武撥亂，保寧西夏，貢款勤王，旬朔不絕。四祖承光，忠誠彌著。往受晉禪，天下所知，謙沖遜讓，四十年于茲矣。今中原喪亂，華裔無主，羣后僉以九州之望無所依歸，神祇嶽瀆罔所憑係，逼孤攝行大統，以一四海之心。辭不獲已，勉從羣議。待掃穢二京，蕩清周魏，然後迎帝舊都，謝罪天闕，思與兆庶同茲更始。」改建興四十二年爲和平元年，赦殊死，賜鰥寡帛，加文武爵各一級。追崇曾祖軌爲武王，祖寔爲昭王，從祖茂爲成王，父駿爲文王，弟重華爲明王。立妻辛氏爲皇后，弟天錫爲長寧王，子泰和爲太子，庭堅爲建康王，耀靈弟玄靚爲涼武侯。其夜，天有光如車蓋，聲若雷霆，震動城邑。明日，大風拔木。災異屢見，而祚凶虐愈甚。其尚書馬岌以切諫免官。郎中丁琪又諫曰：「先公累執忠節，遠宗吳會，持盈守謙，五十餘載。蒼生所以鵠企西望，四海所以注心大涼，皇天垂贊，士庶效死者，正以先公道高彭昆，忠踰西伯，萬里通虔，任節不貳故也。能以一州之衆抗崩天之虜，師徒歲起，人不告疲。陛下雖以大聖雄姿纂戎鴻緒，勳德未高於先公，而行革命之事，臣竊未見其可。華夷所以歸系大涼，義兵所以千里響赴者，以陛下爲本朝之故。今既自尊，人斯高競，一隅之地何以當中國之師！城峻衝生，負乘致寇，惟陛下圖之。」祚大怒，斬之于闕下。遣其將和昊率衆伐驪靬戎於南山，大敗而還。

太尉桓溫入關，王擢時鎮隴西，馳使於祚，言溫善用兵，勢在難測。祚既震懼，又慮擢反噬，即召馬岌復位而與之謀。密遣親人刺擢，事覺，不克。祚益懼，大聚衆，聲言東征，實欲西保敦煌。會溫還而止。更遣其平東將軍秦州刺史牛霸、司兵張芳率三千人擊擢，破之。擢奔于苻健。其國中五月霜降，殺苗稼果實。

祚宗人張瓘時鎮枹罕，祚惡其强，遣其將易揣、張玲率步騎萬三千以襲之。時張掖人王鸞頗知神道，言於祚曰：「軍出不復還，涼國將有不利矣。」祚大怒，以鸞訞言沮衆，斬之以徇，三軍乃發。鸞臨刑曰：「我死不二十日，軍必敗。」時有神降於玄武殿，自稱玄冥，與人交語。祚日夜祈之，神言與之福利，祚甚信之。祚又遣張掖太守索孚代瓘鎮枹罕，爲瓘所殺。

玹等濟河未畢，又爲瓘兵所破。揣單騎奔走，瓘軍躡之，祚衆震懼。敦煌人宋混與弟澄等聚衆以應瓘。趙長、張璹等懼罪，入閤呼重華母馬氏出殿拜耀靈庶弟玄靚爲主。揣等率衆入殿伐長，殺之。瓘弟琚及子嵩募數百市人，揚聲言「張祚無道，我兄大軍已到城東，敢有舉手者誅三族」。祚衆披散。琚、嵩率衆入城，祚按劍殿上，大呼，令左右死戰。祚既失衆心，莫有鬬志，於是被殺。梟其首，宣示內外，暴尸道左，國內咸稱萬歲。祚篡立三年而亡。

玄靚字元安。既立，自號大都督、大將軍、校尉、涼州牧、西平公，赦其國內，廢和平之號，復稱建興四十三年。誅祚二子，以張瓘爲衞將軍，領兵萬人，行大將軍事，改易僚屬。有隴西人李儼，誅大姓彭姚，自立於隴右，奉中興年號，百姓悅之。玄靚遣牛霸率衆討之，未達，而西平人衞綝又據郡叛。霸衆潰，單騎而還。瓘先欲征綝，以兄琟在綝中爲疑，綝亦以弟在瓘中，故彼我經年不相伐。西平人郭勛解天文，不應州郡之命，綝禮聘之。勛曰：「張氏應衰，衞氏當興，豈得以一弟而滅一門，宜速伐瓘。」綝將從之。瓘遣弟琚領大衆征綝，敗之。西平田旋要酒泉太守馬基背瓘應綝，旋謂基曰：「綝擊其東，我等絕其西，不六旬，天下可定，斯閉口捕舌也。」基許之。瓘遣司馬張姚、王國將二千人伐基，敗之，斬基、旋二人之首，傳姑臧。

瓘兄弟强盛，負其勳力，有篡立之謀。輔國宋混與弟澄共討瓘，盡夷其屬。玄靚以混爲都督中外諸軍事、車騎大將軍、假節，輔政。混卒，又以澄代之。玄靚右司馬張邕惡澄專擅，殺之，遂滅宋氏。玄靚乃以邕爲中護軍，叔父天錫爲中領軍，共輔政。

邕自以功大，驕矜淫縱，又通馬氏，樹黨專權，國人患之。天錫腹心郭增、劉肅二人，並年十八九，因寢，謂天錫曰：「天下事欲未靜。」天錫曰：「何謂也？」二人曰：「今護軍出入，有似長寧。」天錫大驚曰：「我早疑之，未敢出口。計當云何？」肅曰：「政當速除之耳。」天錫曰：「安得其人？」肅曰：「肅卽是也。」天錫曰：「汝年少，更求可與謀者。」肅曰：「趙白駒及肅二人足以辦之矣。」於是天錫從兵四百人，與邕俱入朝，肅與白駒剔刀鞘出刃，從天錫入。值邕於門下，肅斫之不中，白駒繼之，又不克，二人與天錫俱入禁中。邕得逸走，因率甲士三百餘人反攻禁門。天錫上屋大呼，謂將士曰：「張邕凶逆，所行無道，諸宋何罪，盡誅滅之？傾覆國家，肆亂社稷。我不惜死，實懼先人廢祀，事不獲已故耳。我家門戶事，而將士豈可以干戈見向！今之所取，邕身而已。天地有靈，吾不食言。」邕衆聞之，悉散走，邕以劍自刎而死。於是悉誅邕黨。

玄靚年旣幼沖，性又仁弱，天錫旣克邕，專掌朝政，改建興四十九年，奉升平之號。興寧元年，駿妻馬氏卒，玄靚以其庶母郭氏爲太妃。郭氏以天錫專政，與大臣張欽等謀討之。事泄，欽等伏法。

是歲，天錫率衆入禁門，潛害玄靚，宣言暴薨，時年十四。在位九年。私謚曰沖公，孝武帝賜謚曰敬悼公。

天錫字純嘏，駿少子也，小名獨活。初字公純嘏，入朝，人笑其三字，因自改焉。玄靚死，國人立之，自號大將軍、校尉、涼州牧、西平公。遣司馬綸騫奉章請命，并送御史俞歸還京都。太和初，詔以天錫爲大將軍、大都督、督隴右關中諸軍事、護羌校尉、涼州刺史、西平公。

天錫數宴園池，政事頗廢。盪難將軍、校書祭酒索商上疏極諫，天錫答曰：「吾非好行，行有得也。觀朝榮，則敬才秀之士；翫芝蘭，則愛德行之臣；覩松竹，則思貞操之賢；臨清流，則貴廉潔之行；覽蔓草，則賤貪穢之吏；逢颷風，則惡凶狡之徒。若引而申之，觸類而長之，庶無遺漏矣。」

羌廉岐自稱益州刺史，〔一五〕率略陽四千家背苻堅就李儼。天錫自往討之，以別駕楊遹爲監前鋒軍事、前將軍，趣金城，晉興相常據爲使持節、〔一六〕征東將軍，向左南，游擊將軍張統出白土，天錫自率三萬人次倉松，伐儼。儼大敗，入城固守，遣子純求救於苻堅。堅使其將王猛救之。天錫敗績，死者十二三，天錫乃還。立子大懷爲世子。

自天錫之嗣事也，連年地震山崩，水泉湧出，柳化爲松，火生泥中。而天錫荒于聲色，不卹政事。初，安定梁景、敦煌劉肅並以門胄，總角與天錫友昵。張邕之誅，肅、景有勳，天錫深德之，賜姓張氏，又改其字，以爲己子。天錫諸子皆以「大」爲字，故景曰大奕，肅曰大誠。廢大懷爲高昌公，更立嬖子大豫爲世子，景、肅等俱參政事。人情怨懼，從弟從事中郎憲切諫，不納。

時苻堅强盛，每攻之，兵無寧歲。天錫甚懼，乃立壇刑牲，率典軍將軍張寧、中堅將軍馬芮等，遙與晉三公盟誓，獻書大司馬桓溫，剋六年夏誓同大舉。遣從事中郎韓博、奮節將軍康妙奉表，并送盟文。博有口才，溫甚稱之。嘗大會，溫使司馬刁彝嘲之，彝謂博曰：「君是韓盧後邪？」博曰：「卿是韓盧後。」溫笑曰：「刁以君姓韓，故相問焉。他自姓刁，那得韓盧後邪！」博曰：「明公脫未之思，短尾者則爲刁也。」一坐推歎焉。

太元元年，苻堅遣其將苟萇、毛當、〔一七〕梁熙、姚萇來寇，渡石城津。天錫集議，中錄事席仂曰：「先公旣有故事，徐思後變，此孫仲謀屈伸之略也。」衆以仂爲老怯，咸曰：「龍驤將軍馬達，〔一八〕精兵萬人距之，必不敢進。」廣武太守辛章保城固守。章與晉興相彭知正、〔一九〕西平相趙疑謀曰：「馬達出於行陣，必不爲用，則秦軍深入。吾相與率三郡精卒，斷其糧運，決一朝命矣。」征東常據亦欲先擊姚萇，須天錫命。天錫率萬人頓金昌城。馬達率萬人逆萇等，因請降，兵人散走。常據、席仂皆戰死。司兵趙充哲與萇苦戰，又死。中衞將軍史景亦沒于陣。天錫大懼，出城自戰，城內又反。天錫窘逼，降于萇等。初，天錫所居安昌門及平章殿無故而崩，〔一〇〕旬日而國亡。卽位凡十三年。自軌爲涼州，至天錫，凡九世，七十六年矣。苻堅先爲天錫起宅，至，以爲尚書，封歸義侯。

堅大敗于淮肥時，天錫爲苻融征南司馬，於陣歸國。詔曰：「昔孟明不替，終顯厥功，豈以一眚而廢才用！其以天錫爲散騎常侍、左員外。」又詔曰：「故太尉、西平公張軌著德遐域，世襲前勞。强兵縱害，遂至失守。散騎常侍天錫拔迹登朝，先祀淪替，用增矜慨，可復天錫西平郡公爵。」俄拜金紫光祿大夫。

天錫少有文才，流譽遠近。及歸朝，甚被恩遇。朝士以其國破身虜，多共毀之。會稽王道子嘗問其西土所出，天錫應聲曰：「桑葚甜甘，鴟鴞革響，乳酪養性，人無妬心。」後形神昏喪，雖處列位，不復被齒遇。隆安中，會稽世子元顯用事，常延致之，以爲戲弄。以其家貧，拜廬江太守，本官如故。桓玄時，欲招懷四遠，乃用天錫爲護羌校尉、涼州刺史。尋卒，年六十一。追贈金紫光祿大夫。

史臣曰：長河外區，流沙作紀，玉關懸險，金城負固。有苗攸竄，帝舜投而不羈；渠搜是居，大禹卽而方敍。世逢多難，嬰五郡以誰何；時遇兵凶，阻三邊而高視。雖非久安之地，足爲苟全之所乎！周公保之而立功，士彥擁之而延世。摯虞觀象，記洪災之不流；侯瑾覘泉，知霸者之斯在。匪唯地勢，抑亦有天道歟！茂、駿、重華資忠踵武，崎嶇僻陋，無忘本朝，故能西控諸戎，東攘巨猾，綰累葉之珪組，賦絕域之琛賨，振曜遐荒，良由杖順之效矣。祚以卑孽，陰傾冢嗣，播有莠於彤管，擬宸居於黑山，丁琪以切諫遇誅夷，王鸞以讜言嬰顯戮，境內雲擾，讐其竊名，卒致梟懸，自然之理也。純嘏微弱，竟亡其衆。奉身魏闕，齒迹朝流，再襲銀黃，祖德之延慶矣。

贊曰：三象構氛，九土瓜分。鼎遷江介，地絕河濆。歸誠晉室，美矣張君。內撫遺黎，外攘逋寇。世旣緜遠，國亦完富。杖順爲基，蓋天所祐。

校勘記

〔一〕永嘉初會東羌校尉韓稚殺秦州刺史張輔　斠注：惠紀事在永興二年六月。按：通鑑八六繫拔能、討韓稚亦繫永興二年。傳文上出「永興中」，此「永嘉初」三字疑誤駁。

〔二〕爰瑜　通鑑八六作「袁瑜」。袁瑜又見文選謝平原內史表及注引王隱晉書。

〔三〕守闕者千人 「千」，各本皆作「十」，局本作「千」，蓋據册府二二一改。今從局本。

〔四〕疑承輔弼 周校：「承」當作「丞」。

〔五〕故太守賈騫 通鑑九〇作「安故太守賈騫」，胡注云：安故郡，張氏分金城西平二郡置。「故」上疑脫「安」字。

〔六〕天不受其圖籙 通志一八六、册府二三二「受」作「授」。

〔七〕武衞 斠注：「武衞」爲「武街」之譌。按：通鑑九七胡注云：張駿置五屯，武街其一。斠注說是。

〔八〕時晉陽太守郎坦 「時」，各本作「與」，今從殿本。「晉陽」，通鑑九七作「晉昌」，疑是。

〔九〕武城 周校：宜照地理志作「武成」。按：通鑑九七亦作「武成」。

〔一〇〕進封福祿縣伯 校文：「伯」當爲「侯」。

〔一一〕宗悠 校文：以苻健載記考之，「宗悠」乃「宋修」之譌。張弘、宋修亦見上文。按：通鑑九九郎作「宋修」。下「弘、悠皆沒」，「悠」字亦當作「修」。

〔一二〕苻碩 校文：穆紀、苻健載記均作「苻雄」，此「碩」字誤。按：通鑑九九亦作「雄」。

〔一三〕何以加勸有功忠義之臣乎 册府六五九「加」作「嘉」。

〔一四〕耀靈 穆紀作「靈耀」。

〔一五〕廉岐 斠注：苻堅、姚襄載記、元和姓纂作「斂岐」。按：通鑑一〇一亦作「斂岐」，胡注云：斂，羌姓也。

〔一六〕常據 校文：「常據」傳凡三見，皆「掌據」之譌，苻堅載記及元和姓纂可證。按：廣韻、通鑑一〇四亦作「掌」。

〔一七〕毛當 斠注：苻堅載記、元和郡縣志俱作「毛盛」。按：通鑑一〇四亦作「毛盛」。

〔一八〕馬達 周校：苻堅載記作「馬建」。按：通鑑一〇四亦作「馬建」。

〔一九〕彭知正 通鑑一〇四作「彭和正」。

〔二〇〕安昌門 「安」，各本作「西」，宋本、吳本作「安」，安昌門又見魏書曜靈傳，今從宋本、吳本。

晉書卷八十七

列傳第五十七

涼武昭王李玄盛 子士業

武昭王諱暠，字玄盛，小字長生，隴西成紀人，姓李氏，漢前將軍廣之十六世孫也。廣曾祖仲翔，漢初爲將軍，討叛羌于素昌，素昌卽狄道也，衆寡不敵，死之。仲翔子伯考奔喪，因葬于狄道之東川，遂家焉。世爲西州右姓。高祖雍，曾祖柔，仕晉並歷位郡守。祖弇，仕張軌爲武衞將軍、安世亭侯。父昶，幼有令名，早卒，遺腹生玄盛。少而好學，性沈敏寬和，美器度，通涉經史，尤善文義。及長，頗習武藝，誦孫吳兵法。嘗與呂光太史令郭黁及其同母弟宋繇同宿，黁起謂繇曰：「君當位極人臣，李君有國士之分，家有騧草馬生白額駒，此其時也。」

呂光末，京兆段業自稱涼州牧，以敦煌太守趙郡孟敏爲沙州刺史，署玄盛效穀令。敏尋卒，敦煌護軍馮翊郭謙、沙州治中敦煌索仙等以玄盛溫毅有惠政，推爲寧朔將軍、敦煌太守。玄盛初難之，會宋繇仕於業，告歸敦煌，言於玄盛曰：「兄忘郭黁之言邪？白額駒今已生矣。」玄盛乃從之。尋進號冠軍，稱藩于業。業以玄盛爲安西將軍、敦煌太守，領護西胡校尉。

及業僭稱涼王，其右衞將軍索嗣構玄盛於業，乃以嗣爲敦煌太守，率騎五百而西，未至二十里，移玄盛使迎己。玄盛驚疑，將出迎之，效穀令張邈及宋繇止之曰：「呂氏政衰，段業闇弱，正是英豪有爲之日。將軍處一國成資，奈何束手於人！索嗣自以本邦，謂人情附己，不虞將軍卒能距之，可一戰而擒矣。」宋繇亦曰：「大丈夫已爲世所推，今日便授首於嗣，豈不爲天下笑乎！大兄英姿挺傑，有雄霸之風，張王之業不足繼也。」玄盛曰：「吾少無風雲之志，因官至此，不圖此郡士人忽爾見推。向言出迎者，未知士大夫之意故也。」因遣繇覘嗣。繇見嗣，啗以甘言，還謂玄盛曰：「嗣志驕兵弱，易擒耳。」於是遣其二子士業、讓與邈、繇及司馬尹建興等逆戰，破之，嗣奔還張掖。玄盛素與嗣善，結爲刎頸交，反爲所構，故深恨之，乃罪狀嗣於段業。業將且渠男又惡嗣，〔一〕至是，因勸除之。業乃殺嗣，遣使謝玄盛，分敦煌之涼興、烏澤、晉昌之宜禾三縣爲涼興郡，進玄盛持節、都督涼興已西諸軍事、鎮西將軍，領護西夷校尉。時有赤氣起于玄盛後園，龍跡見于小城。

隆安四年，晉昌太守唐瑤移檄六郡，推玄盛爲大都督、大將軍、涼公、領秦涼二州牧、護羌校尉。玄盛乃赦其境內，建年爲庚子，追尊祖弇曰涼景公，父昶涼簡公。以唐瑤爲征東將軍，郭謙爲軍諮祭酒，索仙爲左長史，張邈爲右長史，尹建興爲左司馬，張體順爲右司馬，張條爲牧府左長史，令狐溢爲右長史，張林爲太府主簿，宋繇、張謖爲從事中郎，繇加折衝將軍，謖加揚武將軍，索承明爲牧府右司馬，令狐遷爲武衞將軍、晉興太守，氾德瑜爲寧遠將軍、西郡太守，張靖爲折衝將軍、河湟太守，〔二〕索訓爲威遠將軍、西平太守，趙開爲騂馬護軍、大夏太守，索慈爲廣武太守，陰亮爲西安太守，令狐赫爲武威太守，索術爲武興太守，以招懷東夏。又遣宋繇東伐涼興，并擊玉門已西諸城，皆下之，遂屯玉門、陽關，廣田積穀，爲東伐之資。

初，呂光之稱王也，遣使市六璽玉於于寘，至是，玉至敦煌，納之郡府。仍於南門外臨水起堂，名曰靖恭之堂，〔三〕以議朝政，閱武事。圖讚自古聖帝明王、忠臣孝子、烈士貞女，玄盛親爲序頌，以明鑒戒之義，當時文武羣僚亦皆圖焉。有白雀翔于靖恭堂，玄盛觀之大悅。又立泮宮，增高門學生五百人。起嘉納堂於後園，以圖讚所志。

義熙元年，玄盛改元爲建初，遣舍人黃始、梁興間行奉表詣闕曰：

昔漢運將終，三國鼎峙，鈞天之曆，數鍾皇晉。高祖闡鴻基，景文弘帝業，嗣武受終，要荒率服，六合同風，宇宙齊貫。而惠皇失馭，權臣亂紀，懷愍屯邅，蒙塵于外，懸象上分，九服下裂，眷言顧之，普天同憾。伏惟中宗元皇帝基天紹命，遷幸江表，荆揚蒙弘覆之矜，五都爲荒榛之藪。故太尉、西平武公軌當元康之初，屬擾攘之際，受命典方，出撫此州，威略所振，聲蓋海內。明盛繼統，〔四〕不隕前志，長旌所指，仍關三秦，義立兵强，拓境萬里。文桓嗣位，奕葉載德，囊括關西，化被崐裔，遐邇款藩，世修職貢。晉德之遠揚，緊此州是賴。大都督、大將軍天錫以英挺之姿，承七世之業，志匡時難，剋隆先勳，而中年降災，兵寇侵境，皇威遐邈，同奬弗及，以一方之師抗七州之衆，兵孤力屈，社稷以喪。

臣聞曆數相推，歸餘於終，帝王之興，必有閏位。是以共工亂象於黃農之間，秦項篡竊於周漢之際，皆機不轉踵，覆餗成凶。自戎狄陵華，已涉百齡，五胡僭襲，期運將杪，四海顒顒，懸心象魏。故師次東關，趙魏莫不企踵；淮南大捷，三方欣然引領。伏惟陛下道協少康，德侔光武，繼天統位，志清函夏。至如此州，世篤忠義，臣之羣僚以臣高祖東莞太守雍、曾祖北地太守柔荷寵前朝，參忝時務，伯祖龍驤將軍、廣晉太守、長寧侯卓，亡祖武衞將軍、天水太守、安世亭侯弇毗佐涼州，著功秦隴，殊寵之隆，勒于天府，妄臣無庸，輒依竇融故事，迫臣以義，上臣大都督、大將軍、涼公、領秦涼二州牧、護羌校尉。臣以爲荆楚替貢，齊桓興召陵之師，諸侯不恭，晉文起城濮之役，用能勳光踐土，業隆一匡，九域賴其弘猷，春秋恕其專命，功冠當時，美垂千祀。況今帝居未復，諸夏昏墊，大禹所經，奄爲戎墟，五嶽神山，狄汙其三，九州名都，夷穢其七，辛有所言，於茲而驗。微臣所以叩心絕氣，忘寢與食，雕肝焦慮，不遑寧息者也。江涼雖遼，義誠密邇，風雲苟通，實如脣齒。臣雖名未結于天臺，量未著于海內，然憑賴累祖寵光餘烈，義不細辭，以稽大務，輒順羣議，亡身卽事。輶弱任重，懼忝威命。昔在春秋，諸侯宗周，國皆稱元，以布時令。今天臺邈遠，正朔未加，發號施令，無以紀數，輒年冠建初，以崇國憲。冀杖寵靈，全制一方，使義誠著于所天，玄風扇于九壤，殉命灰身，隕越慷慨。

玄盛謂羣僚曰：「昔河右分崩，羣豪競起，吾以寡德爲衆賢所推，何嘗不忘寢與食，思濟黎庶。故前遣母弟繇董率雲騎，東殄不庭，軍之所至，莫不賓下。今惟蒙遜鴟跱一城。自張掖已東，晉之遺黎雖爲戎虜所制，至於向義思風，過於殷人之望西伯。大業須定，不可安寢，吾將遷都酒泉，漸逼寇穴，諸君以爲何如？」張邈贊成其議，玄盛大悅曰：「二人同心，其利斷金。張長史與孤同矣，夫復何疑！」乃以張體順爲寧遠將軍、建康太守，鎮樂涫，徵宋繇爲右將軍，領敦煌護軍，與其子敦煌太守讓鎮敦煌，遂遷居于酒泉。手令誡其諸子曰：

吾自立身，不營世利；經涉累朝，通否任時；初不役智，有所要求，今日之舉，非本願也。然事會相驅，遂荷州土，憂責不輕，門戶事重。雖詳人事，未知天心，登車理轡，百慮塡胸。後事付汝等，粗舉旦夕近事數條，遭意便言，不能次比。至於杜漸防萌，深識情變，此當任汝所見深淺，非吾敕誡所益也。汝等雖年未至大，若能克己纂修，比之古人，亦可以當事業矣。苟其不然，雖至白首，亦復何成！汝等其戒之愼之。

節酒愼言，喜怒必思，愛而知惡，憎而知善，動念寬恕，審而後舉。衆之所惡，勿輕承信，詳審人，核眞僞，遠佞諛，近忠正。蠲刑獄，忍煩擾，存高年，恤喪病，勤省案，聽訟訴。刑法所應，和顏任理，愼勿以情輕加聲色。賞勿漏疏，罰勿容親。耳目人間，知外患苦；禁禦左右，無作威福。勿伐善施勞，逆詐億必，以示己明。廣加諮詢，無自專用，從善如順流，去惡如探湯。富貴而不驕者至難也，念此貫心，勿忘須臾。僚佐邑宿，盡禮承敬，讌饗饌食，事事留懷。古今成敗，不可不知，退朝之暇，念觀典籍，面牆而立，不成人也。

此郡世篤忠厚，人物敦雅，天下全盛時，海內猶稱之，況復今日，實是名邦。正爲五百年鄉黨婚親相連，至于公理，時有小小頗迴，爲當隨宜斟酌。吾臨莅五年，兵難騷動，未得休衆息役，惠康士庶。至于掩瑕藏疾，滌除疵垢，朝爲寇讎，夕委心膂，雖未足希準古人，粗亦無負於新舊。事任公平，坦然無類，初不容懷，有所損益，計近便爲少，經遠如有餘，亦無愧於前志也。

初，玄盛之西也，留女敬愛養於外祖尹文。文既東遷，玄盛從姑梁褒之母養之。〔五〕其後禿髮傉檀假道於北山，鮮卑遣褒送敬愛于酒泉，并通和好。玄盛遣使報聘，贈以方物。玄盛親率騎二萬，略地至于建康，鄯善前部王遣使貢其方物。且渠蒙遜來侵，至于建康，掠三千餘戶而歸。玄盛大怒，率騎追之，及于彌安，〔六〕大敗之，盡收所掠之戶。

初，苻堅建元之末，徙江漢之人萬餘戶于敦煌，中州之人有田疇不闢者，亦徙七千餘戶。郭黁之寇武威，武威、張掖已東人西奔敦煌、晉昌者數千戶。及玄盛東遷，皆徙之于酒泉，分南人五千戶置會稽郡，中州人五千戶置廣夏郡，餘萬三千戶分置武威、武興、張掖三郡，築城于敦煌南子亭，以威南虜。又以前表未報，復遣沙門法泉間行奉表，曰：

江山悠隔，朝宗無階，延首雲極，翹企遐方。伏惟陛下應期踐位，景福自天。臣去乙巳歲順從羣議，假統方城，時遣舍人黃始奉表通誠，遙途嶮曠，未知達不？吳涼懸邈，蜂蠆充衢，方珍貢使，無由展御，謹副寫前章，或希簡達。

臣以其歲進師酒泉，戒戎廣平，庶攘茨穢，而黠虜恣睢，未率威教，憑守巢穴，阻臣前路。竊以諸事草創，倉帑未盈，故息兵按甲，務農養士。時移節邁，荏苒三年，撫劍歎憤，以日成歲。今資儲已足，器械已充，西招城郭之兵，北引丁零之衆，冀憑國威，席卷河隴，揚旌秦川，承望詔旨，盡節竭誠，隕越爲效。

又臣州界迥遠，勍寇未除，當須鎮副爲行留部分，輒假臣世子士業監前鋒諸軍事、撫軍將軍、護羌校尉，督攝前軍，爲臣先驅。又敦煌郡大衆殷，制御西域，管轄萬里，爲軍國之本，輒以次子讓爲寧朔將軍、西夷校尉、敦煌太守，統攝崐裔，輯寧殊方。自餘諸子，皆在戎間，率先士伍。臣總督大綱，畢在輸力，臨機制命，動靖續聞。

玄盛既遷酒泉，乃敦勸稼穡。羣僚以年穀頻登，百姓樂業，請勒銘酒泉，玄盛許之。於是使儒林祭酒劉彥明爲文，刻石頌德。既而蒙遜每年侵寇不止，玄盛志在以德撫其境內，但與通和立盟，弗之校也。是時白狼、白兎、白雀、白雉、白鳩皆棲其園囿，其羣下以爲白祥金精所誕，皆應時邕而至，又有神光、甘露、連理、嘉禾衆瑞，請史官記其事，玄盛從之。尋而蒙遜背盟來侵，玄盛遣世子士業要擊敗之，獲其將且渠百年。

玄盛上巳日讌于曲水，命羣僚賦詩，而親爲之序。於是寫諸葛亮訓誡以勖諸子曰：「吾負荷艱難，寧濟之勳未建，雖外總良能，憑股肱之力，而戎務孔殷，坐而待旦。以維城之固，宜兼親賢，故使汝等未及師保之訓，皆弱年受任。常懼弗克，以貽咎悔。古今之事不可以不知，苟近而可師，何必遠也。覽諸葛亮訓勵，應璩奏諫，尋其終始，周孔之教盡在中矣。

爲國足以致安，立身足以成名，質略易通，寓目則了，雖言發往人，道師於此。且經史道德如採菽中原，勤之者則功多，汝等可不勉哉！」玄盛乃修敦煌舊塞東西二圍，以防北虜之患，築敦煌舊塞西南二圍，以威南虜。

玄盛以緯世之量，當呂氏之末，爲羣雄所奉，遂啓霸圖，兵無血刃，坐定千里，謂張氏之業指期而成，河西十郡歲月而一。既而禿髮傉檀入據姑臧，且渠蒙遜基宇稍廣，於是慨然著述志賦焉，其辭曰：

涉至虛以誕駕，乘有輿於本無，稟玄元而陶衍，承景靈之冥符。蔭朝雲之菴藹，仰朗日之照昫。既敷既載，以育以成。幼希顏子曲肱之榮，游心上典，玩禮敦經。蔑玄冕于朱門，羨漆園之傲生；尙漁父於滄浪，善沮溺之耦耕。穢鵄鳶之籠嚇，欽飛鳳于太清；杜世競於方寸，絕時譽之嘉聲。超霄吟於崇領，奇秀木之陵霜；挺修榦之青蔥，經歲寒而彌芳。情遙遙以遠寄，想四老之暉光；將戢繁榮於常衢，控雲轡而高驤；攀瓊枝於玄圃，漱華泉之淥漿；和吟鳳之逸響，應鳴鸞于南岡。

時弗獲彭，心往形留，眷駕陽林，宛首一丘；衝風沐雨，載沈載浮。利害繽紛以交錯，歡感循環而相求。乾扉奄寂以重閉，天地絕津而無舟；悼貞信之道薄，謝慚德於圓流。遂乃去玄覽，應世賓，肇弱巾於東宮，並羽儀於英倫，踐宣德之祕庭，翼明后於紫宸。赫赫謙光，崇明奕奕，岌岌王居，詵詵百辟，君希虞夏，臣庶夔益。張王穨巖，梁后墜壑。淳風杪莽以永喪，搢紳淪胥而覆溺。呂發釁於閨牆，厥構摧以傾顛；疾風飄于高木，迴湯沸於重泉；飛塵翕以蔽日，大火炎其燎原；名都幽然影絕，千邑閴而無煙。斯乃百六之恒數，起滅相因而迭然。於是人希逐鹿之圖，家有雄霸之想，闇王命而不尋，邀非分於無象。故覆車接路而繼軌，膏生靈於土壤。哀餘類之忪懞，邈靡依而靡仰；求欲專而失逾遠，寄玄珠於罔象。

悠悠涼道，鞠焉荒凶，杪杪余躬，迢迢西邦，非相期之所會，諒冥契而來同。跨弱水以建基，躡崐墟以爲墉，總奔馴之駭轡，接摧轅於峻峯。崇崖崨嶫，重嶮萬尋，玄邃窈窕，磐紆嶔岑，榛棘交橫，河廣水深，狐貍夾路，鴞鵄羣吟。挺非我以爲用，任至當如影響；執同心以御物，懷白彼於握掌；匪矯情而任荒，乃冥合而一往，華德是用來庭，野逸所以就鞅。

休矣時英，茂哉雋哲，庶罩網以遠籠，豈徒射鉤與斬袂！或脫梏而纓蕤，或後至而先列，採殊才於巖陸，拔翹彥於無際。思留侯之神遇，振高浪以蕩穢；想孔明於草廬，運玄籌之罔滯；洪操槃而慷慨，起三軍以激銳。詠羣豪之高軌，嘉關張之飄傑，誓報曹而歸劉，何義勇之超出！據斷橋而橫矛，亦雄姿之壯發。輝輝南珍，英英周魯，挺奇荆吳，昭文烈武，建策烏林，龍驤江浦。摧堂堂之勁陣，鬱風翔而雲舉，紹樊韓之遠蹤，侔徽猷於召武，非劉孫之鴻度，孰能臻茲大祜！信乾坤之相成，庶物希風而潤雨。

峼嵑既蕩，三江已清，穆穆盛勳，濟濟隆平，御羣龍而奮策，彌萬載以飛榮，仰遺塵於絕代，企高山而景行。將建朱旗以啓路，驅長轂而迅征，靡商風以抗旆，拂招搖之華旍，資神兆於皇極，協五緯之所寧。赳赳干城，翼翼上弼，忿鹹奔鯨，截彼醜類。且灑游塵於當陽，拯涼德於已墜。間昌寓之驂乘，暨襄城而按轡。知去害之在茲，體牧童之所述，審機動之至微，思遺餐而忘寐，表略韵於紈素，託精誠于白日。

玄盛寢疾，顧命宋繇曰：「吾少離荼毒，百艱備嘗，於喪亂之際，遂爲此方所推，才弱智淺，不能一同河右。今氣力惙然，當不復起矣。死者大理，吾不悲之，所恨志不申耳。居元首之位者，宜深誡危殆之機。吾終之後，世子猶卿子也，善相輔導，述吾平生，勿令居人之上，專驕自任。軍國之宜，委之於卿，無使籌略乖衷，失成敗之要。」十三年，薨，時年六十七。國人上謚曰武昭王，墓曰建世陵，廟號太祖。

先是，河右不生楸、槐、柏、漆，張駿之世，取於秦隴而植之，終於皆死，而酒泉宮之西北隅有槐樹生焉，玄盛又著槐樹賦以寄情，蓋歎僻陋遐方，立功非所也。亦命主簿梁中庸及劉彥明等並作文。感兵難繁興，時俗諠競，乃著大酒容賦以表恬豁之懷。與辛景、辛恭靖同志友善，景等歸晉，遇害江南，玄盛聞而弔之。玄盛前妻，同郡辛納女，貞順有婦儀，先卒，玄盛親爲之誄。自餘詩賦數十篇。世子譚早卒，第二子士業嗣。

涼後主諱歆，字士業。玄盛薨時，府僚奉爲大都督、大將軍、涼公、領涼州牧、護羌校尉，大赦境內，改年爲嘉興。尊母尹氏爲太后，以宋繇爲武衞將軍、廣夏太守、軍諮祭酒、錄三府事，索仙爲征虜將軍、張掖太守。

且渠蒙遜遣其張掖太守且渠廣宗詐降誘士業，士業遣武衞溫宜等赴之，親勒大軍爲之後繼。蒙遜率衆三萬，設伏于蓼泉。士業聞，引兵還，爲遜所逼。士業親貫甲先登，大敗之，追奔百餘里，俘斬七千餘級。明年，蒙遜又伐士業，士業將出距之，左長史張體順固諫，乃止。蒙遜大芟秋稼而還。是歲，朝廷以士業爲持節、都督七郡諸軍事、鎮西大將軍、護羌校尉、酒泉公。

士業用刑頗嚴，又繕築不止，從事中郎張顯上疏諫曰：「入歲已來，陰陽失序，屢有賊風暴雨，犯傷和氣。今區域三分，勢不久並，幷兼之本，實在農戰，懷遠之略，事歸寬簡。而更繁刑峻法，宮室是務，人力凋殘，百姓愁悴。致災之咎，實此之由。」主簿氾稱又上疏諫曰：

「臣聞天之子愛人后，殷勤至矣。故政之不修，則垂災譴以戒之。改者雖危必昌，宋景是也，其不改者，雖安必亡，虢公是也。元年三月癸卯，敦煌謙德堂陷；八月，效穀地裂；二年元日，昏霧四塞；四月，日赤無光，二旬乃復；十一月，狐上南門；今茲春夏地頻五震；六月，隕星于建康。臣雖學不稽古，敏謝仲舒，頗亦聞道於先師，且行年五十有九，請爲殿下略言耳目之所聞見，不復能遠論書傳之事也。

乃者咸安之初，西平地裂，狐入謙光殿前，俄而秦師奄至，都城不守。梁熙既爲涼州，藉秦氏兵亂，規有全涼之地，外不撫百姓，內多聚斂，建元十九年姑臧南門崩，隕石於閑豫堂，二十年而呂光東反，子敗於前，身戮於後。段業因羣胡創亂，遂稱制此方，三年之中，地震五十餘所，既而先王龍興瓜州，蒙遜殺之張掖。此皆目前之成事，亦殿下之所聞知。效穀，先王鴻漸之始，謙德，即尊之室，基陷地裂，大凶之徵也。日者太陽之精，中國之象，赤而無光，中國將爲胡夷之所陵滅。諺曰：「野獸入家，主人將去。」今狐上南門，亦災之大也。又狐者胡也，天意若曰將有胡人居于此城，南面而居者也。昔春秋之世，星隕于宋，襄公卒爲楚所擒。地者至陰，胡夷之象，當靜而動，反亂天常，天意若曰胡夷將震動中國，中國若不修德，將有宋襄之禍。

臣蒙先朝布衣之眷，輒自同子弟之親，是以不避忤上之誅，昧死而進愚款。願殿下親仁善鄰，養威觀釁，罷宮室之務，止游畋之娛。後宮嬪妃、諸夷子女，躬受分田，身勸罷績，以清儉素德爲榮，息茲奢靡之費，百姓租税，專擬軍國。虛衿下士，廣招英儁，修秦氏之術，以强國富俗。待國有數年之積，庭盈文武之士，然後命韓白爲前驅，納子房之妙算，一鼓而姑臧可平，長驅可以飲馬涇渭，方東面而爭天下，豈蒙遜之足憂！不然，臣恐宗廟之危必不出紀。

士業並不納。

士業立四年而宋受禪，士業將謀東伐，張體順切諫，乃止。士業聞蒙遜南伐禿髮傉檀，〔七〕命中外戒嚴，將攻張掖。尹氏固諫，不聽，宋繇又固諫，士業並不從。繇退而歎曰：「大事去矣，吾見師之出，不見師之還也！」士業遂率步騎三萬東伐，次于都瀆澗。蒙遜自浩亹來，距戰於懷城，爲蒙遜所敗。左右勸士業還酒泉，士業曰：「吾違太后明誨，遠取敗辱，不殺此胡，復何面目以見母也！」勒衆復戰，敗于蓼泉，爲蒙遜所害。士業諸弟酒泉太守翻、新城太守預、領羽林右監密、左將軍眺、右將軍亮等西奔敦煌，蒙遜遂入于酒泉。士業之未敗也，有大蛇從南門而入，至于恭德殿前；有雙雉飛出宮內；通街大樹上有烏鵲爭巢，鵲爲烏所殺。又有敦煌父老令狐熾夢白頭公衣帢而謂熾曰：「南風動，吹長木，胡桐椎，不中轂。」言訖忽然不見。士業小字桐椎，至是而亡。

翻及弟敦煌太守恂與諸子等棄敦煌，奔于北山，蒙遜以索嗣子元緒行敦煌太守。元緒粗險好殺，大失人和。郡人宋承、張弘以恂在郡有惠政，密信招恂。恂率數十騎入于敦煌，元緒東奔涼興，宋承等推恂爲冠軍將軍、涼州刺史。蒙遜遣世子德政率衆攻恂，〔八〕恂閉門不戰，蒙遜自率衆二萬攻之，三面起隄，以水灌城。恂遣壯士一千，連版爲橋，潛欲決隄，蒙遜勒兵逆戰，屠其城。士業子重耳，脫身奔于江左，仕于宋。後歸魏，爲恒農太守。蒙遜徙翻子寶等于姑臧，歲餘，北奔伊吾，後歸于魏，獨尹氏及諸女死於伊吾。

玄盛以安帝隆安四年立，至宋少帝景平元年滅，據河右凡二十四年。

史臣曰：王者受圖，咸資世德，猶混成之先大帝，若一氣之生兩儀。是以中陽勃興，資豢龍之構趾；景亳垂統，本呑鷰之開基。涼武昭王英姿傑出，運陰陽而緯武，應變之道如神；呑日月以經天，成物之功若歲。故能懷荒弭暴，開國化家，宅五郡以稱藩，屈三分而奉順。若乃詩褒秦仲，後嗣建削平之業；頌美公劉，末孫興配天之祚。或發迹於汧渭，或布化於邠岐，覆簣創元天之基，疏涓開環海之宅。彼既有漸，此亦同符，是知景命攸歸，非一朝之可致，累功積慶，其所由來遠矣。

贊曰：武昭英叡，忠勇霸世。王室雖微，乃誠無替。遺黎飲德，絕壤霑惠。積祉丕基，克昌來裔。

校勘記

〔一〕且渠男　校文：據北涼載記，「男」下脫「成」字。男成，蒙遜兄。李校：沮渠男成見沮渠蒙遜載記、呂光載記。按：魏書沮渠蒙遜傳、通鑑一一一俱作「沮渠男成」。

〔二〕河湟太守　斠注：張駿時涼州所統有湟河郡，此作「河湟」，疑是誤倒。按：沮渠蒙遜載記、秃髮傉檀載記、通鑑一一七並有湟河太守。

〔三〕靖恭之堂　下文及御覽一二四引西涼錄、一七六引三十國春秋皆無「之」字。

〔四〕明盛繼統　李校：「明盛」當作「明成」，明謂張寔，成謂張茂也。寔謚昭公而曰「明」者，或由當時避司馬昭之諱也。

〔五〕梁褒　通鑑一一四作「梁裒」。

〔六〕彌安　「彌安」當作「安彌」，地理志上屬酒泉郡。

〔七〕南伐秃髮傉檀　此時傉檀巳亡，據魏書李暠傳，蒙遜所伐者为乞伏。

〔八〕德政　沮渠蒙遜載記、通鑑一一九作「政德」。

晉書卷八十八

列傳第五十八

孝友

大矣哉，孝之爲德也。分渾元而立體，道貫三靈；資品彙以順名，功苞萬象。用之于國，動天地而降休徵；行之于家，感鬼神而昭景福。若乃博施備物，尊仁安義，柔色承顏，怡怡盡樂，擊鮮就養，亹亹忘劬，集包思藙黍之勤，循陔有採蘭之詠，事親之道也。屬屬如在，哀哀罔極，聚薪流慟，銜索興嗟，曬風樹以隤心，頫寒泉而沬泣，追遠之情也。審德筮仕，正務移官，居高匪危，在醜無爭，協修升以匡化，懷履冰而砥節，立身之行也。是以閔曾翼翼，遵六教而緝貞規；蔡董烝烝，弘七體而垂令迹。亦有至誠上感，明祇下贊，郭巨致錫金之慶，陽雍標蒔玉之祉；烏馴丹羽，巢叔和之室，鹿呈白毳，擾功文之廬。然則因彼孝慈而生友悌，理在兼綜，義歸一揆。夫天倫之重，共氣分形，心睽則棄類荆枝，性合則華承棣蕚。乃有推肥代瘦，徇急難之情；讓果同衾，盡歡愉之致：緬窺緗素，載流塵躅者歟！王晉氏始自中朝，逮于江左，雖百六之災遄及，而君子之道未消，孝悌名流，猶爲繼踵。王偉元之行己，許季義之立節，夏方、盛彥體至性以馳芬，庾袞、顏含篤友于而宣範，自餘羣士，咸標懿德。採其遺絢，足厲澆風，故著孝友篇以續前史云耳。

李密

李密字令伯，犍爲武陽人也，一名虔。父早亡，母何氏改醮。密時年數歲，感戀彌至，烝烝之性，遂以成疾。祖母劉氏，躬自撫養，密奉事以孝謹聞。劉氏有疾，則涕泣側息，未嘗解衣，飲膳湯藥必先嘗後進。有暇則講學忘疲，而師事譙周，周門人方之游夏。少仕蜀，爲郎。數使吳，有才辯，吳人稱之。蜀平，泰始初，詔徵爲太子洗馬。密以祖母年高，無人奉養，遂不應命。乃上疏曰：

臣以險釁，夙遭閔凶，生孩六月，慈父見背，行年四歲，舅奪母志。祖母劉愍臣孤弱，躬親撫養。〔一〕臣少多疾病，九歲不行，零丁辛苦，至于成立。既無伯叔，終鮮兄弟，門衰祚薄，晚有兒息。外無朞功强近之親，內無應門五尺之童，煢煢孑立，形影相弔。而劉早嬰疾病，常在牀蓐，臣侍湯藥，未嘗廢離。

自奉聖朝，沐浴清化，前太守臣逵察臣孝廉，後刺史臣榮舉臣秀才。臣以供養無主，辭不赴命。明詔特下，拜臣郎中，尋蒙國恩，除臣洗馬。猥以微賤，當侍東宮，非臣隕首所能上報。臣具以表聞，辭不就職。詔書切峻，責臣逋慢，郡縣逼迫，催臣上道，州司臨門，急於星火。臣欲奉詔奔馳，則劉病日篤；苟徇私情，則告訴不許。臣之進退，實爲狼狽。

伏惟聖朝以孝治天下，凡在故老，猶蒙矜卹，況臣孤苦佂羸之極。且臣少仕僞朝，歷職郎署，本圖宦達，不矜名節。今臣亡國賤俘，至微至陋，猥蒙拔擢，寵命殊私，豈敢盤桓有所希冀！但以劉日薄西山，氣息奄奄，人命危淺，朝不慮夕。臣無祖母，無以至今日；祖母無臣，無以終餘年。母孫二人更相爲命，是以私情區區不敢棄遠。臣密今年四十有四，祖母劉今年九十有六，是臣盡節於陛下之日長，而報養劉之日短也。烏鳥私情，願乞終養。

臣之辛苦，非但蜀之人士及二州牧伯之所明知，皇天后土實所鑒見。伏願陛下矜愍愚誠，聽臣微志，庶劉僥倖，保卒餘年。臣生當隕身，死當結草。

帝覽之曰：「士之有名，不虛然哉！」乃停召。

後劉終，服闋，復以洗馬徵至洛。司空張華問之曰：「安樂公何如？」密曰：「可次齊桓。」

華問其故，對曰：「齊桓得管仲而霸，用豎刁而蟲流。安樂公得諸葛亮而抗魏，任黃皓而喪國，是知成敗一也。」次問：「孔明言教何碎？」密曰：「昔舜、禹、皋陶相與語，故得簡雅；大誥與凡人言，〔二〕宜碎。孔明與言者無己敵，言教是以碎耳。」華善之。

出為溫令，而憎疾從事，嘗與人書曰：「慶父不死，魯難未已。」從事白其書司隸，司隸以密在縣清慎，弗之劾也。密有才能，常望內轉，而朝廷無援，乃遷漢中太守，自以失分懷怨。及賜餞東堂，詔密令賦詩，末章曰：「人亦有言，有因有緣。官無中人，不如歸田。明明在上，斯語豈然！」武帝忿之，於是都官從事奏免密官。後卒於家。二子：賜、興。

賜字宗石，少能屬文，嘗為玄鳥賦，詞甚美。州辟別駕，舉秀才，未行而終。興字雋石，亦有文才，刺史羅尚辟別駕。尚為李雄所攻，使興詣鎮南將軍劉弘求救，興因願留，為弘參軍而不還。尚白弘，弘即奪其手版而遣之。興之在弘府，弘立諸葛孔明、羊叔子碣，使興俱為之文，甚有辭理。

盛彥

盛彥字翁子，廣陵人也。少有異才。年八歲，詣吳太尉戴昌，〔三〕昌贈詩以觀之，彥於坐答之，辭甚慷慨。母王氏因疾失明，彥每言及，未嘗不流涕。於是不應辟召，躬自侍養，母食必自哺之。母旣疾久，至于婢使數見捶撻。婢忿恨，伺彥暫行，取蠐螬炙飴之。母食以爲美，然疑是異物，密藏以示彥。彥見之，抱母慟哭，絕而復蘇。母目豁然卽開，從此遂愈。

彥仕吳，至中書侍郎。吳平，陸雲薦之於刺史周浚，本邑大中正劉頌又舉彥爲小中正。太康中卒。

夏方

夏方字文正，會稽永興人也。家遭疫癘，父母伯叔羣從死者十三人。方年十四，夜則號哭，晝則負土，十有七載，葬送得畢，因廬于墓側，種植松柏，烏鳥猛獸馴擾其旁。吳時拜仁義都尉，累遷五官中郞將。朝會未嘗乘車，行必讓路。吳平，除高山令。百姓有罪應加捶撻者，方向之涕泣而不加罪，大小莫敢犯焉。在官三年，州舉秀才，還家，卒，年八十七。

王裒

王裒字偉元，城陽營陵人也。祖脩，有名魏世。父儀，高亮雅直，爲文帝司馬。東關之役，帝問於衆曰：「近日之事，誰任其咎？」儀對曰：「責在元帥。」帝怒曰：「司馬欲委罪於孤邪！」遂引出斬之。

裒少立操尚，行己以禮，身長八尺四寸，容貌絕異，音聲清亮，辭氣雅正，博學多能，痛父非命，未嘗西向而坐，示不臣朝廷也。於是隱居教授，三徵七辟皆不就。廬于墓側，旦夕常至墓所拜跪，攀柏悲號，涕淚著樹，樹爲之枯。母性畏雷，母沒，每雷，輒到墓曰：「裒在此。」及讀詩至「哀哀父母，生我劬勞」，未嘗不三復流涕，門人受業者並廢蓼莪之篇。

家貧，躬耕，計口而田，度身而蠶。或有助之者，不聽。諸生密爲刈麥，裒遂棄之。知舊有致遺者，皆不受。門人爲本縣所役，告裒求屬令，裒曰：「卿學不足以庇身，吾德薄不足以蔭卿，屬之何益！且吾不執筆已四十年矣。」乃步擔乾飯，兒負鹽豉草屩，送所役生到縣，門徒隨從者千餘人。安丘令以爲詣己，整衣出迎之。裒乃下道至土牛旁，磬折而立，云：「門生爲縣所役，故來送別。」因執手涕泣而去。令卽放之，一縣以爲恥。

鄉人管彥少有才而未知名，裒獨以爲必當自達，拔而友之，男女各始生，便共許爲婚。彥後爲西夷校尉，卒而葬于洛陽，裒後更嫁其女。彥弟馥問裒，裒曰：「吾薄志畢願山藪，昔嫁姊妹皆遠，吉凶斷絕，每以此自誓。今賢兄子葬父于洛陽，此則京邑之人也，豈吾結好之本意哉！」馥曰：「嫂，齊人也，當還臨淄。」裒曰：「安有葬父河南而隨母還齊！用意如此，何婚之有！」

北海邴春少立志操，寒苦自居，負笈遊學，鄉邑僉以爲邴原復出。袁以春性險狹慕名，終必不成。其後春果無行，學業不終，有識以此歸之。袁常以爲人之所行期於當歸善道，何必以所能而責人所不能。

及洛京傾覆，寇盜蜂起，親族悉欲移渡江東，袁戀墳壟不去。賊大盛，方行，猶思慕不能進，遂爲賊所害。

許孜

許孜字季義，東陽吳寧人也。孝友恭讓，敏而好學。年二十，師事豫章太守會稽孔沖，受詩、書、禮、易及孝經、論語。學竟，還鄉里。沖在郡喪亡，孜聞問盡哀，負擔奔赴，送喪還會稽，蔬食執役，制服三年。俄而二親沒，柴毀骨立，杖而能起，建墓于縣之東山，躬自負土，不受鄉人之助。或愍孜羸憊，苦求來助，孜晝則不逆，夜便除之。每一悲號，鳥獸翔集。孜以方營大功，乃棄其妻，鎭宿墓所，列植松柏亙五六里。時有鹿犯其松栽，孜悲歎曰：「鹿獨不念我乎！」明日，忽見鹿爲猛獸所殺，置於所犯栽下。孜悵惋不已，乃爲作冢，埋於隧側。猛獸卽於孜前自撲而死，孜益歎息，又取埋之。自後樹木滋茂，而無犯者。積二十餘年，孜乃更娶妻，立宅墓次，烝烝朝夕，奉亡如存，鷹雉棲其梁，簷鹿與猛獸擾其庭圃，交頸同遊，不相搏噬。

元康中，郡察孝廉，不起，巾褐終身。年八十餘，卒于家。邑人號其居爲孝順里。

咸康中，太守張虞上疏曰：「臣聞聖賢明訓存乎舉善，褒貶所興，不遠千載。謹案所領吳寧縣物故人許孜，至性孝友，立節清峻，與物恭讓，言行不貳。當其奉師，則在三之義盡；及其喪親，實古今之所難。咸稱殊類致感，猛獸弭害。雖臣不及見，然備聞斯語，竊謂蔡順、董黯無以過之。孜沒積年，其子尚在，性行純慤，今亦家於墓側。臣以爲孜之履操，世所希逮，宜標其令跡，甄其後嗣，以酬既往，〔四〕以獎方來。陽秋傳曰：『善善及其子孫。』臣不達大體，請臺量議。」疏奏，詔旌表門閭，蠲復子孫。其子生亦有孝行，圖孜像於堂，朝夕拜焉。

庾衮

庾衮字叔褒，明穆皇后伯父也。少履勤儉，篤學好問，事親以孝稱。咸寧中，大疫，二兄俱亡，次兄毗復殆，癘氣方熾，父母諸弟皆出次於外，衮獨留不去。諸父兄强之，乃曰：「衮性不畏病。」遂親自扶持，晝夜不眠，其間復撫柩哀臨不輟。〔五〕如此十有餘旬，疫勢既歇，家人乃反，毗病得差，衮亦無恙。父老咸曰：「異哉此子！守人所不能守，行人所不能行，歲寒然後知松柏之後凋，始疑疫癘之不相染也。」

初，袞諸父並貴盛，惟父獨守貧約。袞躬親稼穡，以給供養，而執事勤恪，與弟子樹籬，跪以授條。或曰：「今在隱屏，先生何恭之過？」袞曰：「幽顯易操，非君子之志也。」父亡，作筥賣以養母。母見其勤，曰：「我無所食。」對曰：「母食不甘，袞將何居！」母感而安之。袞前妻荀氏，繼妻樂氏，皆官族富室，及適袞，俱棄華麗，散資財，與袞共安貧苦，相敬如賓。母終，服喪居于墓側。

歲大饑，藜羹不糝，門人欲進其飯者，而袞每曰已食，莫敢爲設。及麥熟，穫者已畢，而採捃尚多，袞乃引其羣子以退，曰：「待其間。」及其捃也，不曲行，不旁掇，跪而把之，則亦大獲。又與邑人入山拾橡，分夷嶮，序長幼，推易居難，禮無違者。或有斬其墓柏，莫知其誰，乃召鄰人集于墓而自責焉，因叩頭泣涕，謝祖禰曰：「德之不修，不能庇先人之樹，袞之罪也。」父老咸亦爲之垂泣，自後人莫之犯。撫諸孤以慈，奉諸寡以仁，事加於厚而敎之義方，使長者體其行，幼者忘其孤。孤甥郭秀，比諸子姪，衣食而每先之。孤兄女曰芳，將嫁，美服既具，袞乃刈荊苕爲箕箒，召諸子集之于堂，男女以班，命芳曰：「芳乎！汝少孤，汝逸汝豫，不汝疵瑕。今汝適人，將事舅姑，灑掃庭內，婦之道也，故賜汝此。匪器之爲美，欲溫恭朝夕，雖休勿休也。」而以舊宅與其長兄子賡、翕。及翕卒，袞哀其早孤，痛其成人而未娶，乃撫柩長號，哀感行路，聞者莫不垂涕。

初，裒父誡裒以酒，每醉，輒自責曰：「余廢先父之誡，其何以訓人！」乃於父墓前自杖三十。鄉人褚德逸者，善事其親，老而不倦，裒每拜之。嘗與諸兄過邑人陳準兄弟，諸兄友之，皆拜其母，裒獨不拜。準弟徽曰：「子不拜吾親何？」裒曰：「未知所以拜也。夫拜人之親者，將自同於人之子也，其義至重，裒敢輕之乎！」遂不拜。準、徽歎曰：「古有亮直之士，君近之矣。君若當朝，則社稷之臣歟！君若握兵，臨大節，孰能奪之！方今徵聘，君實宜之。」於是鄉黨薦之，州郡交命，察孝廉，舉秀才、清白異行，皆不降志，世遂號之爲異行。元康末，潁川太守召爲功曹，裒服造役之衣，杖鍤荷斧，不俟駕而行，曰：「請受下夫之役。」太守飾車而迎，裒逡巡辭退，請徒行入郡，將命者遂逼扶升車，納於功曹舍。既而裒自取己車而寢處焉，形雖恭而神有不可動之色。太守知其不屈，乃歎曰：「非常士也，吾何以降之！」厚爲之禮而遣焉。

齊王冏之唱義也，張泓等肆掠于陽翟，裒乃率其同族及庶姓保于禹山。是時百姓安寧，未知戰守之事，裒曰：「孔子云：『不教而戰，是謂棄之。』」乃集諸羣士而謀曰：「二三君子相與處於險，將以安保親尊，全妻孥也。古人有言：『千人聚而不以一人爲主，不散則亂矣。』將若之何？」衆曰：「善。今日之主非君而誰！」裒默然有間，乃言曰：「古人急病讓夷，不敢逃難，然人之立主，貴從其命也。」乃誓之曰：「無恃險，無怙亂，無暴鄰，無抽屋，無樵採人所植，無謀非德，無犯非義，戮力一心，同恤危難。」衆咸從之。於是峻險阨，杜蹊徑，修壁塢，樹藩障，考功庸，計丈尺，均勞逸，通有無，繕完器備，量力任能，物應其宜，使邑推其長，里推其賢，而身率之。分數既明，號令不二，上下有禮，少長有儀，將順其美，匡救其惡。及賊至，袞乃勒部曲，整行伍，皆持滿而勿發。賊挑戰，晏然不動，且辭焉。賊服其慎而畏其整，是以皆退，如是者三。時人語曰：「所謂臨事而懼、好謀而成者，其庾異行乎！」

及冏歸于京師，踰年不朝，袞曰：「晉室卑矣，寇難方興！」乃攜其妻子適林慮山，事其新鄉如其故鄉，言忠信，行篤敬。比及朞年，而林慮之人歸之，咸曰庾賢。及石勒攻林慮，父老謀曰：「此有大頭山，九州之絕險也。上有古人遺迹，可共保之。」惠帝遷于長安，袞乃相與登于大頭山而田於其下。年穀未熟，食木實，餌石蘂，同保安之，有終焉之志。及將收穫，命子怞與之下山，中塗目眩瞀，墜崖而卒。同保赴哭曰：「天乎！獨不可舍我賢乎！」時人傷之曰：「庾賢絕塵避地，超然遠迹，固窮安陋，木食山棲，不與世同榮，不與人爭利，不免遺命，悲夫！」

袞學通詩書，非法不言，非道不行，尊事耆老，惠訓蒙幼，臨人之喪必盡哀，會人之葬必躬築，勞則先之，逸則後之，言必行之，行必安之。是以宗族鄉黨莫不崇仰，門人感慕，爲之樹碑焉。

有四子：忡、蔑、澤、捃。在澤生，故名澤，因捃生，故曰捃。蔑後南渡江，中興初，爲侍中。蔑生顒，安成太守。

孫晷

孫晷字文度，吳國富春人，吳伏波將軍秀之曾孫也。晷爲兒童，未嘗被呵怒。顧榮見而稱之，謂其外祖薛兼曰：「此兒神明清審，〔六〕志氣貞立，非常童也。」及長，恭孝清約，學識有理義，每獨處幽闇之中，容止瞻望未嘗傾邪。雖侯家豐厚，而晷常布衣蔬食，躬親壟畝，誦詠不廢，欣然獨得。父母愍其如此，欲加優饒，而夙興夜寐，無暫懈也。父母起居嘗饌，雖諸兄親饋，而晷不離左右。富春車道既少，動經江川，〔七〕父難於風波，每行乘籃輿，晷躬自扶侍，所詣之處，則於門外樹下藩屏之間隱息，初不令主人知之。兄嘗篤疾經年，晷躬自扶侍，藥石甘苦，必經心目，跋涉山水，祈求懇至。而聞人之善，欣若有得；聞人之惡，慘若有失。見人饑寒，並周贍之，鄉里贈遺，一無所受。親故有窮老者數人，恒往來告索，人多厭慢之，而晷見之，欣敬逾甚，寒則與同衾，食則與同器，或解衣推被以卹之。時年饑穀貴，人有生刈其稻者，晷見而避之，須去而出，既而自刈送與之。鄉鄰感愧，莫敢侵犯。

會稽虞喜隱居海嵎，有高世之風。晷欽其德，聘喜弟預女爲妻。喜戒女棄華尙素，與晷同志。時人號爲梁鴻夫婦。濟陽江惇少有高操，聞晷學行過人，自東陽往候之，始面，便終日譚宴，結歡而別。

司空何充爲揚州，檄晷爲主簿，司徒蔡謨辟爲掾屬，並不就。尙書張國明，州士之望，表薦晷，公車特徵。會卒，時年三十八，朝野嗟痛之。晷未及大斂，有一老父緼袍草屨，不通姓名，徑入撫柩而哭，哀聲慷慨，感于左右。哭止便出，容貌甚淸，眼瞳又方，門者告之喪主，怪而追焉。直去不顧。同郡顧和等百餘人歎其神貌有異，而莫之測也。

顏含

顏含字弘都，琅邪莘人也。〔八〕祖欽，給事中。父默，汝陰太守。含少有操行，以孝聞。兄畿，咸寧中得疾，就醫自療，遂死於醫家。家人迎喪，旐每繞樹而不可解，引喪者顚仆，稱畿言曰：「我壽命未死，但服藥太多，傷我五藏耳。今當復活，愼無葬也。」其父祝之曰：「若爾有命復生，豈非骨肉所願！今但欲還家，不爾葬也。」旐乃解。及還，其婦夢之曰：「吾當復生，可急開棺。」婦頗說之。其夕，母及家人又夢之，卽欲開棺，而父不聽。含時尙少，乃慨然曰：「非常之事，古則有之，今靈異至此，開棺之痛，孰與不開相負？」父母從之，乃共發棺，果有生驗，以手刮棺，指爪盡傷，然氣息甚微，存亡不分矣。飲哺將護，累月猶不能語，飲食所須，託之以夢。闔家營視，頓廢生業，雖在母妻，不能無倦矣。含乃絕棄人事，躬親侍養，足不出戶者十有三年。石崇重含淳行，贈以甘旨，含謝而不受。或問其故，答曰：「病者綿昧，生理未全，既不能進噉，又未識人惠，若當謬留，豈施者之意也！」畿竟不起。

含二親既終，兩兄繼沒，次嫂樊氏因疾失明，含課勵家人，盡心奉養，每日自嘗省藥饌，察問息秏，必簪屨束帶。醫人疏方，應須髯蛇膽，而尋求備至，無由得之，含憂歎累時。嘗晝獨坐，忽有一青衣童子年可十三四，持一青囊授含，含開視，乃蛇膽也。童子逡巡出戶，化成青鳥飛去。得膽，藥成，嫂病卽愈。由是著名。

本州辟，不就。東海王越以爲太傅參軍，出補闓陽令。元帝初鎭下邳，復命爲參軍。過江，以含爲上虞令，轉王國郎中、〔九〕丞相東閤祭酒，出爲東陽太守。東宮初建，含以儒素篤行補太子中庶子，遷黃門侍郎、本州大中正，歷散騎常侍、大司農。豫討蘇峻功，封西平縣侯，拜侍中，除吳郡太守。王導問含曰：「卿今莅名郡，政將何先？」答曰：「王師歲動，編戶虛秏，南北權豪競招遊食，國弊家豐，執事之憂。且當徵之勢門，使反田桑，數年之間，欲令戶給人足，如其禮樂，俟之明宰。」含所歷簡而有恩，明而能斷，然以威御下。導歎曰：「顏公在事，吳人斂手矣。」未之官，復爲侍中。尋除國子祭酒，加散騎常侍，遷光祿勳，以年老遜位。成帝美其素行，就加右光祿大夫，門施行馬，賜牀帳被褥，敕太官四時致膳，固辭不受。

于時論者以王導帝之師傅，名位隆重，百僚宜爲降禮。太常馮懷以問於含，含曰：「王公雖重，理無偏敬，降禮之言，或是諸君事宜。鄙人老矣，不識時務。」既而告人曰：「吾聞伐國不問仁人。向馮祖思問佞於我，我有邪德乎？」人嘗論少正卯、盜跖其惡孰深。或曰：「正卯雖姦，不至剖人充膳，盜跖爲甚。」含曰：「爲惡彰露，人思加戮；隱伏之姦，非聖不誅。由此言之，少正爲甚。」衆咸服焉。郭璞嘗遇含，欲爲之筮。含曰：「年在天，位在人，修己而天不與者，命也；守道而人不知者，性也。自有性命，無勞蓍龜。」桓溫求婚於含，含以其盛滿，不許。惟與鄧攸深交。或問江左羣士優劣，答曰：「周伯仁之正，鄧伯道之淸，卞望之之節，餘則吾不知也。」其雅重行實，抑絶浮僞如此。

致仕二十餘年，年九十三卒。遺命素棺薄斂。謚曰靖。喪在殯而鄰家失火，移棺紼斷，火將至而滅，僉以爲淳誠所感也。三子：髦、謙、約。髦歷黃門郎、侍中、光祿勳，謙至安成太守，約零陵太守，並有聲譽。

劉殷

劉殷字長盛，新興人也。高祖陵，漢光祿大夫。殷七歲喪父，哀毀過禮，服喪三年，未曾見齒。曾祖母王氏，盛冬思堇而不言，食不飽者一旬矣。殷怪而問之，王言其故。殷時年九歲，乃於澤中慟哭，曰：「殷罪釁深重，幼丁艱罰，王母在堂，無旬月之養。殷爲人子，而所思無獲，皇天后土，願垂哀愍。」聲不絕者半日，於是忽若有人云：「止，止聲。」殷收淚視地，便有堇生焉，因得斛餘而歸，食而不減，至時堇生乃盡。又嘗夜夢人謂之曰：「西籬下有粟。」寤而掘之，得粟十五鍾，銘曰「七年粟百石，以賜孝子劉殷」。自是食之，七載方盡。時人嘉其至性通感，競以穀帛遺之。殷受而不謝，直云待後貴當相酬耳。

弱冠，博通經史，綜核羣言，文章詩賦靡不該覽。性倜儻，有濟世之志，儉而不陋，清而不介，望之頹然而不可侵也。鄉黨親族莫不稱之。郡命主簿，州辟從事，皆以供養無主，辭不赴命。司空、齊王攸辟爲掾，征南將軍羊祜召參軍事，皆以疾辭。同郡張宣子，識達之士也，勸殷就徵。殷曰：「當今二公，有晉之棟楹也。吾方希達如榱椽耳，不憑之，豈能立乎！吾今王母在堂，旣應他命，無容不竭盡臣禮，便不得就養。子輿所以辭齊大夫，良以色養無主故耳。」宣子曰：「如子所言，豈庸人所識哉！而今而後，吾子當爲吾師矣。」遂以女妻之。宣子者，并州豪族也，家富於財，其妻怒曰：「我女年始十四，姿識如此，何慮不得爲公侯妃，而遽以妻劉殷乎！」宣子曰：「非爾所及也。」誡其女曰：「劉殷至孝冥感，兼才識超世，此人終當遠達，爲世名公，汝其謹事之。」張氏性亦婉順，事王母以孝聞，奉殷如君父焉。及王氏卒，殷夫婦毀瘠，幾至滅性。時柩在殯而西鄰失火，風勢甚盛，殷夫婦叩殯號哭，火遂越燒東家。後有二白鳩巢其庭樹，自是名譽彌顯。

太傅楊駿輔政，備禮聘殷，殷以母老固辭。駿於是表之，優詔遂其高志，聽終色養，敕所在供其衣食，蠲其傜賦，賜帛二百匹，穀五百斛。趙王倫篡位，孫秀夙重殷名，以散騎常侍徵之，殷逃奔雁門。及齊王冏輔政，辟爲大司馬軍諮祭酒。既至，謂殷曰：「先王虛心召君，君不至。今孤辟君，君何能屈也？」殷曰：「世祖以大聖應期，先王以至德輔世，既堯舜爲君，稷契爲佐，故殷希以一夫而距千乘，爲不可迴之圖，幸邀唐虞之世，是以不懼斧鉞之戮耳。今殿下以神武睿姿，除殘反政，然聖迹稍粗，嚴威滋肅，殷若復爾，恐招華士之誅，故不敢不至也。」冏奇之，轉拜新興太守，明刑旌善，甚有政能。

屬永嘉之亂，沒於劉聰。〔一〇〕聰奇其才而擢任之，累至侍中、太保、錄尙書事。殷恒戒子孫曰：「事君之法，當務幾諫，凡人尙不可面斥其過，而況萬乘乎！夫犯顏之禍，將彰君過，宜上思召公咨商之義，下念鮑勛觸鱗之誅也。」在聰之朝，與公卿恂恂然，常有後己之色。士不修操行者，無得入其門，然滯理不申，藉殷而濟者，亦已百數。

有七子，五子各授一經，一子授太史公，一子授漢書，一門之內，七業俱興，北州之學，殷門爲盛。竟以壽終。

王延

王延字延元，西河人也。九歲喪母，泣血三年，幾至滅性。每至忌日，則悲啼至旬。〔二〕繼母卜氏遇之無道，恒以蒲穰及敗麻頭與延貯衣。其姑聞而問之，延知而不言，事母彌謹。卜氏嘗盛冬思生魚，敕延求而不獲，杖之流血。延尋汾叩凌而哭，忽有一魚長五尺，踊出水上，延取以進母。卜氏食之，積日不盡，於是心悟，撫延如己生。延事親色養，夏則扇枕席，冬則以身溫被，隆冬盛寒，體無全衣，而親極滋味。晝則傭賃，夜則誦書，遂究覽經史，皆通大義。州郡禮辟，貪供養不起。父母終後，廬于墓側，非其蠶不衣，非其耕不食。屬天下喪亂，隨劉元海遷于平陽，農蠶之暇，訓誘宗族，侃侃不倦。家牛生一犢，他人認之，延牽而授與，初無吝色。其人後自知妄認，送犢還延，叩頭謝罪，延仍以與之，不復取也。

年六十，方仕於劉聰，稍遷尙書左丞，至金紫光祿大夫。聰死後，靳準將作亂，謀之于延，延不從。準旣誅劉氏，自號漢天王，以延爲左光祿大夫，延又大罵不受，準遂殺之。

王談

王談，吳興烏程人也。年十歲，父爲鄰人竇度所殺。談陰有復讎志，而懼爲度所疑，寸刃不畜，日夜伺度，未得。至年十八，乃密市利鍤，陽若耕鉏者。度常乘船出入，經一橋下，談伺度行還，伏草中，度既過，談於橋上以鍤斬之，應手而死。既而歸罪有司，太守孔巖義其孝勇，〔一三〕列上宥之。巖諸子爲孫恩所害，無嗣，談乃移居會稽，修理巖父子墳墓，盡其心力。後太守孔廞究其義行，元興三年，舉談爲孝廉，時稱其得人。談不應召，終于家。

桑虞

桑虞字子深，魏郡黎陽人也。父沖，有深識遠量，惠帝時爲黃門郎。河間王顒執權，引爲司馬。沖知顒必敗，就職一旬，便稱疾求退。虞仁孝自天至，年十四喪父，毀瘠過禮，日以米百粒用糝藜藿，其姊諭之曰：「汝毀瘠如此，必至滅性，滅性不孝，宜自抑割。」虞曰：「藜藿雜米，足以勝哀。」虞有園在宅北數里，瓜果初熟，有人踰垣盜之。虞以園援多棘刺，恐偷見人驚走而致傷損，乃使奴爲之開道。及偷負瓜將出，見道通利，知虞使除之，乃送所盜瓜，叩頭請罪。虞乃歡然，盡以瓜與之。嘗行，寄宿逆旅，同宿客失脯，疑虞爲盜。虞默然無言，便解衣償之。主人曰：「此舍數失魚肉雞鴨，多是狐狸偷去，君何以疑人？」乃將脯主至山冢間尋求，果得之。客求還衣，虞投之不顧。

虞諸兄仕于石勒之世，咸登顯位，惟虞恥臣非類，陰欲避地海東，會丁母憂，遂止。哀毁骨立，廬于墓側。五年後，石勒以爲武城令。虞以密邇黄河，去海微近，將申前志，欣然就職。石季龍太守劉徵甚器重之，徵遷青州刺史，請虞爲長史，帶祝阿郡。徵遇疾還鄴，令虞監行州府屬。季龍死，國中大亂，朝廷以虞名父之子，必能立功海岱，潛遣東莞人華挺授虞寧朔將軍、青州刺史。虞曰：「功名非吾志也。」乃附使者啓讓刺史，靖居海右，不交境外。雖歷僞朝，而不豫亂，世以此高之。卒于官。

虞五世同居，閨門邕穆。苻堅青州刺史苻朗甚重之，嘗詣虞家，升堂拜其母，時人以爲榮。

何琦

何琦字萬倫，司空充之從兄也。祖父龕，後將軍。父阜，淮南内史。琦年十四喪父，哀毁過禮。性沈敏有識度，好古博學，居于宣城陽穀縣，事母孜孜，朝夕色養。常患甘鮮不贍，乃爲郡主簿，察孝廉，除郎中，以選補宣城涇縣令。司徒王導引爲參軍，不就。及丁母憂，居喪泣血，杖而後起。停柩在殯，爲鄰火所逼，煙焰已交，家乏僮使，計無從出，乃匍匐撫棺號哭。俄而風止火息，堂屋一間免燒，其精誠所感如此。服闋，乃慨然歎曰：「所以出身仕者，非謂有尺寸之能以效智力，實利微祿，私展供養。一旦煢然，無復恃怙，豈可復以朽鈍之質塵黷清朝哉！」於是養志衡門，不交人事，耽翫典籍，以琴書自娛。不營產業，節儉寡欲，豐約與鄉鄰共之。鄉里遭亂，姊沒人家，琦惟有一婢，便爲購贖。然不爲小謙，凡有贈遺，亦不苟讓，但於己有餘，輒復隨而散之。任心而行，率意而動，不占卜，無所事。司空陸玩、太尉桓溫並辟命，皆不就。詔徵博士，又不起。簡文帝時爲撫軍，欽其名行，召爲參軍，固辭以疾。公車再徵通直散騎侍郎、散騎常侍，不行。由是君子仰德，莫能屈也。桓溫嘗登琦縣界山，喟然歎曰：「此山南有人焉，何公眞止足者也！」

琦善養性，老而不衰，布褐蔬食，恒以述作爲事，著三國評論，〔一三〕凡所撰錄百許篇，皆行于世。年八十二卒。

吳逵

吳逵，吳興人也。經荒饑疾病，合門死者十有三人，逵時亦病篤，其喪皆鄰里以葦席裹而埋之。逵夫妻既存，家極貧窘，冬無衣被，晝則傭賃，夜燒磚甓，晝夜在山，未嘗休止，遇毒蟲猛獸，輒爲之下道。朞年，成七墓、十三棺。時有賻贈，一無所受。太守張崇義之，以羔雁之禮禮焉。卒於家。

史臣曰：尊親之道，禮經之明訓；孝友之義，詩人之美談，是知人倫之本，罔茲攸尚。盛翁子立行淳至，素蓄異才，流慟致其感通，含哺申其就養，戴昌賞其清韵，陸雲嘉其茂德。王裒隱居不從其辟，行己莫逾其禮，枯柏以應其誠，驚雷以危其慮。永言董蔡，異時均美。許孜少而敏學，禮備在三，馴雉棲其梁棟，猛獸擾其庭圃，居喪之禮，實古今之所難焉。庾叔褒不匱表於執勤，則裕存乎敬業，幽顯不易其操，疫癘不駭其心，急病讓夷之規，有古人之風烈矣。孫晷之匪懈，王談之復讎，神人惜其亡，良守宥其罪。劉殷幼丁艱酷，柴毀逾制，發三冬之董，賜七年之粟，至誠之契，義形于茲。王延叩冰而召鱗，扇席而清暑，雖黃香、孟宗，抑爲倫輩。其餘羣子，並孝養可崇，清風素範，高山景行，會其宗流，同斯志也。

贊曰：德之所屆，有感必徵。孝哉王許，永慕烝烝。揮泗凋柏，對梘巢鷹。密、彥、夏、庾，夙標至性。文度、弘都，勤修懿行。敦彼孝友，載光謠詠。鳩馴長盛，魚薦延元。談桑義闡，琦吳道存。專洞之德，咸摛左言。

校勘記

〔一〕躬親撫養「親」，各本作「見」，唯宋本作「親」，與文選合。以文法論，亦以作「親」為是，今從之。

〔二〕故得簡雅大誥與凡人言　各本「雅大」二字顚倒，致文義難曉。殿本乙正，今從殿本。詳殿本考證。

〔三〕吳太尉戴昌　張森楷云：吳未嘗有戴昌为太尉，據戴若思傳，父昌为會稽太守。若思嘗往省之武陵，是又为武陵太守也。此戴昌卽其人，「尉」蓋「守」之誤。按：戴昌为武陵太守又見潘京傳，張說疑是。

〔四〕以酬既往　「酬」，各本作「疇」，今從宋本。

〔五〕哀臨不輟　「輟」，各本作「輒」，今從殿本。册府八五一亦作「輟」。

〔六〕神明清審　「明」，各本作「用」，殿本作「明」，考證云據宋本改，今從之。

〔七〕動經江川　「江川」，各本均作「山川」，惟局本作「江川」，疑據通志一六七改。以下文「難於風波」論，「江川」義長，今從之。

〔八〕顏含至琅邪莘人也　校文：含，臨沂人，李闡顏含碑及顏眞卿家廟碑可證。按：梁書及南史之顏協傳、北齊書及北史之顏之推傳、元和姓纂並云含，琅邪臨沂人。

〔九〕王國郎中　「王」，各本均作「主」，殿本從元紀作「王」。據職官志，作「王」是，今從之。

〔一〇〕沒於劉聰　校文：元海載記有侍中劉殷諫元海事，時为永嘉元年，則殷非沒於聰時明矣。

〔一一〕則悲啼至旬　「至旬」，宋本作「一旬」，局本作「三旬」，今從殿本。

〔一二〕孔巖　「巖」當從本傳作「嚴」。

〔一三〕三國評論　隋書經籍志二作「論三國志」。